U0756363

# 编委会

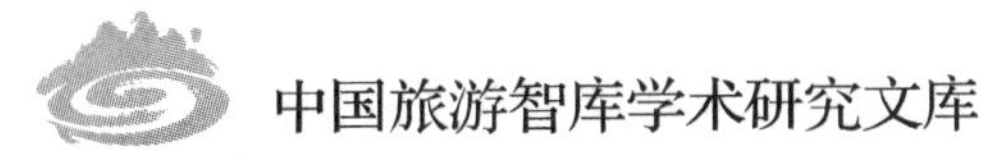

# 新疆旅游高质量发展及数智创新研究

严　荣◇著

華中科技大學出版社
http://press.hust.edu.cn
中国·武汉

## 内容简介

本书从文旅商业发展的历史沿革、新疆文旅数字化发展现状、数字化背景下新疆文旅发展的前景等方面，结合“文化润疆”工程和“旅游兴疆”战略，对新疆旅游高质量发展及数智化转型进行了系统的阐述，并讨论了文旅商业发展的历史脉络、数字化发展对文旅产业的影响，以及当前新质生产力为新疆数字文旅高质量发展所做的贡献。在这个万物互联的时代，人工智能、区块链、云计算、数据科技、边缘计算等无不影响着旅游业的发展。科技力量正在不断改变着旅游的生态，重塑着旅游的未来。文旅数智化的发展，使得历史可以再现、未来可以触摸，这使得传统文旅焕发新生机。此外，为铸牢中华民族共同体意识，更好地发挥旅游业在推动民族地区经济社会发展和促进各民族交往交流交融等方面的作用，本书特意选取了新疆一些具有代表性的博物馆和纪念馆等，如新疆维吾尔自治区博物馆、新疆兵团军垦博物馆、丝绸之路北庭故城遗址博物馆、龟兹博物馆等，通过数智化和沉浸式体验，让游客在与文物等的“对望”之间，感悟中华文化，增强文化自信，铸牢中国心和中华魂。

**图书在版编目(CIP)数据**

新疆旅游高质量发展及数智创新研究 / 严荣著. -- 武汉 : 华中科技大学出版社, 2025. 6. -- (中国旅游智库学术研究文库). -- ISBN 978-7-5772-1856-4

Ⅰ. F592.745

中国国家版本馆 CIP 数据核字第 2025U9J595 号

**新疆旅游高质量发展及数智创新研究**
Xinjiang Lüyou Gaozhiliang Fazhan ji Shu-zhi Chuangxin Yanjiu　　严　荣　著

策划编辑：胡弘扬
责任编辑：聂筱琴
封面设计：原色设计
责任校对：刘　竣
责任监印：曾　婷
出版发行：华中科技大学出版社(中国·武汉)　　电话：(027) 81321913
武汉市东湖新技术开发区华工科技园　　邮编：430223
录　　排：孙雅丽
印　　刷：武汉市洪林印务有限公司
开　　本：710mm×1000mm　1/16
印　　张：18
字　　数：313 千字
版　　次：2025 年 6 月第 1 版第 1 次印刷
定　　价：79.80 元

# 序

中国式现代化进程中，以大数据、云计算、区块链和人工智能为标志的数字技术正在以前所未有的速度和影响力推动着传统旅游产业变革，数字技术在改变人们生活、学习的同时，也对旅游者的旅行体验和旅游平台的智慧管理产生了深刻影响。面对数字化转型的浪潮，新疆文旅产业面临着前所未有的机遇与挑战。作为新疆“十大产业集群”的重要组成部分，文旅产业集群是培育发展新质生产力的新疆实践的重要途径，新疆旅游高质量发展及数智创新围绕文旅产业和数字化展开。文旅产业是“数字中国”战略的重要组成部分，其数字化转型，已成为推动“数字中国”的关键力量。为推进旅游产业数智创新，落实《文化和旅游部关于推动数字文化产业高质量发展的意见》《关于深化“互联网＋旅游”推动旅游业高质量发展的意见》《“十四五”旅游业发展规划》《智慧旅游创新发展行动计划》以及《新疆维吾尔自治区加快推动旅游业高质量发展三年行动方案（2024—2026年）》等相关政策文件的精神与要求，新疆在旅游高质量发展及数智创新方面进行了大胆的实践探索。

为推动新疆由旅游资源大区向旅游经济强区转变，让更多游客了解新疆、走进新疆、感受新疆，本书在充分借鉴国内外相关领域研究方法和成果的基础上，立足旅游业高质量发展及数字化转型的时代背景，对新疆旅游业的高质量发展和数智创新展开了研究，以期为各地旅游业的高质量发展和数字化转型提供参考和借鉴。

本书共分为六章：第一章主要对旅游高质量发展及数智创新的国内外研究情况进行理论综述；第二章主要对新疆旅游高质量发展及数智创新的现状、特征、游客满意度进行分析；第三章主要对新疆红色旅游、山地旅游、医疗旅

游、乡村旅游、冰雪旅游等旅游业态进行分类阐述；第四章主要对旅游企业高质量发展展开研究；第五章主要对新疆维吾尔自治区博物馆、丝绸之路北庭故城遗址、塔克拉玛干·三五九旅文化旅游区、阿勒泰旅游监管和决策支撑大数据平台、柯尔克孜族英雄史诗《玛纳斯》说唱全息展演等数智创新情况、路径、未来前景进行详细论述；第六章主要对新疆旅游高质量发展和数智创新的模式、路径、对策进行分析阐述。

旅游是人们感悟中华文化、增强文化自信的过程，是促进各民族交往交流交融的重要平台，也是发展经济、增加就业、提高人民生活水平的有效方式。旅游活动被称作“民间外交活动”，在服务新疆经济社会发展、满足各族群众旅游需求、铸牢中华民族共同体意识等方面的作用独特。随着“文化润疆”工程、“旅游兴疆”战略，以及旅游促“三交”计划等的协同推进，旅游在增进新疆各族群众之间的交流、理解、欣赏和尊重等方面发挥着日益重要的作用。当前，旅游业高质量发展及数字化转型已是大势所趋。云计算、人工智能、虚拟现实（Virtual Reality，VR）、增强现实（Augmented Reality，AR）、区块链等数字技术快速发展，不仅改变了人们的出游方式，还改变了旅游业的需求结构、组织方式和运行模式。过去的旅游参观需要游客身临其境、实地体验，如今随着AR、VR、元宇宙等科技的发展，游客足不出户便能享受“诗和远方”的精神盛宴。

科技力量的赋能不仅改变了旅游的生态，还重塑了旅游的未来。2024年5月17日，全国旅游发展大会在北京召开，习近平总书记对旅游工作作出重要指示，擘画旅游强国建设美好图景。我国旅游业日益成为新兴的战略性支柱产业和具有显著时代特征的民生产业、幸福产业。探索完善旅游与科技融合发展的有效机制，全面提升旅游科技创新能力，推进旅游业数智创新和高质量发展，使得历史可以再现、未来可以触摸，沉浸式体验让传统文旅焕发新生机，这为新疆文旅讲好中国故事、传播中华声音、擦亮“新疆是个好地方”金字招牌提供契机。

本书特意遴选了新疆旅游高质量发展及数智创新的典型案例，希望给读者带来沉浸式的阅读体验。梦虽遥，追则能达；愿虽艰，持则可圆。由于研究水平有限，本书难免存在不足之处，恳请各位读者批评指正，团队定会及时纠正并表示诚挚感谢！

严荣

2025年3月

# 目录

# 第一章
# 研究导论

## 第一节　研究背景及意义

### 一、研究背景

新疆,拥有得天独厚的自然资源和多元一体的文化底蕴。近年来,随着国家对旅游业发展的大力支持以及人们旅游需求的不断增长,新疆旅游业呈现出快速发展的态势,这种发展不仅体现在数量和规模的扩大上,还体现在质量和效益的提升方面。新疆旅游业正逐渐从传统的观光旅游向深度体验、文化旅游等多元化方向转变。

在这一发展过程中,新疆旅游业面临着一些挑战。其一,旅游资源的开发与保护需达到平衡。新疆拥有众多独特的自然景观和文化遗产,如何在开发这些资源的同时,有效保护其原生态环境和文化特色,是一个亟待解决的问题。其二,旅游服务的质量和效率有待进一步提高。随着游客对旅游体验要求的提升,提供个性化、高品质的旅游服务已成为新疆旅游业发展的必然趋势。

此外,随着科技的进步,数智化技术在各个领域得到广泛应用,旅游业也不例外。数智创新为旅游业的发展带来了新的机遇和挑战。借助大数据、云计算、物联网等技术手段,能够实现旅游资源的智能化管理、旅游服务的个性化定制以及旅游市场的精准营销等目标。在新疆旅游业中,数智创新的应用

已呈现出蓬勃发展的态势。例如，通过智能化的导游系统，游客能够更加便捷地获取旅游信息；利用大数据分析，旅游管理部门可以更精准地了解游客需求，优化旅游资源配置；借助物联网技术，景区能够实现设施的智能化管理等。

尽管新疆旅游业取得了显著成就，但其仍面临诸多挑战，如何实现高质量发展成为亟待解决的关键问题。在此背景下，开展新疆旅游高质量发展及数智创新研究具有重要的现实意义。

### （一）新疆旅游业的现状

新疆拥有丰富的旅游资源，包括壮丽的自然风光、底蕴深厚的历史文化遗迹和多样的民族风情。天山山脉、喀纳斯湖、伊犁河谷等自然景观美不胜收；吐鲁番葡萄沟、喀什古城等人文景观则承载着深厚的历史文化底蕴。近年来，新疆旅游业发展迅速，接待游客数量和旅游收入持续增长。据统计，2023年新疆接待游客达到2.65亿人次，实现旅游收入2967.15亿元，创历史新高。这一成绩体现了新疆旅游业在基础设施建设、产品开发、市场推广等方面的不懈努力。

### （二）高质量发展的迫切需求

尽管新疆的旅游业已经取得了令人瞩目的成就，但是，它仍然面临着许多问题和挑战。这些问题包括旅游资源的开发不够充分，旅游产品的种类过于单一，基础设施的建设还不够完善，服务质量也存在着很大的差异。这些问题严重制约了新疆旅游业的进一步发展。因此，实现高质量发展成为新疆旅游业未来发展的必由之路。高质量发展要求新疆旅游业在保持快速增长的同时，更加注重提升自身的内涵，优化产业结构，提高经济效益，以满足游客日益增长的多元化、个性化的需求。这一导向不仅对新疆旅游业的发展提出了更高的要求，更驱动着新疆旅游业对其未来发展模式进行深度探索和改革。

### （三）数智创新的时代背景

当前，数字化和智能化技术迅速发展，数智创新成为推动我国各行各业转型升级的重要力量。特别是在旅游业这个充满活力和潜力的领域，数智创新的应用更是极大地提升了旅游服务的质量和效率，为游客提供了更加便捷、舒适、个性化的旅游体验。

新疆拥有丰富的旅游资源，无论是壮丽的自然风光，还是深厚的历史文化，都是吸引游客的重要因素。然而，要想实现新疆旅游业的高质量发展，还需要紧跟时代的步伐，积极引入数智创新技术，推动旅游业的数字化、智能化发展。

具体来说，新疆旅游业可以通过引入先进的数字化技术，如大数据、人工智能等，来实现对旅游资源的智能化管理和对旅游服务的个性化定制。同时，智能化设备的应用，如智能导览、智能交通等，可以进一步提升游客的旅游体验，让游客在享受旅游的同时，感受到科技带来的便利和舒适。

总体而言，数智创新在新疆旅游业的发展中起着至关重要的作用，应紧跟时代的步伐，积极引入数智创新技术，从而推动新疆旅游业转型升级，实现高质量发展。

#### （四）政策与市场的双重驱动

从政策层面来看，我国中央政府和各级地方政府高度重视旅游业的发展，并为此出台了一系列政策措施，以支持旅游业的高质量发展。这些政策措施包括但不限于优化旅游产业布局、提高旅游服务质量、加大旅游基础设施投入、促进旅游产业与其他产业的融合发展等。这些政策的出台，既体现了我国政府对旅游业发展的重视程度，也为旅游业的发展提供了有力的政策保障。

同时，随着我国经济的持续发展和消费的不断升级，人们对旅游的需求也越来越多元化。这不仅包括对旅游目的地的选择，还包括对旅游产品和服务的质量要求。人们不再满足于简单的观光旅游，而是更加注重旅游体验的深度和质量。消费升级和旅游需求的多元化，为我国旅游业实现高质量发展提供了巨大的市场动力。

以新疆为例，随着我国政府对旅游业的支持和投入不断加大，新疆旅游业也迎来了高速发展的黄金时期。无论是旅游基础设施的建设，还是旅游产品的创新和升级，都取得了显著的成效。随着人们的旅游需求的多元化，新疆旅游业也在努力提高旅游服务质量、丰富旅游产品，以满足不同游客的需求。这不仅为新疆旅游业的发展提供了强大的市场动力，也为新疆的经济发展注入了新的活力。

综上所述，新疆旅游高质量发展及数智创新研究是在新时代背景下应运而生的重要课题。未来，笔者将继续深入探索数智创新在新疆旅游业中的应用场景和发展潜力，以期为新疆旅游业的持续繁荣发展贡献智慧和力量。

## 二、研究意义

#### （一）推动新疆旅游业高质量发展

深入研究新疆旅游业的高质量发展及数智创新，对于明确新疆旅游业发

展的路线和目标定位具有重要的指导作用。这有助于提出具体有效的策略和措施，为新疆旅游业的持续健康发展提供行动指南。为实现这一目标，需采取一系列举措，如优化旅游资源配置、丰富旅游产品种类、提高旅游服务水平等，推动新疆旅游业朝着更高质量、更具竞争力的方向发展。这些措施的实施，不仅能够提升新疆旅游业的整体竞争力，使其在国内外市场中占据更显要的地位，还能为新疆地区的经济社会发展注入新的动力。这将促进当地经济结构的优化升级，带动相关产业链的发展，同时推动当地文化的传播与交流，提升新疆的知名度和影响力，使其成为国内外游客向往的旅游目的地。

（二）促进旅游与数智技术的深度融合

数智创新技术的应用为旅游业带来了前所未有的发展机遇和挑战。深入研究新疆旅游高质量发展及数智创新，有助于探索旅游与数智技术深度融合的路径和模式，对于推动旅游业转型升级具有重要的实践意义。引入大数据、云计算、人工智能等先进技术，能够全面提升旅游服务的智能化水平。例如，借助大数据分析，可了解游客的出行习惯、兴趣爱好等信息，从而为游客提供更符合其需求的旅游产品和服务；利用云计算和人工智能技术，能够实现对旅游资源的智能调度和优化，提高旅游服务的效率和质量。同时，数智技术的应用还能帮助旅游企业优化运营管理、提高决策效率。例如，可以通过对游客的评价和反馈进行分析，及时发现并解决旅游服务中存在的问题，提高游客满意度；可以通过对旅游市场的趋势和变化进行分析，为旅游企业的发展战略提供有力支持。数智创新技术的应用将推动旅游业的深刻变革，促使其转型升级。对于旅游业而言，这既是机遇，也是挑战。积极拥抱数智创新，有助于旅游企业在未来的旅游业竞争中立于不败之地。

（三）丰富旅游理论研究与实践探索

旅游业作为融合经济、文化、社会等多方面因素的综合性产业，其影响力广泛。深入研究新疆旅游的高质量发展和数智创新，不仅能拓展旅游理论研究的深度和广度，推动旅游学科的整体发展和理论创新，还能通过实践中的不断探索和总结，提炼出具有新疆特色的旅游发展模式和实践经验，为其他地区的旅游业发展提供宝贵的借鉴和参考。具体而言，新疆旅游高质量发展不仅有助于经济增长，还能够推动文化的传承与创新以及社会文明的进步。新疆的多元文化、独特地理环境和丰富旅游资源为旅游业创新提供了丰富灵感。数智化作为现代旅游业发展的重要趋势，为新疆旅游业创新提供了强大的技术支撑。引入大数据、人工智能等先进技术，有助于更精准地分析游客需求，提供更个性化的旅游服务，进而提升游客的满意度和忠诚度。同时，新疆在发展旅游时注重生态环保，推动绿色旅游，实现了经济效益和生态效益的双赢；积极探索旅游扶贫模式，通过旅游业发展带动当地经济增长和贫困人口脱贫。这些成功实践经验具有深远的示范意义，可为其他地区旅游业发展提供重要启示和借鉴。

（四）提升中国新疆的国际形象与影响力

新疆在中国乃至全球旅游业发展中具有重要地位，新疆旅游业是展示中国多元文化和自然风光的独特窗口，发展新疆旅游业是提升中国国际形象和影响力的重要途径。深入研究和推动新疆旅游的高质量发展以及数智创新，对于构建具有国际竞争力的旅游品牌和产品体系具有深远影响。这将有助于吸引更多国际游客前来新疆旅游观光，体验新疆的历史文化遗迹，感受新疆的独特魅力。

综上所述，新疆旅游高质量发展及数智创新研究不仅具有深远的理论意义，更具有迫切的现实意义。通过深入研究和探索，我们可以为新疆旅游业的繁荣发展注入新的活力，推动其走向更加智能化、高效化、可持续化的发展道路。展望未来，随着科技的不断进步和创新能力的持续提升，我们有理由相信新疆的旅游业将迎来更加广阔的发展空间。

## 第二节　理论研究综述

### 一、旅游高质量发展

发展旅游业是推动高质量发展的重要着力点。2024年5月17日，全国旅游发展大会在北京召开。习近平总书记对旅游工作作出重要指示，充分肯定了我国旅游业取得的突出成就，强调“着力完善现代旅游业体系，加快建设旅游强国”，“推动旅游业高质量发展行稳致远”。习近平总书记关于旅游工作的重要论述和指示批示深刻阐明了当代旅游业发展趋势，深化了对旅游发展规律的认识，是建设旅游强国、推动旅游业高质量发展的行动指南。

旅游业是国民经济的重要产业，国内外学者对旅游业高质量发展进行了一系列研究，主要聚焦于以下三个方面。

### （一）理论内涵分析

诸多学者从不同角度剖析了旅游业高质量发展的内涵。何建民(2018)参照联合国世界旅游组织质量支持委员会对旅游产品质量的定义，将我国旅游业高质量发展系统定义为旅游活动利益相关者及其追求的利益与资源、社会人文环境与自然环境之间相和谐的合法的诸要素相互作用的综合体。周晋名(2020)认为，旅游业高质量发展是在保持旅游业一定增长速度的条件下，凭借提高旅游业的发展质量稳步推进旅游业发展的一种可持续的旅游发展模式。刘英基等(2020)认为，旅游经济发展质量是旅游业发展水平、市场竞争力及利益相关者满足程度的综合反映。黄震方等(2021)认为，新发展格局是高质量发展的内在要求和重要标志，应从"双循环"新发展格局来深刻理解高质量发展的科学内涵。徐爱萍(2021)认为，旅游业高质量发展是新时代背景下旅游业发展的一种新模式，是对旅游经济发展模式、发展效率、产业结构等多方面发展结果的综合衡量。刘雨婧等(2022)认为，旅游业高质量发展的内涵至少应包括供需水平升级、创新驱动发展、生态文明建设、经济高效稳定、民生质量提升五个维度。罗新颖(2022)认为，旅游业高质量发展是在新发展理念及供给侧结构性改革等背景下的新发展方向，是具备高质量、高效率、高稳定性的旅游供给，坚实稳固的地方与环境支撑，持续性旅游需求及高经济社会效益的新时代旅游业发展模式。廖军华等(2022)认为，旅游业高质量发展是指以满足人民对美好生活的需要和对美好旅游的需要为发展目标，坚持习近平生态文明思想和新发展理念，引导产业向高效优质方向发展，实现经济、社会与生态相协调的旅游业发展模式。王兆峰等(2022)认为，旅游高质量发展内涵包括产业效率、综合效应、协调平衡、游客满意四个方面。胡静等(2022)基于经济产业与经济效益视角，提出旅游业高质量发展体现了旅游业的经济产业和社会事业的双重属性的协同发展，是效率与公平的有机统一，其核心要义是"供给的有效性"和"发展的公平性"。戴学锋等(2022)认为，旅游业高质量发展在发展目标上应以人民为中心，在发展理念上要体现创新、协调、绿色、开放、共享五大理念，在发展模式上应全面深化改革，在发展形势上应从高速增长转向高质量增长，在发展格局上应形成以内循环为主体的双循环发展格局，在空间布局上应能解决区域间、城乡间不平衡不充分发展的问题。

### （二）指标体系构建

由于对旅游业高质量发展概念的认识不一，研究者从不同视角构建了旅游业高质量发展评价指标体系。龙志等(2020)从生态文明的角度,构建了涵盖旅游环境质量、旅游资源质量、旅游服务质量、旅游吸引能力四个方面的评价指标体系。王松茂等(2020)从旅游资源转换效率视角构建以“效率”为核心的高质量增长评价指标体系,对“一带一路”沿线18个重点省份旅游经济增长质量的时空演变进行了研究。刘英基等(2020)从经济效率、产业结构和环境质量三个维度构建旅游经济发展质量综合评价指标体系。许多学者从新发展理念出发来构建指标体系,对某区域旅游业高质量发展的情况进行评价,但在二级指标的选取上,研究者的认识还存在差异,指标选取不一。在新发展理念的基础之上,唐业喜等(2021)补充了有效维度的指标,阎友兵等(2021)补充了产业发展活力和有效发展两个维度的指标。钟漪萍等(2022)在新发展理念的基础上,增加了经济活力这一指标。徐爱萍(2021)从经营效率质量、市场结构质量、经济运行质量和社会可持续发展四个维度构建了旅游业高质量发展评价指标体系。舒波等(2022)从旅游产业结构出发,选取旅游产业结构规模化、合理化、高级化以及效益表现作为衡量旅游业高质量发展情况的指标体系。吴秋盈等(2022)构建了涵盖旅游吸引力、旅游综合接待能力、创新生产能力、发展效益、公众幸福感5个一级指标、21个二级指标的旅游业高质量发展评价指标体系。刘雨婧等(2022)从旅游业供需水平、创新驱动、生态文明、经济高效和民生质量五个维度构建旅游业高质量发展评价指标体系。王兆峰等(2022)构建了包括产业转型、产业运行和产业共享三个维度的旅游业高质量评价指标体系。郭鑫等(2022)从可持续发展视角,构建了涵盖旅游经济效率、旅游产业结构、旅游环境质量三个维度的评价指标体系。罗新颖(2022)虽然构建了涵盖核心供给、辅助供给、地方与环境支撑、旅游效应、旅游需求五个方面的评价指标体系,但其认为目的地旅游业高质量发展首先要求目的地具有稳定、完善、高效和高品质的旅游供给,故供给指标在其评价指标体系中占主导。时朋飞等(2023)基于投入产出理论,并结合旅游产业链环节,构建了涵盖旅游供给水平、产业结构、产业经济效应等方面的评价指标体系。

### (三)影响因素方面

学者们运用多元的分析方法,探索旅游业高质量发展的影响因素。唐任伍等(2018)提出发展高质量旅游业的“五新”路径,即开拓旅游市场新主体、注入旅游产业发展新元素、集聚乡村旅游发展新业态、塑造旅游产品新品牌、创新旅游开发治理新模式。张洪昌(2019)提出,实现新时代旅游业高质量发展,

需要新的制度安排，要围绕治理主体、治理客体、治理工具和治理机制等进行制度创新。周学军(2019)通过翔实的实证分析，发现区域经济的均衡发展对旅游资源的合理配置和旅游服务的全面提升具有显著的促进作用。他认为，区域经济均衡发展能够为旅游业提供更为坚实的市场基础和更为完善的产业链支持，从而推动旅游业的整体升级。丘萍(2019)的研究指出，地方文化的独特性和吸引力是提升旅游业竞争力的核心要素。她认为，丰富多样且独具特色的地方文化，不仅能够吸引大量的游客，还能够促进旅游业的可持续发展。宋子千(2020)探讨了互联网和大数据技术在旅游业中的应用前景，并认为这些技术的广泛应用能够极大地提升旅游服务的智能化和个性化水平，随着技术的不断进步，旅游业的服务质量和用户体验将得到前所未有的提升。金准(2020)提出，要想解决旅游发展中的不平衡不充分问题，必须以效率提升为突破口，建立高效均衡的发展机制，全面提高产业运行质量的核心是市场化的产业运行机制、高流动的基本要素体系、双牵引的产业动力机制、快替代的综合升级机制、稳健化的均衡发展机制。侯兵等(2020)提出，在高质量发展的导向下，要加快文旅产业从被动融合到主动融合、由浅层次融合向深层次融合的转变。郑憩(2020)提出完善政策体系、加快文旅“新基建”、扩大优质文旅产品供给等路径。黄震方等(2021)基于旅游新发展格局，提出从政策扶持、扩大内需、优化供给、宣传推广、产业融合、科技赋能、质量提升、区域协同、扩大开放等方面，构建旅游高质量发展的多维推动机制。戴学锋等(2022)认为，全域旅游实质是保障旅游业高质量发展的一项重要制度安排。张鹏杨等(2022)指出，全球经济复苏的态势为旅游业带来了新的发展机遇，同时也对旅游业的服务品质和创新能力提出了更高的要求，面对新的发展形势，旅游业需要不断创新，提升服务品质，以适应市场的变化。谢攀等(2022)的研究显示，保护和利用地方文化资源，能够有效促进旅游产品和服务的差异化发展，地方文化资源的保护和利用，不仅能够丰富旅游产品的内涵，还能够提高旅游服务的附加值。王曰影(2022)的研究表明，人工智能、虚拟现实等前沿技术的应用，正在为旅游业带来革命性的变革，随着这些技术的不断成熟，旅游业的运营模式和服务方式将发生深刻的变化。马波等(2022)以旅游性价比为中心，对旅游业高质量发展的微观机理进行研究，认为在未来一段时期内，旅游业高质量发展将表现为产品品质竞争和价格竞争的并存并重。任洁(2022)基于“双碳”目标视角，提出通过政策引领，推进旅游业零碳战略转型，以产业升级促进旅游业绿色经济增长，以科技创新推动旅游业绿色低碳发展，从而实现旅游业高质量发展。王兆峰等(2022)基于“双循环”背景,提出通过优化旅游供给、促进文旅融合、现代科技赋能、深入开发入境旅游市场以及扩大开放等路径,加快培育完整的旅游内需体系,推动旅游业高质量发展。廖军华等(2022)提出,旅游业高质量发展应从创新旅游开发理念、构建特色产业化发展体系、提高品牌建设能力、加强旅游运营管理、强化旅游人才保障等方面综合施策,统筹推进,补齐短板和锻造长板。耿松涛等(2022)设计了四条旅游业高质量发展路径:发挥政策优势,强化文旅融合;坚持创新引领,优化资源配置;立足消费需求,提升品质供给;注重生态保护,改善人居环境。张鹏杨等(2022)提出,推进旅游业高质量发展,需多方主体协作,旅游目的地应强化政策协同,推进协同治理,深化文旅融合;旅游企业应紧跟数字旅游发展,树立优质旅游和品牌化理念;旅游市场应对接需求变化,创新营销方式,构建数字旅游新发展格局。舒小林等(2023)基于对西江千户苗寨旅游数据的分析,认为景区品牌形象、门票价格、服务质量等方面均会对旅游业提质增效产生影响,旅游业的相关从业者应当关注这些影响因素,以提升旅游业的整体服务水平和市场竞争力。

综上所述,对于旅游业高质量发展,国内研究者已投入大量精力并取得一定成果,涉及概念阐释、评价指标体系构建、影响因素分析等方面。然而,相关研究尚处于起步阶段,成果零散,需进一步深入探索。未来研究应聚焦于以下方面:① 深化理论阐释,明确“高质量”与“质量”的差异;② 优化评价指标体系,减少主观偏差,达成共识;③ 使用多样化评价方法,借鉴多学科研究方法;④ 加强不同地域范围的研究,包括区域间差异对比。

## 二、数智创新

进入以大数据、人工智能驱动的数智化时代,关于数智化如何赋能旅游业高质量发展,学术界的讨论主要集中在数字化和智能化在旅游商业模式创新、产业融合发展以及智慧旅游、数字旅游等方面的作用。

Ighalo(2014)认为,数字化为旅游业提供了广阔的潜力,旅游业发展过程中涉及的所有业务流程都会受到影响。Souto(2015)研究发现,除了流程的数字化转型,数字化还为旅游业创新商业模式提供机会。Holzbaur(2016)提出相互作用的三角形模型,其由六个区域组成,一方面是代理、运营商和游客,另一方面是目的地、活动和地点。数字化可以对每个区域产生影响,能够更有效和高效地连接这些区域。黄松等(2017)认为,旅游数智化以物联网、云计算、地理信息系统、数据挖掘等信息技术为基础,以满足游客个性化和多样化需求

为前提，旨在实现旅游资源及其他社会资源的共享。王海荣(2017)认为，利用物联网、大数据、云计算等现代科技手段，能将分散的旅游资源进行整合，从而拓展旅游资源开发的深度和广度。Ivanov和Webster(2017)从游客的角度，指出智能客服、精准信息推送、机器人传感服务等对消费者的需求、偏好、决策和体验均产生重大影响。杨帆(2018)认为，数智化能够从深度和广度上对旅游的内涵进行拓展，将旅游资源进行立体式、全方位、多角度的展现和宣传。宋子千(2020)的研究表明，数字化、信息化、智能化的旅游产品是提升游客旅游体验、扩大旅游影响力、优化旅游服务流程的重要条件。Samara等(2020)认为，大数据和人工智能(BDAI)能够提升旅游企业的效率、生产力和盈利能力，并为客户提供个性化、便捷和丰富的体验。魏翔(2022)指出，数字经济通过迭代虚实交互、优化资源配置、突破价值边界促进了旅游大数据、智慧旅游、旅游区块链等多个领域的创新。夏杰长等(2022)认为，数智化赋能文旅资源发现、文旅资源防护、文旅资源宣传，提升消费体验，激活了文旅融合发展的潜力，能够促进文旅高质量发展。高志方等(2022)的研究表明，旅游数智化旨在集智慧服务、智慧管理、智慧营销、智慧体验于一体，提升游客的旅游体验和感知，增强旅游景区的市场竞争力，从而为旅游业转型升级提供解决途径。

总体来看，数字技术、智能技术几乎蔓延到旅游业的各个方面，极大地推动了商业模式创新、业务流程再造、消费需求升级、产品形态创新、管理模式升级和生产方式更新。信息与通信技术对旅游业的影响已被广泛研究，随着数字化、智能化的深度融合发展，数智化转型已经成为旅游业高质量发展的必由之路，如何凸显数智技术对旅游业高质量发展的赋能尤为迫切。但目前学术界对迅猛发展的数智科技的应对研究尚不充分，相关研究处于起步阶段，缺乏深入的理论分析以及前瞻性的战略思路和政策框架。本研究在前人研究成果的基础上，探索分析了数智化赋能旅游业高质量发展的作用机制，并指出数智化转型背景下旅游业高质量发展面临的挑战，提出了具有针对性的建议，以期丰富相关理论研究。

# 第二章 研究现状及问题

## 第一节 新疆旅游景区游客满意度现状及对策

### 一、研究方法

游客满意度是游客对事前期望和事后结果是否一致的一种认知评估，受游客体验、产品质量、服务设施和价格等多种主客观因素的影响，它反映了游客期望值与实际体验值二者之间的差值(高静等，2015；赵忠君等，2015；尚晓丽等，2017)。随着数字旅游、智慧旅游、科技旅游的不断发展，游客对旅游产品的线上和线下满意度评价已成为旅游景区之间相互竞争的焦点。游客满意度作为游客满意与否的一种情感表述，它对游客旅游目的地的选择、旅游忠诚度、旅游产品和服务的消费有着重要的影响，是衡量旅游景区经济效益与社会效益的综合性指标，对于当地旅游业的发展、旅游目的地形象塑造、旅游目的地管理及营销具有重要意义。

为了更好地了解新疆旅游景区游客满意度现状，本研究以扎根理论为研究方法，以游客对旅游产品的在线评价为依据，通过对收集的原始资料进行整理、归纳、分析，力争找出制约游客满意度的核心因素，在此基础上，结合网络层次分析法，重新构建游客满意度网络层次评价模型，对游客满意度进行评价，并据此提出提升游客满意度的适宜性策略。

扎根理论(Grounded Theory)源于社会科学领域，由 Strauss 和 Glaser 首

创,是一种定性研究方法,体现为“发现逻辑”而非“验证逻辑”(李研等,2018;谭乔西,2018)。扎根理论同一般的定性研究方法相比,最显著的区别在于其研究过程更具有可追溯性,通过对资料自下而上地进行探索性整理、归纳、分析、整合,在一定程度上克服了一般定性研究方法中经验性观念或预设性条件对所研究问题的“程式化”限制(何琼峰,2014;蔡永龙等,2018)。

进行扎根理论研究,首先需要选定所要研究的案例,并对所选定的案例进行分析;其次,按照开放性编码—选择性编码—理论性编码的次序进行层层递进和深入,并得出研究结论;最后,对研究结论进行饱和性检验,如果达到理论饱和,那么扎根理论研究到此结束,并根据得出的结论,就所研究的问题提出对策和建议,如果没有达到理论饱和,则需要继续进行资料收集和资料分析,并重复上述的内容,直至达到理论饱和。具体的研究流程见图2-1。

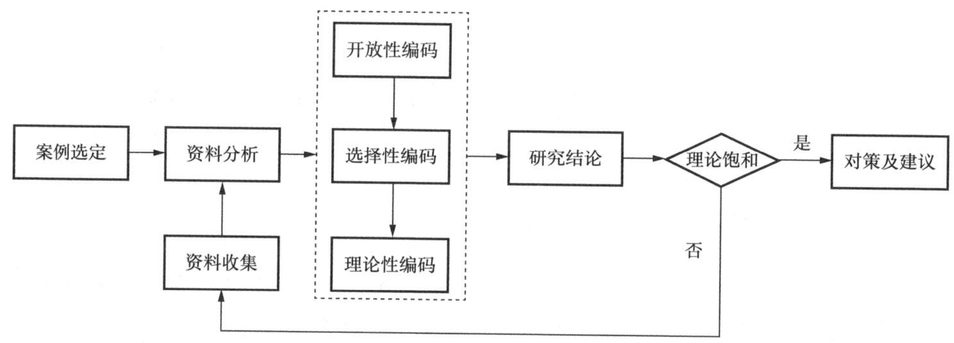


**图2-1 扎根理论研究的流程图**

网络层次分析法(Analytic Network Process,ANP)是由控制层和网络层两部分所构成的一种用于解决非线性复杂网络结构的定量研究方法(钱明霞等,2011;郭百涛等,2020)。其中,控制层主要由目标层和准则层所构成,网络层则由各个相互影响的元素所构成。通常而言,网络层受控制层的支配和影响。ANP的基本结构见图2-2。

采用ANP进行评价时,首先需要构建网络评价结构,即确定好目标层、准则层等;其次,要计算控制元素的判断矩阵,并求出排序向量;接着,构建并计算超矩阵和极限超矩阵;最后,合成游客满意度指数的综合评价值。

## 二、数据来源

为研究游客的满意度,本研究以新疆14家5A级旅游景区为研究对象,具体包括:天山天池风景名胜区、葡萄沟风景区、喀纳斯景区、那拉提旅游风景

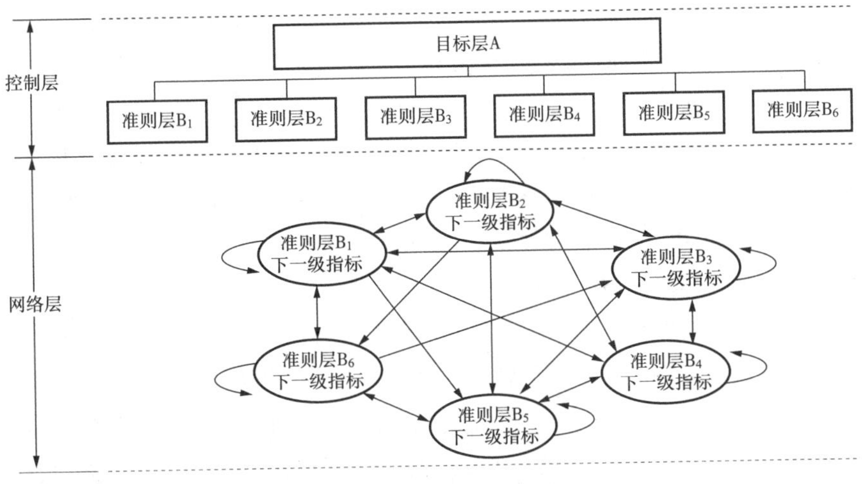


**图 2-2　ANP的基本结构**

区、可可托海景区、泽普金湖杨景区、博斯腾湖景区、天山大峡谷景区、喀什噶尔老城景区、巴音布鲁克景区、喀拉峻景区、白沙湖景区、帕米尔旅游区以及世界魔鬼城景区。相关研究数据来自携程网。

## 三、新疆旅游景区游客满意度现状

为研究游客的满意度，本研究结合收集到的游客总评数量、好评数量以及差评数量绘制统计图，如图 2-3 所示。游客的好评数量和差评数量与总评数量之间存在一定的相关性，随着总评数量的增加，好评数量和差评数量也随之增加。总体而言，游客的好评数量远远超过差评数量，但是随着好评数量的增加，差评数量也在一定程度上增加。

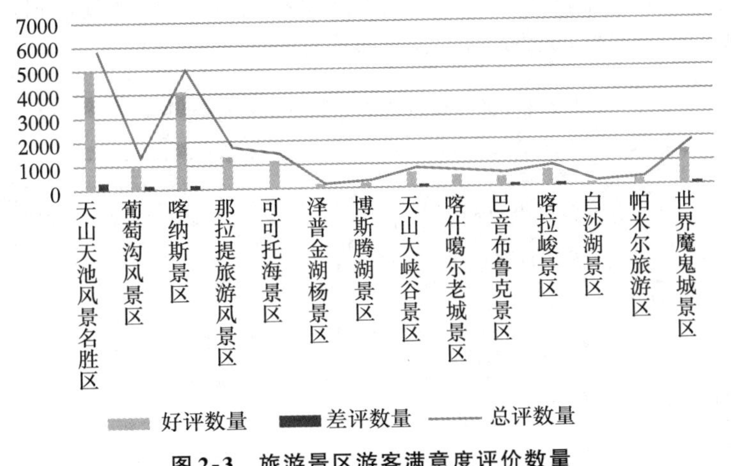


**图 2-3　旅游景区游客满意度评价数量**

为进一步揭示游客的满意度情况，本研究借助携程网的分析方法，首先，划分评语集，从高到低依次为非常满意、比较满意、基本满意、不满意、非常不满意，所对应的数值分别为5、4、3、2、1；其次，划分评价维度，将游客满意度得分划分为三个维度，分别是景色满意度得分、趣味满意度得分以及性价比满意度得分；最后，对各维度的满意度分值进行加权平均，形成满意度总评得分。游客对各旅游景区的总评得分均在4分以上，通过与评语集对比可知，游客对各旅游景区是比较满意的。

游客在线评论的总数为20485条，剔除无效评论后的好评数量和差评数量分别为16527条和761条，好评率约为95.6%，差评率约为4.4%。游客对景区的景色、趣味、性价比的评分均在4分以上，通过计算得知，游客对各景区的综合满意度达到89.7%。由此可见，虽然游客的满意度比较高，但仍然存在着一些游客不满意的因素，为了找出游客不满意的原因，本研究对游客的在线评论进行了梳理和分析，并初步将游客不满意的在线评论进行了概念化编码。

在剔除重复性评论后，可以看出，游客不满意的在线评论中，有对景点的不满意，有对趣味性的不满意，有对性价比的不满意，有对服务的不满意等。为了进一步研究游客满意度的影响因素，需要对其进行主轴编码，主轴编码也称为“二级编码”，主要是找出编码之间的关系，并对编码进行分类，从而达到对主范畴和副范畴进行区分的目的。主轴编码是在开放性编码的基础上形成的，由于主轴编码涉及的内容相对而言较多，为了进一步对主轴编码进行浓缩和提炼，并最终形成核心范畴，于是就进入了三级编码，也就是通常所说的“选择性编码”。本研究通过对开放性编码、主轴编码和选择性编码进行层层筛选和分析，发现游客在线评论中的不满意因素已经全部包含在主要范畴以内，没有发现其他影响游客满意度的新范畴，由此可见，本研究已经达到理论饱和。游客满意度影响因素的逐级编码表见表2-1。

**表2-1　游客满意度影响因素的逐级编码表**

| 一级编码<br>（开放性登录） | 二级编码<br>（关联性登录） | 三级编码<br>（核心性登录） |
|---|---|---|
| 景区门票、游览车及索道价格较贵(A11) | 旅游性价比<br>(A1) | 感知价值(A) |
| 性价比低，体验不佳(A12) | | |
| 消费价格高，“一锤子买卖”(A13) | | |
| 门票价格贵，不值得(A14) | | |
| 收费项目过多(A15) | | |

| 一级编码（开放性登录） | 二级编码（关联性登录） | 三级编码（核心性登录） |
|---|---|---|
| 徒步时间长，可看的景色少(A21) | 旅游可玩性(A2) | 感知价值(A) |
| 5A级景区名不副实(A22) | | |
| 可圈可点的景点少(A23) | | |
| 可游玩的景点少(A24) | | |
| 沿途没啥景色，天气比较冷(A25) | | |
| 可玩性低，不值得去(A26) | | |
| 期望与现实之间有一定的差距(A31) | 旅游趣味性(A3) | |
| 景点缺乏特色(A32) | | |
| 景色单一(A33) | | |
| 景区没啥玩的(A34) | | |
| 很一般，没有之前的风土人情味了(A35) | | |
| 景区人多，不好选位置拍照(A41) | 旅游体验值(A4) | |
| 不是太喜欢(A42) | | |
| 等车时间长，体验不佳(A43) | | |
| 在车上的时间太多，不太推荐(A44) | | |
| 在太阳底下晒了半小时，车少人多，不顾游客感受(A45) | | |
| 可看的景色少，太阳比较晒(B11) | 旅游景区环境(B1) | 重游意愿(B) |
| 名声与现实不符(B12) | | |
| 景色一般，没有传说中的美(B13) | | |
| 现实和期望相差甚远(B14) | | |
| 管理混乱(B15) | | |
| 景区施工，路比较难走(B21) | 旅游交通环境(B2) | |
| 道路交通不畅(B22) | | |
| 排队等车时间长，消耗很大体力(B23) | | |
| 路上关卡过多，体验不佳(B24) | | |
| 距离市区较远，交通不便(B25) | | |
| 商业化比较严重(B31) | 旅游景区形象(B3) | |
| 不是想象中的样子(B32) | | |

续表

| 一级编码<br>(开放性登录) | 二级编码<br>(关联性登录) | 三级编码<br>(核心性登录) |
|---|---|---|
| 导游误导消费者购买旅游产品,变相收费(B33) | 旅游景区形象(B3) | 重游意愿(B) |
| 排队进入的时间较长,安排不合理(B34) | | |
| 逛景区就是购物(B35) | | |
| 景区排队时间特别长(C11) | 区间车的协同能力(C1) | 供应链协同(C) |
| 玩的时间少,大多数时间都在排队赶区间车(C12) | | |
| 排队等车的时间比游览的时间还长(C13) | | |
| 等待区间车所需时间特别长(C14) | | |
| 景区管理混乱(C15) | | |
| 班车调度没有预先通知,乘坐私人车辆的价格特别贵(C21) | 信息技术的协同能力(C2) | |
| 未提前发布信息,导致排队时间较长(C22) | | |
| 浪费了很多时间,体验差(C23) | | |
| 增加了额外的交通成本(C24) | | |
| 物价高,缺乏监管,管理不到位(C31) | 创新管理的协同能力(C3) | |
| 缺乏工作人员引导,游客乘区间车时出现抢座的情况(C32) | | |
| 景区规划一般(C33) | | |
| 收费贵,私家车不让进(C34) | | |
| 环境不清洁,体验感较差(C35) | | |
| 上菜时间长,让人失望(D11) | 接待服务能力(D1) | 服务保障(D) |
| 给人的感觉没有达到5A级标准(D12) | | |
| 景区的服务跟不上(D13) | | |
| 酒店住宿价格贵(D14) | | |
| 吃饭等待时间长(D15) | | |
| 服务接待体验不佳(D16) | | |
| 景区服务人员态度较差(D21) | 景区服务能力(D2) | |
| 区间车司机缺乏耐心,服务态度差(D22) | | |
| 景区保安服务态度差(D23) | | |

| 一级编码<br>（开放性登录） | 二级编码<br>（关联性登录） | 三级编码<br>（核心性登录） |
|---|---|---|
| 管理混乱，服务态度差（D24） | 景区服务能力（D2） | 服务保障（D） |
| 景区工作人员态度蛮横（D25） | | |
| 景区缺少指示标识（D31） | 公共服务能力（D3） | |
| 路牌指示不明确（D32） | | |
| 旅游厕所不清洁（D33） | | |
| 旅游厕所停水，无法使用（D34） | | |
| 排队购票的时间长，体验差（D35） | | |
| 景区卫生环境有待改善（D36） | | |
| 景点讲解枯燥，无趣味（D41） | 个性化服务能力（D4） | |
| 服务设施跟不上（D42） | | |
| 服务不够人性化（D43） | | |
| 导游讲解时间过长，让人心烦（D44） | | |
| 没有考虑游客的感受（D45） | | |

本研究通过对影响游客满意度的761项内容进行初步处理，得出了影响游客满意度的72项因素，由此形成了开放性登录的一级编码。通过对这72项影响游客满意度的因素进行比较、分析和归类，形成了旅游性价比、旅游可玩性、旅游趣味性、旅游体验值等14项范畴。为了进一步浓缩和提炼游客满意度的影响因素，找出影响游客满意度的核心范畴，本研究进行了三级编码，将感知价值、重游意愿、供应链协同以及服务保障确定为影响游客满意度的核心范畴。

为了构建游客满意度评价模型，本研究在扎根理论研究的基础上，通过层层编码，最终提炼出感知价值、重游意愿、供应链协同、服务保障这四个影响游客满意度的三级编码。这些三级编码又分别包含若干个二级编码，其中感知价值包含旅游性价比、旅游可玩性、旅游趣味性、旅游体验值；重游意愿包含旅游景区环境、旅游交通环境、旅游景区形象；供应链协同包含区间车的协同能力、信息技术的协同能力、创新管理的协同能力；服务保障包含接待服务能力、景区服务能力、公共服务能力、个性化服务能力。所有这些二级编码又包含若干个一级编码。由此可见，一级编码、二级编码和三级编码不是孤立存在的，

而是相互影响和相互制约的。

游客满意度评价的要素非常广泛，各要素之间也相互影响和关联，考虑到网络层次分析法不仅可以反映控制层与网络层之间的关系，还可以表达网络层各元素之间相互影响和制约的关系，因此，本研究选用网络层次分析法，并结合扎根理论得出的结论，以及游客满意度的复杂性特点，对游客满意度进行了网络层次评价模型构建(见图2-4)。

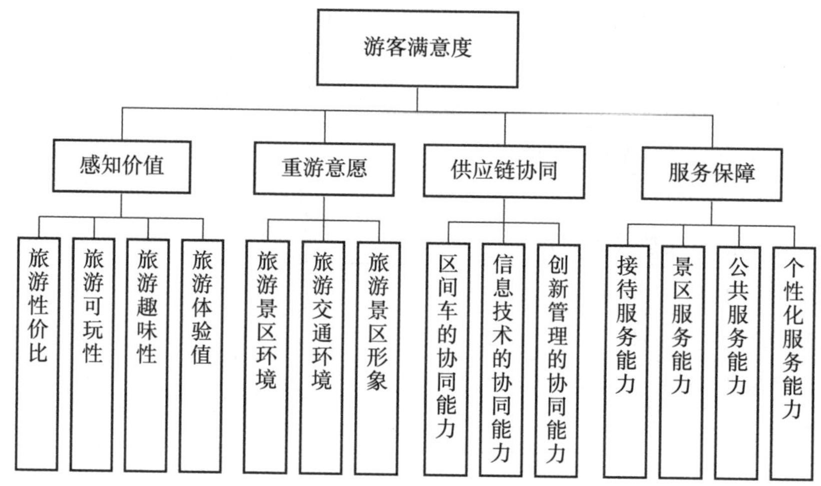


**图2-4　游客满意度网络层次评价模型**

依据游客满意度网络层次评价模型可以看出，其目标层对应的是要评价的内容，也就是游客满意度，准则层对应的是核心性登录的三级编码，包括感知价值、重游意愿、供应链协同以及服务保障，方案层对应的是关联性登录的二级编码，包括旅游性价比、旅游可玩性、旅游趣味性、旅游体验值、旅游景区环境、旅游交通环境、旅游景区形象、区间车的协同能力、信息技术的协同能力、创新管理的协同能力、接待服务能力、景区服务能力、公共服务能力、个性化服务能力，由此构成了一个完整的游客满意度网络层次评价模型。

## 第二节　新疆旅游高质量发展及数智创新现状研究

### 一、研究方法

熵权TOPSIS法结合了熵值法和TOPSIS法的优点，近些年广泛用于指标体系的构建。因此，本研究使用熵权TOPSIS法测度新疆旅游高质量发展和新质生产力发展水平，以更好地呈现二者的发展现状和趋势。具体步骤如下。

步骤1:运用极差法进行正、负向指标的无量纲化处理。

$$y_{ij}=\frac{x_{ij}-\min x_{ij}}{\max x_{ij}-\min x_{ij}},\quad \text{正向指标} \qquad \text{式(2-1)}$$

$$y_{ij}=\frac{\max x_{ij}-x_{ij}}{\max x_{ij}-\min x_{ij}},\quad \text{负向指标} \qquad \text{式(2-2)}$$

$x_{ij}$表示第$i$个评价对象在第$j$个指标下的原始数据值，$y_{ij}$表示经过无量纲化处理后，第$i$个评价对象在第$j$个指标下的标准化数据值。

步骤2:计算第$j$项指标下第$i$年的比重$p_{ij}$。

$$p_{ij}=\frac{y_{ij}}{\sum_{i=1}^{m}y_{ij}}\quad (i=1,2,\cdots,m;j=1,2,\cdots,n) \qquad \text{式(2-3)}$$

步骤3:计算第$j$项指标熵值$e_j$。

$$e_j=-\frac{1}{\ln n}\left[\sum_{i=1}^{m}p_{ij}\ln p_{ij}\right],\quad \text{满足}e_i\geqslant 0 \qquad \text{式(2-4)}$$

步骤4:计算指标权重$w_j$。

$$w_j=\frac{(1-e_j)}{\sum_{i=1}^{m}(1-e_j)}\quad (i=1,2,\cdots,m) \qquad \text{式(2-5)}$$

步骤5:线性加权构建加权决策矩阵$\boldsymbol{R}$。

$$\boldsymbol{R}=(r_{ij})_{n\times m},r_{ij}=w_j\times y_{ij} \qquad \text{式(2-6)}$$

步骤6:根据加权矩阵$\boldsymbol{R}$确定最优方案$\boldsymbol{R}^{+}$和最劣方案$\boldsymbol{R}^{-}$。

$$\boldsymbol{R}^{+}=(\max R_{i1},\max R_{i2},\cdots,\max R_{im}),\quad \boldsymbol{R}^{-}=(\min R_{i1},\min R_{i2},\cdots,\min R_{im}) \qquad \text{式(2-7)}$$

步骤7:计算评价值到正、负理想解的欧式距离$D^{+}$和$D^{-}$。

$$D^{+}=\sqrt{\sum_{i=1}^{m}(\boldsymbol{R}^{+}-r_{ij})^2},\quad D^{-}=\sqrt{\sum_{i=1}^{m}(\boldsymbol{R}^{-}-r_{ij})^2} \qquad \text{式(2-8)}$$

步骤8:计算各测度方案与理想方案的相对接近度$C_i$。

$$C_i=\frac{D^{-}}{D^{+}+D^{-}} \qquad \text{式(2-9)}$$

其中，$0<C_i<1$。$C_i$越接近1，表明发展水平越高，反之则表明发展水平越低。

## 二、数据来源

本研究测算数据主要来源于国家统计局，知网中国经济社会大数据研究平台，北京大学数字金融研究中心，EPS DATE数据平台的中国区域经济数据

库、中国旅游数据库、中国城乡建设数据库、中国环境数据库等。对于通过以上来源仍然找不到的数据，采取插值法进行补齐。本次计算使用Excel完成。

## 三、指标构建

### （一）旅游高质量发展指标构建

高质量发展是能够满足人民日益增长的美好生活需要的发展，是体现新发展理念的发展，是创新成为第一动力、协调成为内生特点、绿色成为普遍形态、开放成为必由之路、共享成为根本目的的发展。推动高质量发展，是当前和今后一个时期确定发展思路、制定经济政策、实施宏观调控的根本要求。旅游业作为“五大幸福产业”之首以及当今国民经济的重要组成部分，其高质量发展对于推进中国式现代化、满足人民日益增长的美好生活需要、实现中华民族伟大复兴具有重要意义。当前，以新发展理念构建旅游高质量发展的指标体系已成为共识。孙晓等（2021）从创新、协调、绿色、开放、共享五个维度出发构建中国旅游经济高质量发展评价指标体系。唐业喜等（2021）构建了涵盖创新、协调、绿色、开放、共享、有效6项二级指标以及相对应的18项三级指标的评价体系。阎友兵等（2021）从产业发展活力、创新、协调、绿色、开放、共享、有效七大维度对中国东部地区旅游业高质量发展水平进行测评。李志远（2021）、张新成（2022）以新发展理念为基础，构建旅游业高质量发展水平的指标体系。因此，本研究参考相关文献，基于“创新、协调、绿色、开放、共享”的新发展理念，构建旅游业高质量发展的评价指标体系，探讨新疆旅游高质量发展水平及现状。旅游业高质量发展评价指标体系相关内容见表2-2。

**表2-2　旅游业高质量发展评价指标体系**

| 一级指标 | 二级指标 | 三级指标 | 量化方法 | 文献 | 属性 |
|---|---|---|---|---|---|
| 旅游业高质量发展 | 创新 | 创新主体 | 旅游院校数量 | 钟漪萍等（2022） | + |
| | | | 旅游高等院校学生数 | 钟漪萍等（2022） | + |
| | | 创新投入 | 旅游R&D经费支出 | 方世巧等（2023） | + |
| | | 创新产出 | 旅游专利授权数 | 时朋飞等（2023） | + |
| | 协调 | 旅游产业协调 | 旅游业产值与GDP之比 | 刘静等（2022） | + |
| | | | 旅游业产值与第三产业产值之比 | 刘静等（2022） | + |

续表

| 一级指标 | 二级指标 | 三级指标 | 量化方法 | 文献 | 属性 |
| --- | --- | --- | --- | --- | --- |
| 旅游业高质量发展 | 协调 | 旅游收入协调 | 人均旅游收入 | 李志远等(2021) | + |
| | 绿色 | 绿色环境 | 人均公园绿地面积 | 刘静等(2022) | + |
| | | | 城市建成区绿化覆盖率 | 李志远等(2021) | + |
| | | | 森林覆盖率 | 李志远等(2021) | + |
| | | 环境污染 | 废水排放总量 | 王凯等(2023) | − |
| | | | 二氧化硫排放量 | 王凯等(2023) | − |
| | 开放 | 旅游开放水平 | 入境人均消费 | 王一婕等(2023) | + |
| | | | 旅游外汇比 | 许艺芳等(2023) | + |
| | | | 人均接待人次 | 许艺芳等(2023) | + |
| | | 贸易投资水平 | 外商投资率 | 孙晓等(2021) | + |
| | | 外资利用水平 | 外资利用情况 | 孙晓等(2021) | + |
| | 共享 | 旅游资源共享 | 旅游景区数量 | 袁惠爱等(2023) | + |
| | | | 博物馆数量 | 袁惠爱等(2023) | + |
| | | | 公共图书馆数量 | 阎友兵等(2021) | + |
| | | 旅游服务共享 | 旅行社数量 | 袁惠爱等(2023) | + |
| | | | 星级饭店数量 | 袁惠爱等(2023) | + |
| | | 旅游交通共享 | 铁路、公路总客运量 | 袁惠爱等(2023) | + |
| | | | 铁路营业里程 | 阎友兵等(2021) | + |
| | | | 公路里程 | 阎友兵等(2021) | + |
| | | 基础设施共享 | 公共厕所数量 | 时朋飞等(2023) | + |

### (二) 新质生产力指标构建

2023年9月，习近平总书记在黑龙江考察调研期间首次提到“新质生产力”。2024年1月31日，习近平总书记在中共中央政治局第十一次集体学习时强调，加快发展新质生产力，扎实推进高质量发展。新质生产力是经济社会高质量发展的核心动力和重要支撑。发展新质生产力是推动高质量发展的内在要求和重要着力点，必须继续做好创新这篇大文章，推动新质生产力加快发展。新质生产力的提出，不仅意味着以科技创新推动产业创新，更体现了以产业升级构筑新竞争优势、赢得发展的主动权，为新时代新征程推动东北全面振兴指明了方向，对全国其他地区同样具有重大指导意义。新质生产力是由技

术革命性突破、生产要素创新性配置、产业深度转型升级而催生的当代先进生产力，是马克思主义生产力理论中国化时代化的最新成果，凝聚了党领导推动经济社会发展的深邃理论洞见和丰富实践经验。中华优秀传统文化是新质生产力发展的重要支撑。

马克思认为生产力包括劳动者、劳动资料、劳动对象三大要素。人是生产力三大要素中最活跃的，没有人力资本的积累和跃升，没有一支与现代科技进步、现代产业发展相适应的高素质劳动者队伍，就无法形成新质生产力。更具高科技含量的劳动资料是新质生产力的动力源泉。新一轮科技革命孕育出一大批新科技和更智能、更高效、更低碳、更安全的新型生产工具，进一步解放了劳动者，劳动复杂性进一步提高，生产效率进一步提高。更广范围的劳动对象是新质生产力的物质基础。当前科技和产业前沿领域的探索，极大丰富了劳动对象的种类和形态，拓展了生产新边界，创造了生产新空间。此外，王珏等(2024)、徐波等(2024)、朱富显等(2024)、王珂等(2024)、张哲等(2024)皆从劳动者、劳动对象和劳动资料三个层面构建了新质生产力的指标体系。由此可见，以劳动者、劳动对象和劳动资料三个层面构建新质生产力的指标体系已成为共识。基于此，本研究从新质劳动者、新质劳动对象和新质劳动资料三个层面构建新质生产力的评价指标体系，探讨新疆新质生产力的发展水平及现状。新质生产力评价指标体系相关内容见表2-3。

**表2-3　新质生产力评价指标体系**

| 一级指标 | 二级指标 | 三级指标 | 量化方法 | 文献 | 属性 |
|---|---|---|---|---|---|
| 新质生产力 | 新质劳动者 | 劳动者技能 | 人均受教育年限 | 王珏等(2024) | + |
| | | 劳动人力资本 | 高等院校在校生占比 | 徐波等(2024) | + |
| | | 科学投入 | 政府每年用于发展科学的财政支出 | 朱富显等(2024) | + |
| | | 教育投入 | 政府每年用于发展教育的财政支出 | 朱富显等(2024) | + |
| | 新质劳动对象 | 生态治理 | 森林覆盖率 | 王珏等(2024) | + |
| | | | 环境保护支出与政府公共财政支出之比 | 王珏等(2024) | + |

续表

| 一级指标 | 二级指标 | 三级指标 | 量化方法 | 文献 | 属性 |
|---|---|---|---|---|---|
| 新质生产力 | 新质劳动对象 | 生态治理 | 建成区绿化覆盖率 | 王珂等(2024) | + |
| | | 污染减排 | 废气排放量与GDP之比 | 朱富显等(2024) | − |
| | | | 废水排放量与GDP之比 | 朱富显等(2024) | − |
| | | | 废物排放量与GDP之比 | 朱富显等(2024) | − |
| | | | 二氧化硫排放量 | 徐波等(2024) | − |
| | 新质劳动资料 | 数字基础设施水平 | 每百人互联网数 | 朱富显等(2024) | + |
| | | | 每百人移动电话数 | 朱富显等(2024) | + |
| | | | 光纤长度 | 徐波等(2024) | + |
| | | 数字化创新水平 | 数字普惠金融指数 | 朱富显等(2024) | + |
| | | 交通基础设施 | 公路里程 | 张哲等(2024) | + |
| | | | 铁路里程 | 张哲等(2024) | + |

## 四、现状研究

### (一)旅游高质量发展现状研究

新疆旅游高质量发展现状见图2-5。

从总维度来看,新疆旅游高质量发展总体水平呈现出上升趋势,由第一年的0.1003,提升到第十年的0.2416,增长十分迅速,年均增长率达到10.26%,其中,第九年到第十年的增长速度最快,达到了62.58%,表明相对而言,在第九年和第十年,新疆旅游高质量发展取得了巨大收获和突出成绩,此外,总维度的平均值为0.1352,大于平均值的年份为第九年和第十年。

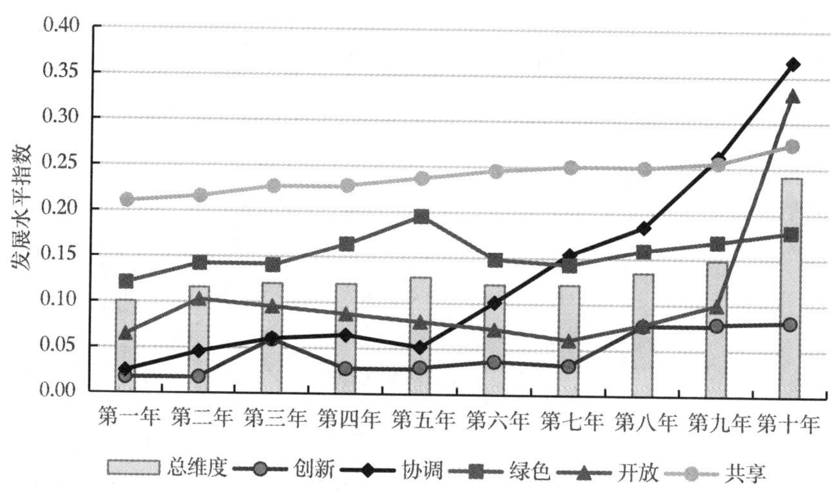


**图2-5 新疆旅游高质量发展现状**

从创新维度来看，新疆创新水平呈现出先上升、再下降、再上升的N形趋势，其中，创新水平第一年最低，达到了0.0175，第十年最高，达到了0.0818，十年年均增长率约为18.69%，在子维度中排名第三，其平均值为0.0461，大于该值的年份有第三年、第八年、第九年、第十年。创新增长幅度较大的是第二年至第三年以及第七年至第八年，分别达到了228.7%和139.3%，表明在这两个时间段内，新疆创新水平得到显著提升。

从协调维度来看，新疆协调水平总体上呈现出上升趋势，以第五年为节点，第五年之前上升幅度较小，第五年之后迅速上升，且幅度巨大，其平均值为0.1320，从第七年开始(包括第七年)，均大于该值。协调水平最高为0.3668，最低为0.0249，年均增长率达到了34.84%，在子维度中排名第一，可以说，协调水平的飞速提升，极大地影响了新疆旅游高质量发展水平。

在绿色维度方面，新疆绿色发展水平大致呈现出倒V形，在第五年达到最高水平0.1955，且以第五年为时间节点，第五年之前，平稳上升，第五年之后，先迅速下降，再缓慢上升，总体年均增长率达到了4.56%，在子维度中排名第四，其均值为0.1560，小于该值的年份为第一年、第二年、第三年、第六年、第七年。

开放维度最小为第七年的0.0610，最大为第十年的0.3324，最大值约为最小值的5.4倍，其大致呈现出先上升、再平缓下降、再上升的趋势，在第九年至第十年，开放水平急速上升，其年均增长率达到了20.71%，在子维度中排名第二，其均值为0.1070，只有第二年和第十年大于该值。

共享维度最小为第一年的0.2105，最大为第十年的0.2767，最大值约为最小值的1.31倍，年均增长率达到3.08%，在子维度中排名第五，其呈现出平稳上升趋势，均值为0.2400，后五年均大于该值。

综上所述，新疆旅游高质量发展总体水平前九年增长较缓慢，第十年大幅度增长，大致呈现上升趋势，其年均增长率达到了10.26%。各维度年均增长率的排名从高到低分别为协调(34.84%)、开放(20.71%)、创新(18.69%)、绿色(4.56%)、共享(3.08%)。各维度平稳程度的排名从高到低分别是共享、创新、绿色、开放、协调。各维度均值的排名从高到低依次是共享(0.2400)、绿色(0.1560)、协调(0.1320)、开放(0.1070)、创新(0.0461)，其中大于高质量发展总维度均值(0.1352)的只有共享和绿色两个维度。

(二) 新质生产力发展现状研究

新疆新质生产力发展现状见图2-6。

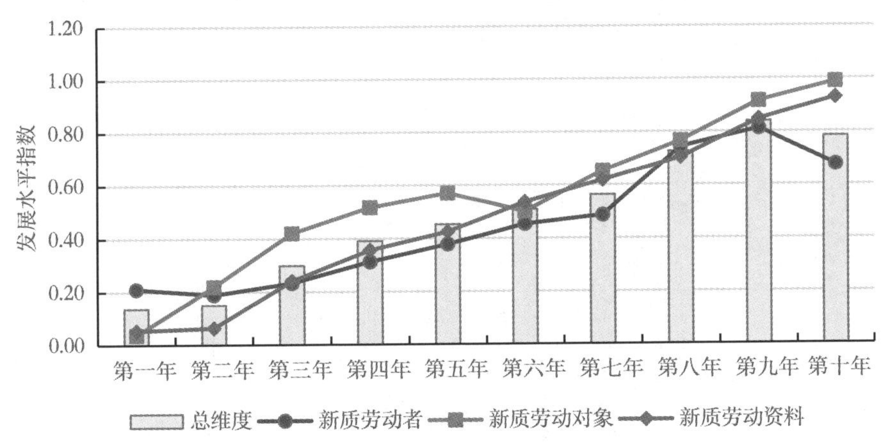


**图2-6 新疆新质生产力发展现状**

从总维度来看，新疆新质生产力发展水平平均值为0.4847，第六年开始，均大于该值，总体上呈现出上升趋势，由第一年的0.1361提升到第十年的0.7824，年均增长率约21.45%，其中，第九年新疆新质生产力发展水平最高，达到了0.8386，到第十年新质生产力发展水平有所下降。由此可见，新疆新质生产力发展水平十年间获得巨大提升。

在新质劳动者方面，新质劳动者水平最高为第九年的0.8118，最低为第二年的0.1889，均值为0.4492，大于该均值的年份为后五年，总体上大致呈现出上升趋势，年均增长率约13.81%，在子维度中排名第三。

在新质劳动对象方面，新质劳动对象水平第一年最低，为0.0363，第十年最高，为0.9871，均值为0.5585，大于该均值的年份有5年，年均增长率约44.34%，在子维度中排名第一，总体上呈现出先上升再下降又上升的N形趋势。

在新质劳动资料方面，新质劳动资料水平第一年最低，为0.0531，第十年最高，为0.9272，均值为0.4769，年均增长率约37.41%，在子维度中排名第二，总体上呈现出平稳上升趋势。

综上所述，新疆新质生产力发展十分迅速，总体上呈现上升趋势，均值为0.4847，其年均增长率约21.45%。各维度年均增长率的排名从高到低分别为新质劳动对象(44.34%)、新质劳动资料(37.41%)、新质劳动者(13.81%)。各维度平稳性的排名从高到低分别是新质劳动者、新质劳动对象、新质劳动资料。各维度均值的排名从高到低依次是新质劳动对象(0.5585)、新质劳动资料(0.4769)、新质劳动者(0.4492)，其中大于新质生产力发展总维度均值(0.4847)的只有新质劳动对象这个维度。

# 第三章
# 新疆旅游各业态高质量发展研究

## 第一节 红色旅游

### 一、新疆红色旅游发展现状

新疆具有丰富的红色旅游资源，包含人文资源和自然资源。人文资源包含各种红色文化精神和红色故事；自然资源以革命活动旧址、陵园墓祠、博物馆、纪念馆等多种文化载体形式展现。在空间分布上，呈现出“小集聚，大分散”的形态。资源富集于乌鲁木齐、石河子、哈密红色旅游区，以及塔城—阿勒泰、伊犁—巴音郭楞、喀什—和田红色旅游带，具有明显的“三核三带”的空间结构（张宇丹等，2022）；在资源的特点上，具有独特性、神秘性和兼容性等特点（张珏，2008）。新疆红色文化同丝路文化、楼兰文化和龟兹文化等融合在一起，吸引了不少慕名而来的文化旅游者。

本研究结合新疆红色文化资源的调查情况，将新疆红色文化资源划分为物质形态和非物质形态这两种形态，具体包括：红色遗迹、红色建筑、红色器具、红色精神、红色文艺、红色创作六种类型，详见表3-1。

表 3-1 新疆红色文化资源类型

| 一级分类 | 二级分类 | 具体形态 | 示例 |
| --- | --- | --- | --- |
| 物质形态 | 红色遗迹 | 人物故居、活动遗址等 | 可可托海三号矿坑、中国工农红军西路军总支队旧址、毛泽民故居、克拉玛依一号井等 |
| | 红色建筑 | 展览馆、纪念园、雕塑、博物馆、纪念碑等 | 乌鲁木齐"一炮成功"、红军西路军进疆纪念园、乌鲁木齐市博物馆、孙龙珍屯垦戍边陈列馆、独库公路博物馆等 |
| | 红色器具 | 学习用品、服饰、器具、证件、徽章等 | 张少林同志的毛线衣、陈潭秋烈士的皮帽和皮大衣,以及大庆130型钻机等 |
| 非物质形态 | 红色精神 | 精神信仰、意志品格、人物事迹等意识形态 | 兵团精神、胡杨精神、喀喇昆仑精神、柯柯牙精神、沙海老兵精神等 |
| | 红色文艺 | 红色歌曲、小说、摄影、绘画等 | 歌曲《歌唱解放军》《花儿为什么这样红》《囚徒歌》等;小说《太阳刚刚出山》《篓拉姑娘》《草木皆兵》等 |
| | 红色创作 | 以红色文化资源为题材进行二次创作的成果 | 《屯垦丰碑》《军垦战歌》《帕米尔之恋》《新疆烈士传》《小白杨》《军垦岁月》等 |

(一)红色遗迹

红色遗迹指的是以革命遗址形式存在的红色文化资源(张泰城,2017),如人物故居、活动遗址等。在新疆的红色文化资源中,有很多名人故居、革命和建设遗址。

伊宁俄(苏)驻伊犁领事馆旧址这座建筑见证了中、俄两国在伊犁地区的外交历史。它不仅承载着两国间的交流记忆,也是伊犁地区近代史上的重要标志。现存的四栋俄式建筑和一座六角水塔,以及一段东门遗址,都静静地诉说着过往的故事。

可可托海三号矿坑被誉为中华人民共和国的"功勋矿",这里不仅为国家偿还了大量外债,还为我国第一颗原子弹、第一颗氢弹以及第一颗人造卫星的成功研制立下了不朽功勋。可可托海三号矿坑的历史贡献使其成为国家重要的红色文化遗址之一。

中国工农红军西路军总支队旧址记录了红军西路军在新疆的战斗和生活，是红军长征精神的重要体现，也是新疆红色文化的重要组成部分。

克拉玛依一号井作为中华人民共和国第一个大油田——克拉玛依油田的发现井，不仅是物质的丰碑，更是精神的丰碑。它蕴含着爱国奉献、艰苦奋斗等精神，是新疆乃至全国石油工业发展的重要里程碑。

中苏石油股份公司办公旧址见证了中、苏两国在石油领域的合作，也是新疆石油工业起步的重要标志。它不仅承载着两国间的合作记忆，还是新疆工业发展史上的重要一页。

毛泽民故居位于乌鲁木齐，是毛泽民在新疆担任财政厅副厅长、代理厅长期间办公和居住的地方。这里不仅见证了毛泽民为新疆财政工作和革命事业做出的贡献，也是新疆重要的红色文化遗址。

这些红色遗迹不仅是历史的见证，也是新疆红色文化的重要组成部分，它们承载着革命精神和历史记忆，是教育后人、传承红色基因的宝贵资源。

### （二）红色建筑

红色建筑是一种具有历史意义的建筑，它们在革命战争时期为了纪念英烈而建造，在革命胜利后被重新修建，以供人们瞻仰和缅怀。这些建筑，如展览馆、雕塑、博物馆和纪念碑等，在空间上具有不可移动性。新疆的红色文化资源中，属于红色建筑的有乌鲁木齐红山林则徐塑像、乌鲁木齐“一炮成功”、红军西路军进疆纪念园、灯塔知青馆、孙龙珍纪念馆、独库公路博物馆、第九师孙龙珍烈士纪念碑、乌鲁木齐市博物馆、新疆维吾尔自治区博物馆、新疆新辉红色记忆博物馆、博尔塔拉纪念园等。

乌鲁木齐红山林则徐塑像位于红山公园内，是为了纪念民族英雄林则徐而建立的塑像。红山公园不仅是乌鲁木齐的标志性景观，也是登顶眺望全城风景的最佳景点。塑像旁还安放了禁毒铜鼎，使红山成为新疆第一个禁毒教育基地。

乌鲁木齐“一炮成功”这个红色建筑位于乌鲁木齐市，是为纪念左宗棠收复新疆的历史事件而建立的。它象征着新疆各族人民团结一致、共同抵抗外敌入侵的坚强意志。

红军西路军进疆纪念园坐落在哈密市，是为了纪念西路军余部在李先念的率领下抵达星星峡，与中共中央代表陈云会合进入新疆而修建的。纪念园采用仿古园林建筑格局，是集纪念和观赏于一体的胜景之地，园内的西路军纪念馆展出了大量珍贵历史图片和部分实物。红军西路军进疆纪念园2018年10月被评为全国中小学生研学实践教育基地。

灯塔知青馆位于昭苏县，于2014年建成开馆，是国家4A级旅游景区，是全疆唯一的以20世纪70年代知青生活为主题的展馆。该展馆通过大量珍贵的照片、实物以及知青历史背景介绍，让前来参观的人们进一步了解过去一代人的经历，激发广大群众学习知青艰苦奋斗、无私奉献的宝贵精神品质。

孙龙珍纪念馆位于裕民县巴尔鲁克景区内，是为了纪念孙龙珍烈士而建立的纪念馆。孙龙珍是边防战士的代表，她的事迹激励着一代又一代的边防军人。

独库公路博物馆总面积1700多平方米，展区分为序厅“不朽传奇 独库风华”、城市篇“戈壁明珠 天山骄子”、历史篇“开山劈地 英雄筑路”、景观篇“同天四季 魅力独库”、尾厅“启梦天山 畅游新疆”五个篇章。展厅共有500多件珍贵的历史文件和实物，通过展柜、雕塑、沙盘、多媒体等多种形式，再现了独库公路可歌可泣的筑路史和沿线的美丽风光。

第九师孙龙珍烈士纪念碑位于裕民县巴尔鲁克景区内，是为了纪念孙龙珍烈士而建立的纪念碑，她的英雄事迹是新疆边防红色文化的重要组成部分。

乌鲁木齐市博物馆作为新疆重要的文化机构，收藏和展示了大量与新疆历史、文化、革命相关的文物和资料，是了解新疆红色文化的重要场所。

新疆维吾尔自治区博物馆作为新疆最大的综合性博物馆，收藏了大量反映新疆历史、文化的珍贵文物，是新疆红色文化的重要展示窗口。

新疆新辉红色记忆博物馆致力于收藏和展示与新疆红色历史相关的文物和资料，是新疆红色文化的重要组成部分。

博尔塔拉纪念园是为了纪念在博尔塔拉蒙古自治州为革命事业做出贡献的英烈们而建立的，是新疆红色文化的重要载体。

### （三）红色器具

红色器具指那些与革命事件和主要人物活动有关的物件，常具有重大的象征意义，在空间上是可移动的（张泰城，2017），如学习用品、服饰、器具、证件、徽章等。在新疆的红色文化资源中，大量红色器具被收藏于新疆维吾尔自治区博物馆、乌鲁木齐市博物馆、巴州文博院、阿克苏地区文博院等地。本研究根据《新疆维吾尔自治区第一批可移动革命文物名录》和《新疆维吾尔自治区第二批可移动革命文物名录》整理出部分红色器具，具体如下。

服装、被褥：张少林同志的毛线衣，张文秋同志的红绸单子，陈振亚的皮背包和灰布军装等，陈潭秋烈士穿戴过的皮帽和皮大衣等。这些物品不仅是革命先辈们日常生活的必需品，更是他们艰苦奋斗、俭朴生活的见证。张少林同志的毛线衣，一针一线都凝聚着战友间的深厚情谊和革命时期的温情；张文秋同志的红绸单子，象征着革命的激情与牺牲精神；陈振亚的皮背包和灰布军装，则是革命者行军打仗、不惧艰险的直接证明。这些物品背后的故事，传递着革命先辈们的坚定信念和不屈不挠的革命精神。

器材、工具：罗元章同志的刮胡刀及铁拐杖，子弹袋、军用饭盒，884电台，大庆130型钻机、克一号井原油油样等。这些工具和器材，每一件都承载着社会主义革命和建设时期的重要记忆。罗元章同志的刮胡刀及铁拐杖，不仅是生活用品，更是革命者在艰苦环境中坚持生活、保持形象的象征；子弹袋和军用饭盒，见证了革命战士在战场上的英勇与艰辛；884电台作为通信工具，传递着战场上的重要信息，是制胜的关键；大庆130型钻机和克一号井原油油样，则是我国石油工业起步和发展的见证，象征着自力更生、艰苦创业的精神。

学习用品：思齐同志的字典，毛泽民烈士生前用过的笔筒、印泥、墨水瓶等。这些学习用品是革命先辈们文化修养和理论学习的见证。思齐同志的字典，是知识的载体，记录了他对知识的渴求和对文化传承的重视；毛泽民烈士生前使用的笔筒、印泥、墨水瓶等，见证了他为革命事业撰写文章、起草文件的日日夜夜，这些用品承载着他对革命理论的深刻理解。

徽章：华北解放纪念章、解放西北纪念章、1949年淮海战役纪念章等。这些徽章，是革命先辈们为国家和人民立下汗马功劳的证明。华北解放纪念章、解放西北纪念章、1949年淮海战役纪念章等，每一枚徽章都代表着一场重要的战役或一个地区的解放，它们不仅是荣誉的象征，更是革命先辈们英勇斗争、不怕牺牲的见证。这些徽章激励着后来者继续传承和发扬革命精神，为实现国家的繁荣富强而不懈努力。

#### （四）红色精神

红色精神是共产党在革命斗争期间所创造的一种非物质文化，它代表着中国人民的理想和信念（张泰城，2017），包括精神信仰、意志品格、情感情操、价值观等意识形态。在新疆的红色文化资源中，红色精神主要包括从旧民主主义革命时期到改革开放时期所产生的标语、口号、报告以及英雄事迹和意志品格等。

口号:塔城地区在抗日战争时期的口号,如“欢迎抗日英雄归来”“打倒日本帝国主义”等。“欢迎抗日英雄归来”这个口号体现了新疆人民对抗日英雄的崇敬和欢迎,反映了新疆人民在抗日战争中的爱国热情和对英雄的敬仰。“打倒日本帝国主义”这个口号是抗日战争时期新疆人民的共同心声,表达了新疆人民坚决反抗外来侵略、捍卫国家主权和民族尊严的决心。

新疆还有许许多多的英雄事迹。《新疆烈士传》一书中记载了220多个英雄烈士的真实事件,如邓发、陈潭秋、毛泽民、林基路等烈士留下的可歌可泣的传奇故事,这些事迹激励着一代又一代的新疆人民。还有一些无私奉献的“小人物”的传奇故事,如从江苏远赴新疆投身革命的“铁姑娘”孙龙珍烈士等人的事迹。孙龙珍烈士的事迹是无私奉献的“小人物”的传奇故事的代表,展现了革命者为了国家和人民的利益不惜牺牲个人的一切的崇高精神。

意志品格:兵团精神、胡杨精神、喀喇昆仑精神、柯柯牙精神、沙海老兵精神等。兵团精神是新疆生产建设兵团在长期屯垦戍边实践中形成的,其核心是“热爱祖国、无私奉献、艰苦创业、开拓进取”。这种精神体现了兵团人在极端艰苦的条件下,为国家边疆稳定和发展所做出的巨大贡献。胡杨精神象征着坚韧不拔、生生不息的生命力,它代表了新疆人民在艰苦环境中顽强生存、奋斗不息的精神风貌。喀喇昆仑精神代表了守卫边疆、捍卫国家领土完整的坚定意志和牺牲精神,体现了边防官兵在高海拔、高寒、缺氧等极端环境下展现出的忠诚和勇敢。柯柯牙精神是在阿克苏地区实施柯柯牙绿化工程过程中所形成的,其内涵是“自力更生、团结奋进、艰苦创业、无私奉献”,体现了新疆人民改善生态环境、建设美好家园的决心和努力。沙海老兵精神代表了那些在沙漠中坚守岗位、保卫边疆的军人的坚强意志和不屈精神,展现了对国家的忠诚和对人民的守护。

(五)红色文艺

红色文艺是指非物质形态的文学艺术作品,形成于新民主主义革命时期,发展于社会主义建设时期,壮大于改革开放时期,包括红色歌曲、小说、摄影、绘画等。

红色歌曲:《歌唱解放军》这首柯尔克孜族民歌歌颂了解放军为新疆屯垦戍边做出的伟大贡献,它的旋律激昂,歌词质朴,表达了新疆各族人民对解放军的深厚感情和崇高敬意。《花儿为什么这样红》这首塔吉克族民歌改编自民歌《古力碧塔》,同时也是电影《冰山上的来客》的插曲,以花喻人,歌唱了戍边战士大无畏的爱国精神，它的旋律婉转，节奏缓慢，充满了民族风味。《我们正青春年少》是林基路在新疆担任教务长时期所创作的，寄寓了其革命理想，这首歌不仅是一首校歌，也是一首激励人心的革命歌曲，传递着革命精神和对教育事业的热爱之情。气壮山河的《囚徒歌》是一首表达革命者不屈不挠、坚持发扬斗争精神的歌曲，它的旋律悲壮，歌词充满了力量，激励着人们为了理想和信仰而奋斗。

小说、诗集和日记类：小说类包括朱旭创作的小说《太阳刚刚出山》，季麦林创作的小说《篓拉姑娘》，集体创作的《草木皆兵》等著名小说，通过文学作品的形式反映了新疆各族人民在革命和建设中的奋斗和牺牲。诗集类包括张仲瀚写下的《塞上咏怀》七言诗等作品，以诗歌的形式表达了对新疆大地的热爱和对革命事业的忠诚。日记类包括入选《新疆维吾尔自治区第二批可移动革命文物名录》的杨公瑾日记、薛在瑚日记、张恺地质调查日记等。这些日记记录了革命者在新疆的工作、生活和战斗经历，是研究新疆革命历史的第一手资料。

（六）红色创作

红色创作属于非物质形态，主要指以红色文化资源为题材进行的后期创作的成果，属于二次创作。新疆的红色文化资源丰富多彩，其中红色创作是重要的组成部分，通过影视、著作、歌剧、绘画等形式，生动地展现了新疆的革命历史和精神风貌。

影视类：《屯垦丰碑》，这部关于新疆生产建设兵团的纪录片，详细记录了兵团在新疆屯垦戍边的光辉历程，展现了兵团人“热爱祖国、无私奉献、艰苦创业、开拓进取”的精神。《军垦战歌》，这部电影以新疆生产建设兵团的军垦历史为背景，讲述了兵团人如何在艰苦的条件下开荒种地、建设边疆的故事，歌颂了他们的革命英雄主义和乐观主义精神。《帕米尔之恋》，这部电影展现了帕米尔高原上军民团结、共同保卫边疆的感人故事，反映了新疆人民对国家的忠诚和对家园的热爱。

著作类：《新疆烈士传》，这部著作详细记录了新疆历史上的革命烈士和他们的英勇事迹，是研究新疆革命历史的重要资料。《新疆维吾尔自治区红色旅游指南》，这本书以旅游为主题，记录了新疆的红色文化资源，为游客提供了了解新疆红色历史的窗口，也是传承红色基因的重要载体。

歌剧类：《小白杨》，由梁上泉作词，歌颂了边防战士的坚守和牺牲，成为广

为传唱的经典之作。《战斗的历程》,这部歌剧展现了新疆各族人民在中国共产党的领导下,为争取国家独立和民族解放而进行的艰苦斗争。《金色的胡杨》,这部话剧以胡杨精神为象征,讲述了新疆人民在艰苦环境中顽强生存、奋斗不息的故事。

绘画类:《军垦岁月》,吴云章创作的油画作品,通过艺术的形式再现了新疆军垦时期的生活场景,展现了军垦人艰苦创业的精神风貌。

这些红色创作不仅是艺术作品,更是新疆红色文化的重要组成部分,通过不同的艺术形式,传承和弘扬了新疆的革命精神,教育和激励着一代又一代的新疆人民。通过这些作品,我们可以更深刻地理解新疆的革命历史,感受新疆人民的革命热情和爱国情怀,从而更加珍惜如今的幸福生活,为实现中华民族伟大复兴而努力奋斗。

## 二、新疆红色旅游发展存在的问题

### (一)革命历史遗址遗迹保护力度不够

基于"农村包围城市"的战略,大多数红色景区位于经济欠发达且交通不便的革命老区。这些地区长期以来经济基础薄弱、发展速度较慢,资金投入有限,导致红色旅游景点、景区自身场地狭小,现有的保护方式不能完全适应新形势发展要求。这些问题导致革命历史遗址遗迹保护力度不够,不少革命历史遗址遗迹尚待抢救、整理、修复。已开发的景点缺乏维护和保养,部分已经成为民居,不再具备旅游接待能力,还有一些随着城市化进程的推进面临着被拆除的困境。从这些革命历史遗址遗迹的保护现状看,由于资金缺口大,在保护和合理开发方面面临较大的困难。

红色资源的保护和开发是一个复杂的系统工程,涉及谁来管、怎么管、资金从哪来等具体而现实的问题,直接关乎革命文物保护和利用的成效。例如,位于四川省甘孜县的十八军窑洞群,是当年十八军进藏留下的唯一成规模集中遗址,受风吹雨淋、鼠害等影响,损坏程度较为严重且仍在加剧。面对资金缺口大、专业修缮人员缺失等问题,经过多方呼吁,甘孜县已争取到超4000万元的国家补助资金,加上地方自筹资金,项目总投资超过5000万元。项目的建成落地有效保护并开发了十八军窑洞群遗址,是甘孜县深入推动全域旅游优先发展、全面建设最美旅游城市、大力发展红色文化、传承革命精神、落实"文旅再塑甘孜"重大工程的具体体现。保护资金不足、"建设性破坏"等仍然是目前各地在红色资源保护过程中面临的困境。受访专家建议,从中央层面安排专项资金专款专用,多部门协调推进红色资源的甄别、研究、保护,对一些年久失修、损坏严重的遗址实施抢救性保护。同时,一些地方的退役军人事务局负责人认为,对散葬烈士墓和零散烈士纪念设施进行改造和维护确有必要,相关部门应及早谋划将失去亲人代管的烈士墓保护问题,尽快制定烈士纪念设施保护条例,从编制、人员、经费、执法管理等方面出台政策,对零散的烈士纪念设施进行保护。

(二)景区管理体制不顺,难以形成合力

随着文旅融合的深入推进,新疆红色旅游发展取得显著成效,但管理机制仍存在优化空间。自2018年文化和旅游部组建以来,文旅资源整合与协同发展已迈出重要步伐,但由于红色旅游涉及资源保护、产业开发、宣传教育等多元职能,仍需进一步完善管理体系。当前,虽然各部门围绕红色旅游发展已建立常态化沟通机制,但在跨区域、跨系统资源统筹上,仍需强化顶层设计与协同联动。部分红色景区因分属不同行政主体,在规划建设、运营管理、宣传推广等环节尚未形成统一标准,导致品牌合力不足。未来,可通过搭建专门的红色旅游协调机构,建立资源共享、信息互通、责任共担的合作机制,推动红色资源保护与旅游开发良性互动,这样既能确保文化遗产的原真性和完整性,又能提升旅游产品的吸引力与竞争力,从而助力新疆红色旅游高质量发展。

(三)旅游资源浪费严重,资源整体利用率低

已开发的红色旅游景点存在资源利用不充分、资源闲置、浪费严重等问题。红色旅游资源整体利用不充分,尚未构建"大旅游、大发展"环境。目前,大多数的红色旅游景区的主打招牌是"红色",但是对红色旅游的开发还停留在低层次上,不少红色旅游景点处于守业、维护状态,未注重对革命历史文化资源的挖掘和利用。

红色旅游产品开发不足,经营模式单一化。红色资源并不等同于红色旅游产品。各地渴望通过发展红色旅游带动一方经济,但一些本不具有开发条件的地方盲目开发红色遗址遗迹,并投入大量资金、人力、物力,结果由于当地区位条件差,不具备旅游接待能力,或由于与其他景点、线路串接不起来,无法形成真正意义上的旅游线路,即便是已开发的景点,也由于游客可停留的时间短,无法形成规模性的旅游市场,造成了资金、人力、物力的浪费。

红色旅游产品开发程度偏低,"吃、住、行、游、购、娱"的配套服务体系还没

有成形，不少景点接待设施不完善，缺少足够的停车场所和直达的交通线，对大规模团队游客缺乏接待能力，因此普遍存在着可游性差、模式雷同的问题。在这种情况下，旅游活动、内容受到一定的限制，这也使得红色景区对历史的叙述、对革命传统和民族精神的诠释等，都停留在表面上。在旅游产品开发层面，多数红色景区仍以静态陈列、讲解为主，沉浸式、互动式体验项目较少，与新疆独特的多民族戍边文化、兵团精神结合得不够紧密。

（四）旅游行业管理不规范

旅游市场环境较差，行业管理不规范，旅游市场需加大整治力度，旅游环境有待改善。

一是旅游市场中仍存在旅游纪念品以次充好、牟取暴利，个体饭店拉客、“宰客”现象。

二是景区交通秩序混乱，景区卫生环境管理有待加强。部分红色旅游景点、景区附近既是参观景点，又是交通要道，过往车辆较多，景点周围车辆乱停现象导致交通秩序混乱，妨碍了旅游车辆顺利通行，严重影响了游客的正常参观，景区交通秩序亟待整顿。

三是在经济利益的驱使下，旅行社之间通过低价竞争抢占市场，低价旅游产品让游客只是“走马观花”式地参观景点，不仅没有达到进行爱国主义教育的目的，还造成景点资源的浪费。同时，旅游行业管理不力，导游市场人才匮乏，服务人员素质高低不一，服务整体水平不高，这些问题严重损害了红色旅游整体形象，游客对此意见较大。

（五）红色旅游资源传播力度不够

偏于依赖政府，传播意识不强。本研究通过梳理文献，将新疆的红色旅游资源传播主体归纳为以下三类：一是政府机构（新疆红色旅游管理部门及景区）和媒体组织。政府机构不仅为新疆的红色旅游提供资金和政策上的支持，还提供各种历史资料，举办丰富多样的活动；媒体组织则是新疆红色旅游资源传播的最大推动者。二是社会组织，如青少年学生、各企事业单位员工、党团员干部等有组织的团队，主要通过组织活动并报道这些活动来宣传新疆红色旅游资源。三是疆内外的游客群体，他们也为新疆红色旅游资源的传播贡献着力量。由此可见，新疆的红色旅游资源传播主体数量庞大而广泛，但较为分散，呈现的内容碎片化的特征较为明显。新疆红色旅游资源整体的传播图景是由政府机构擘画的，其他传播主体偏于依赖政府机构，传播意识不强，参与传播不够积极。

传播人才匮乏，专业队伍待完善。讲解员是景区形象的代表，讲解的内容是景区主题的延伸。因此，讲解员的讲解不仅能加深游客对红色文化的认识，还有助于游客深入了解其内容背后的感人故事，产生情感共鸣。这说明讲解员的讲解水平和讲解内容都会影响游客的流量。景区管理部门不够重视对人才的培养，专业传播人才的匮乏问题较为突出，阻碍了新疆红色旅游业的发展。

景区建设雷同，缺乏特色活动。新疆各地的红色旅游景区呈现的主题内容、装修风格、建筑设计等较为相似，缺乏各自的特色，没有较好地融入当地的地域文化及人文资源，存在景区主题单一和同质化建设等问题。此外，展厅讲解员的解说词较为简单，对红色历史背后的动人故事、红色文化内涵的挖掘不深。尽管各景区都设计了一些主题活动，但大多集中在重要节假日开展，缺乏展现新疆历史文化特色、形式新颖的活动，致使这些景区每年举办的活动都有重复的，这不仅浪费了社会经济资源，还使得新疆的红色旅游资源传播失去吸引力。

传播渠道分散，平台疏于管理。随着新媒体技术的飞速发展，媒体的传播渠道呈现出多样性。新疆红色旅游的传播仍有提升空间，例如，部分地区对新型媒介的整合运用不够系统，官方传播矩阵的覆盖范围和互动效能有待进一步提升，需结合短视频、直播、虚拟体验等多元形式深化传播效果。部分红色旅游景区创建了微信公众号，但疏于管理，形同虚设，如某古城区创办的微信公众号，自2020年1月1日至9月9日共发布文稿5篇，不定期更新内容。可见，部分景区新媒体平台发稿无规律、管理无序。新疆的红色旅游传播要紧跟时代步伐，利用好各类新型媒介拓宽传播渠道，以此提升新疆红色旅游的关注度，培养受众的信任感。

## 三、新疆红色旅游发展对策与建议

### （一）发挥资源本底作用及涓滴效应

针对“三核”红色旅游集聚区的发展，我们可以看到，这些区域已经具备了一定的红色旅游发展基础，因此，重点建设一批高标准精品红色旅游产业区显得尤为重要。这些区域应拥有较高的旅游服务水平、专业的红色旅游人才，并具有深刻的教育意义。资源集聚区与周边环境是利益共生的关系，核心集聚区的涓滴效应能够带动周边地区红色旅游的发展，提高资源热点区的辐射范围。在此热点区，可以开发一些小规模的红色旅游产业区，通过将红色旅游与其他旅游业态进行资源融合、文化融合、业态融合、区域融合，形成以红色为主题的多业态跨界叠加的深度融合发展模式。

要想加强旅游基础设施的建设，改善区位交通条件，培育新的红色旅游热点区，提高区域的协调能力，需要持续加大对旅游公路、旅游步道、游客服务中心、旅游厕所等红色旅游设施的投入。同时，通过推进“互联网＋红色旅游”融合发展，完善“建党百年红色旅游百条精品线路”，促进红色主题餐饮业、住宿业向品牌化、规范化、便利化转型升级。结合其他旅游资源开展全域旅游，将红色旅游贯穿其中，寓教于乐。可以通过将红色旅游与文化产业、科技产业、娱乐产业等融合，开发设计具有参与性、体验性、趣味性和时尚性的旅游产品和活动。例如，云南省英雄老山圣地景区通过“红绿”“红古”“红土”“红边”组合，推出了红色生态游、红色历史文物游、红色民族文化游、红色边境游等产品，有效拓展了红色文化与旅游的融合边界。此外，红色旅游的高质量发展也需要注重红色资源的整合与联动，形成红色旅游发展集聚效应。我国红色资源丰富，分布广泛，很多具有重大历史意义的红色资源呈现出跨行政区域分布的态势。推动红色旅游高质量发展，应注重省际、市际、县际红色资源的整合与联动，形成更加完整的红色文旅产业链条。

### （二）积极构建新疆红色旅游记忆符号系统

红色旅游具有神圣性，以其带给游客的体验以及旅行结束后的游客旅行记忆为游客所赞誉（徐克帅，2016）。新疆红色旅游记忆符号系统的主体是屯垦戍边文化品牌，这一品牌不仅是新疆红色旅游发展的内在动力之一，也是全国独一无二的文化资源。然而，这一品牌目前存在着知名度不高、影响力较弱等问题，尚未得到充分的发展和利用。要想推动新疆红色旅游的进一步发展，需要创新营销策略，总结其中的不足，特别是在网络营销方面进行积极探索和实践。

首先，新疆拥有丰富的红色旅游资源。2019年7月的相关统计数据显示，全疆拥有69处红色旅游景区景点，其中红色旅游经典景区有12处。这些资源为新疆红色旅游的发展提供了坚实的基础。新疆维吾尔自治区文化和旅游厅该年公布的10条红色旅游精品线路，涵盖了“西路军进疆红色旅游线路”“屯垦戍边旅游线路”“传承红色基因旅游线路”等，这些线路的推出旨在传承红色基因、感恩伟大的祖国，同时助推新疆夏季旅游市场的发展。

其次，新疆红色旅游的宣传营销正在积极推进。随着“新疆是个好地方”旅游品牌影响力不断扩大，红色旅游的公众参与度大幅提升。“十三五”期间，新疆各级博物馆、文物遗址点年接待观众达2000余万人次，成为传承文明和爱国主义教育的重要基地。新疆维吾尔自治区党委党史和文献研究院编撰了《新疆维吾尔自治区红色旅游指南》，为来疆游客提供了丰富的红色旅游知识和资讯。

最后，新疆红色旅游的发展还需要注重红色资源的整合与联动，以形成红色旅游发展集聚效应。全国党媒信息公共平台 2021 年 12 月发布的相关文章显示，依托国家级、自治区级爱国主义教育基地等平台，新疆打造了八路军驻新疆办事处纪念馆、新疆兵团军垦博物馆等12家国家级红色旅游精品景区。这些景区通过联合推广，可以形成品牌效应，从而提升新疆红色旅游的整体形象。

### （三）建设高水平的爱国主义教育基地

新疆红色旅游中极具特色的是以爱国爱疆为核心的红色文化。新疆的爱国爱疆文化历史悠久，文化底蕴深厚。例如，我国目前发展迅猛的研学旅游可以很好地与新疆的爱国爱疆文化结合在一起，新建一批既具有丰富历史内涵，又具有现代气息的爱国主义教育基地，不仅可以指导疆内的中小学生前来参观学习，也可以吸引疆外的学生游览参观。

首先，新疆可以依托其丰富的红色资源，建设一批既具有丰富历史内涵，又具有现代气息的爱国主义教育基地。这些基地不仅能够为疆内的中小学生提供实地学习的机会，也能够吸引疆外的学生前来参观学习，从而加深年轻一代对爱国爱疆文化的认识和理解。

其次，2023 年 10 月，新疆维吾尔自治区文化和旅游厅在全面整合红色旅游资源的基础上，推出了“革命火种”“英雄之路”“大国重器”“时代楷模”“乡村振兴”和“红色边防”六大主题共 13 条红色旅游精品线路。这些线路涵盖了南北疆各级爱国主义教育基地和红色旅游景区（点），通过充分挖掘红色旅游的思想内涵，将红色旅游与自然景观、民俗风情、公路、康养、生态、口岸文化等融合起来，更好地打造新疆红色旅游品牌。

最后,结合当前流行的网络营销手段,如微信、抖音等平台,扩大新疆红色旅游的知名度。可以通过创新的叙事手法、真实的人物塑造、多元的叙事视角和多媒体技术的应用,让观众感受到新疆红色文化的魅力,激发观众对红色精神的认同和尊崇。

（四）整合红色旅游资源,打造精品红色旅游景区产业体系

新疆红色旅游的发展面临着区域间资源分布不均的主要矛盾,这要求我们科学统筹规划,加大各区域间红色旅游资源的有效整合,以最大限度发挥辐射带动功效,并确定各地(州、市)红色旅游的战略发展方向,形成协调发展、各具特色的红色旅游景区。全国党媒信息公共平台 2021 年的相关报道提及,新疆有 12 家国家级红色旅游精品景区和 12 家自治区级红色旅游经典景区,其中“国家级红色旅游精品景区”应包含在全国红色旅游经典景区体系内。这要求新疆发挥现有旅游景区的模范带头作用,在保留自身优势的基础上进一步加强景区内外联动建设,从而带动新疆红色旅游的发展。

首先,新疆红色旅游资源的分布呈现出“小集聚,大分散”的形态,具有明显的“三核三带”的特征,在空间上呈点状集聚分布特征,呈现出“东北—西南”的冷热点区分布格局。这表明新疆红色旅游资源的空间结构在整体上呈现出不均衡的发展态势,需要通过科学规划和资源整合来优化这种分布。

其次,历史文化活动、交通条件、社会因素和经济发展水平是影响新疆红色旅游资源空间分布的主要因素。因此,在推动红色旅游发展的过程中,需要充分考虑这些因素,通过加强历史文化活动的挖掘、改善交通条件、促进社会因素的积极影响以及提升经济发展水平,来促进红色旅游资源的均衡分布和整体发展。

再者,新疆红色旅游资源的深度开发需要注重文化内涵的挖掘和整合。新疆红色旅游资源之所以具有重大的开发价值,主要原因在于其中蕴含的深厚文化内涵和革命精神。因此,需要成立专门的红色资源调研部门,对红色旅游资源进行充分的调研,通过访谈当事人、寻找重要历史文物等方式来获取相关资料,并在此基础上对各红色旅游资源的文化内涵和精神进行阐述。

最后,加强管理,助推红色旅游资源产业化也是重要的发展策略。需要成立专门的红色资源管理部门,对红色旅游资源的开发和产业化进行管理,提供组织保障。

# 第二节 山地旅游

## 一、新疆山地旅游发展现状

“十四五”时期，我国将全面进入大众旅游时代。目前，旅游业正在向高质量发展方向推进，人民群众的消费需求也朝着高品质和多样化转变，传统的观光旅游已经不能满足游客的需求。如今人们生活及工作压力越来越大，人们希望能够在旅游体验当中得到放松从而更好地释放压力，青睐于多样化及新颖的旅游体验形式。不少游客热衷于参加集探险和观光休闲于一体的山地旅游。《世界山地旅游发展趋势报告2019》的统计数据显示，中国约13%的游客会选择山地旅游目的地，中国山地旅游市场逐渐成为热点。

新疆因其“三山夹两盆”的地势，拥有丰富的旅游资源。随着山地旅游市场需求增多，新疆丰富的山地自然资源逐步被开发，山地人文资源也被持续挖掘，山地旅游项目越来越丰富多样，吸引了来自五湖四海的游客。山地马拉松、山地露营、山地徒步以及峡谷漂流等娱乐性和体验性强的旅游项目，进一步促使山地旅游从观光向深度体验转变。山地旅游中多样化的旅游项目，给游客带来了独特的旅游体验，满足了大多数游客的需求，成为游客们追捧的对象。党的二十大报告中指出，“必须牢固树立和践行绿水青山就是金山银山的理念”。旅游是践行这一理念的重要领域，山地旅游景区是“绿水青山”自然景区的典型代表，因此“两山”理论为山地旅游景区的发展指明了方向。

山地旅游相关概念界定。Nepal提出的山地生态旅游定义为后续研究提供了较好的参照。Nepal(2002)认为，山地生态旅游是以不破坏山地自然和文化环境，能够为山地社区居民带来综合效益为前提，为游客提供高质量体验的旅游形式。王瑞花(2005)在《云南山地旅游资源特征及开发保护策略》一文中做出这样的解释：山地旅游是一种多元化的旅游方式，它不仅包括山地攀爬、探险、调查等特色活动，还包括山地观光、休闲度假、健身、娱乐、教育、运动等多项活动，为旅游者带来了多样的旅游感受。唐利文(2009)认为，山地度假旅游是一种以自然风光、人文景观为基础，结合现代休闲设施的旅游活动方式，旨在为游客提供舒适、安全、放松的休闲体验。鄢永强(2013)则将山地旅游定义为一种具有康养功能，能够缓解压力、提升身心状态的现代户外运动旅游项目。国际山地旅游联盟发布的《世界山地旅游发展趋势报告(2020版)》中，对

王瑞花等学者的概念做了进一步的归纳和概括，认为山地旅游是人类以山地为载体进行的旅游活动与行为，这些旅游活动包括度假、观光、户外运动、康养、文化探寻等。

## 二、新疆山地旅游发展存在的问题

### （一）基础设施不足

从地理环境角度来看，新疆的山区地形复杂多样，山脉纵横交错，海拔落差显著，涵盖了高山、峡谷、荒漠等多种地貌形态。这种复杂的地理条件使得交通网络的建设难度极大。尽管近年来新疆在交通基础设施建设方面投入了大量的人力、物力和财力，但与中国其他省级行政区相比，新疆交通网络覆盖的深度仍然存在明显不足。新疆维吾尔自治区人民政府网发布的数据显示，截至 2017 年底，新疆 105 个县（市、区）中 66 个实现通高速（一级）公路，覆盖率约为 62.9%。由于高速公路的覆盖范围不全，景区之间的连接呈现出不够顺畅的局面。许多原本具有独特魅力和高开发价值的景区，因为交通的不便，无法形成有效的旅游线路串联。游客在不同景区之间往返时，往往需要花费大量的时间，且路途的颠簸和不确定性也加剧了游客的疲惫感和焦虑情绪。这不仅使得游客的出行效率大打折扣，更严重制约了区域旅游经济的协同发展。旅游产业链的延伸受到阻碍，无法形成完善的“吃、住、行、游、购、娱”一体化发展格局，周边相关产业的发展也因此滞后，难以实现旅游经济的乘数效应，无法充分释放旅游资源应有的经济价值和社会效益。深入到新疆的部分红色旅游景区，可进入性差的问题更加突出，特别是在南疆地区、沿边地区以及农村地区。这些地区二级及以上公路比重偏低，许多自然村（组）甚至还没有通硬化路。在南疆的一些山区，蜿蜒曲折的山间小道是当地居民与外界沟通的主要通道，这些道路狭窄崎岖，一旦遭遇恶劣天气，如暴雨、暴雪等，就会变得泥泞不堪甚至被阻断，给当地居民的出行带来极大的不便，更不用说游客的进出了。对于红色旅游景区而言，这意味着那些承载着重要历史记忆和文化价值的景点难以被大众所触及。例如，一些革命遗址和纪念场馆位于深山之中，由于道路条件的限制，旅游大巴无法直接抵达，游客只能通过换乘小型车辆或者步行较长距离才能到达，这无疑大大降低了游客的游览意愿，严重影响了游客的游览体验。同时，通信设施的不完善也是困扰新疆山地区域旅游发展的关键因素之一。在一些偏远的山区，手机信号覆盖面不足的情况十分常见。游客在游览过程中，经常会遇到手机信号时有时无的情况，一旦遇到突发状况，如迷路、身体不适等，很难及时获得帮助。在当今数字化时代的背景下，电子支付、在线导游等服务已经成为提升旅游体验的重要手段。然而，在这些信号不佳的山区，游客无法便捷地使用电子支付进行购物消费，或流畅地使用在线导游服务，这影响了游客的即时通信需求，进一步削弱了景区的吸引力和竞争力。

从区域经济发展的角度来看，交通和通信的落后导致山区与外界的信息交流不畅，先进的技术、理念和资金难以进入这些地区，使得当地的经济发展长期处于相对滞后的状态。当地的特色农产品、手工艺品等无法及时运出销售，也难以吸引外部投资来开发和提升相关产业。此外，由于交通不便，人才也不愿意前往山区工作和生活，使得山区缺乏创新发展的动力和智力支持，形成了一种恶性循环，进一步加剧了山区与其他地区的发展差距。

（二）旅游产品结构单一

在体育和休闲元素方面，新疆的山地具备开展各类户外运动和康体养生活动的绝佳条件。例如，山地探险活动本可以成为吸引众多户外爱好者的热门项目。这里有未经开发的原始森林、陡峭险峻的山峰和神秘幽深的洞穴，为探险爱好者提供了广阔的天地。然而，由于缺乏专业的规划和配套设施建设，山地探险项目至今未能形成规模和品牌效应。同样，野外拓展训练对于培养团队合作精神和个人挑战能力具有重要意义，但在新疆山地旅游中也鲜见此类项目。此外，新疆的山地气候宜人，空气清新，自然生态环境优良，具有极大的发展康体养生产业的潜力，如开发温泉疗养、森林氧吧等休闲项目，能够满足现代都市人对于健康养生的追求。但遗憾的是，这些方面的开发还处于起步阶段，尚未形成完善的产品体系。

从旅游活动的参与性和互动性来看，新疆山地旅游也存在明显的不足。游客在旅游过程中，更多的是被动地接受景区提供的服务和观赏既定的景观，缺乏主动参与和互动的机会。例如，在民俗文化体验方面，虽然新疆各民族有着独特的生活方式、传统手工艺制作和民俗节庆活动，但景区很少为游客提供亲身体验的平台。游客们无法亲自参与到维吾尔族的地毯编织、哈萨克族的毡房搭建等传统手工艺制作过程中，感受当地人民的智慧和勤劳；难以融入蒙古族的那达慕大会、塔吉克族的鹰舞表演等民俗节庆活动，与当地居民一同欢庆，分享他们的喜悦。这种缺乏参与性的旅游方式，使得游客与当地文化之间

始终存在着一层隔阂,进而导致游客无法真正深入了解当地的风土人情,难以获得独特而深刻的旅游体验。在户外娱乐活动方面,新疆山地景区同样未能充分挖掘自身潜力。与其他旅游发达地区相比,这里缺少能够吸引游客积极参与的娱乐项目,如山地自行车赛、攀岩比赛、滑翔伞飞行等刺激性和趣味性兼具的活动。这些活动不仅能够增加游客的旅游乐趣,还能提升景区的知名度和吸引力,吸引更多的户外运动爱好者前来挑战自我、释放激情。然而,基于种种原因,这些具有广阔市场前景的户外娱乐项目在新疆山地旅游中尚未得到足够的重视和开发。这种产品结构单一、体验性和参与性不足的现状,给新疆山地旅游带来了诸多负面影响,严重制约了新疆山地旅游的吸引力和市场竞争力。在旅游市场日益激烈的竞争环境下,各地旅游景区纷纷推陈出新,打造具有特色和竞争力的旅游产品,以吸引更多游客的关注和选择。而新疆山地旅游由于产品模式陈旧,无法满足游客多样化的需求,在市场竞争中逐渐处于劣势地位,游客流量增长缓慢,市场份额被其他竞争对手所挤压。

在产品开发方面,景区应加强与当地文化、体育、休闲等相关产业的合作与融合,深入挖掘当地的特色资源,打造具有创新性和独特性的旅游产品。例如,可以推出“山地文化探秘之旅”,将当地的民俗文化、历史遗迹等元素融入旅游线路中,让游客在欣赏自然风光的同时,深入了解当地的文化底蕴。可以安排游客参观古老的寺庙、传统的民居建筑,参与民俗文化表演和传统手工艺制作课程等活动,让游客亲身感受新疆山地文化的独特魅力,拓展旅游体验的深度和广度。

（三）环境保护压力大

从地理位置上看,新疆地域广袤,其中山区占据了相当大的比例。这些偏远山区交通不便,道路状况差,运输成本高,无论是游客的进入还是物资的运输都面临着巨大的阻碍。许多景区地处山路崎岖蜿蜒的地区,有些地区在恶劣天气条件下甚至可能变得完全与外界隔绝,这极大地限制了旅游业的发展规模和速度。景区本身复杂的地形进一步增加了开发难度。高耸的山脉、深邃的峡谷、广袤的荒漠等多样的地貌形态,增加了基础设施建设的难度和成本。在这样的地形条件下修建道路、水电设施以及游客服务中心等,对于技术的要求较高,同时,对于生态环境的潜在影响也难以预估。例如,天山景区复杂的地形使得在铺设电缆和水管等基础设施时,需要穿越脆弱的生态区域,稍有不慎就可能破坏当地的植被和水源,进而引发一系列生态问题。人口较少这一因素也不容忽视。当地人口密度低，一方面导致劳动力短缺，在旅游开发过程中难以满足建设和服务的人力需求；另一方面，人口较少也意味着当地社区的经济实力相对薄弱，难以独立承担旅游开发所需的资金投入和技术支持，更多地依赖于外部力量，这在一定程度上增加了开发的协调难度和复杂性。景区保护意识的缺乏，则是新疆旅游业面临的一个深层次问题。长期以来，由于经济发展水平相对滞后和教育普及程度的不足，许多当地居民对景区的价值认识不够深刻，只看到了眼前的经济利益，忽视了对自然景观和文化遗产的保护。在旅游开发过程中，存在过度追求短期经济效益，盲目扩大游客接待量的问题，忽视了对景区生态环境和文化资源的保护。

旅游开发和过度放牧等人类活动交织在一起，给天山等地区的生态环境带来了沉重的打击。随着旅游项目的不断推进，大量游客涌入，景区内的道路建设、酒店修建以及游客的日常活动，都对当地的生态环境造成了直接或间接的破坏。原本繁茂的草场，因为过度放牧和游客的践踏，植被遭到严重破坏，出现了退化现象。草皮的减少使得土地蓄水能力急剧减弱，水土流失问题日益严重，每逢雨季，便容易引发泥石流、山体滑坡等自然灾害，这不仅威胁着当地居民的生命财产安全，也对景区的可持续发展造成了威胁。同时，当地居民由于环境保护意识淡薄，在旅游旺季时，为了获取更多的经济收益，大量招揽游客，忽视了环境保护工作的重要性。游客数量的剧增超出了景区的承载能力，导致景区内垃圾堆积如山、污水随意排放，对遗产地和景区的自然景观和生态环境造成了严重的污染和破坏。一些古老的文化遗迹，因为缺乏有效的保护措施，在游客的触摸和破坏下，逐渐失去了原有的风貌和历史价值。此外，政府有关部门在旅游资源开发利用过程中也存在着明显的不足。一些地区在开发旅游资源时，缺乏深入的调查研究和全面的科学论证、评估与规划，未全面考量当地的生态环境承载能力、文化资源的独特性和脆弱性以及旅游市场的需求特点等因素。这种盲目的开发行为，导致旅游区的生态环境遭到破坏，旅游产品同质化严重，无法满足游客多样化的需求，也难以形成具有竞争力的旅游品牌。例如，一些山区景点在开发过程中，没有事先对当地的水资源、生物多样性等生态要素进行详细的调查和评估，而是随意修建旅游设施，破坏了原有的生态平衡。而且，由于缺乏科学的规划，景区内的功能分区不合理，游览线路混乱，使得游客集中在某些区域，造成了局部地区的过度开发和破坏。

要想解决新疆旅游业开发中保护与开发的矛盾，需要政府、企业和当地居

民共同努力。

政府应加大宏观调控和监管力度，制定严格的环境保护法规和景区开发规划，确保旅游开发在生态环境承载能力范围内进行。应加大对环境保护的宣传教育力度，增强当地居民和游客的环保意识，倡导绿色旅游理念。应积极引导和支持科研机构对新疆旅游资源进行深入研究，为科学开发提供依据。

企业在旅游开发过程中，要树立可持续发展的理念，注重生态环境的保护和文化遗产的传承。应加大对环保设施建设的投入，采用先进的环保技术和管理模式，减少旅游活动对环境的负面影响。在开发旅游产品时，应充分挖掘当地的文化内涵，打造具有特色和竞争力的旅游产品，避免简单模仿和同质化竞争。

当地居民是景区的守护者和传承者，景区应加强对他们的培训和教育，增进他们对景区价值的认识，引导他们积极参与景区的保护和开发，进而通过发展生态旅游、民俗旅游等绿色产业，实现经济发展与环境保护的良性互动。

### （四）安全管理不足

新疆山地旅游安全风险管理的研究起步较晚，这是多种因素共同作用的结果。一方面，长期以来，新疆的经济发展水平相对落后于中国其他省级行政区，在旅游基础设施建设、专业人才培养等方面的投入相对不足，导致旅游研究领域的发展也受到一定程度的限制。另一方面，山地旅游在过去的发展中，更多地侧重于资源开发和市场推广，而对安全风险管理的重视程度不够，使得相关研究未能及时跟上旅游发展的步伐。这种起步晚的状况直接导致了研究的深度和广度远远无法满足旅游业快速发展的迫切需求。在深度上，现有的研究往往停留在对一些表面安全问题的分析上，未能深入探究山地旅游安全风险的内在形成机制、潜在影响因素以及复杂的演化规律。例如，对于山地旅游中常见的自然灾害风险，如山体滑坡、泥石流等，仅仅是简单地认识到其发生的可能性，而对于不同地形、气候、地质条件下这些灾害的具体触发因素的识别，发生概率的精准计算以及可能造成的危害程度的详细评估等方面，缺乏深入、系统的研究成果。在广度上，研究范围相对狭窄，未能全面涵盖山地旅游安全风险管理的各个环节和领域。从旅游活动的全流程来看，包括行前准备、行程中的安全保障以及应急救援等环节，都需要制定全面、细致的安全风险管理措施，但目前的研究在这些方面存在明显的缺失。对旅游从业人员的安全培训、游客的安全教育以及当地社区在旅游安全管理中的作用等方面的研究也不够充分，未能形成一个完整、有机的研究体系。尤其是山地景区旅游安全风险管理与对策方面的研究，严重落后于现实的需要。尽管已经提出了运用风险管理的基本理论和方法对山地景区实施全过程管理的科学理念，但在实际操作中仍困难重重。

首先，对山地景区旅游安全隐患的识别工作存在明显不足。新疆的山地景区地形复杂多变、气候条件差异显著、生态环境脆弱，这些因素交织在一起，形成了各种各样的潜在安全隐患。然而，目前的安全隐患识别工作往往不够全面、细致，存在诸多盲点。例如，在一些高海拔的山地景区，由于低氧环境对人体生理机能的影响，游客可能会出现高原反应，甚至引发严重的健康问题，但景区在游客接待过程中，可能并未充分考虑到这一隐患，缺乏相应的预防措施和应对预案。

其次，风险评价工作也不够完善。准确的风险评价需要综合考虑多种因素，包括安全隐患发生的概率、可能造成的损失程度、风险的可控性等。但在实际操作中，由于缺乏科学、系统的风险评价指标体系和方法，人们往往无法对山地景区的安全风险进行准确、量化的评估。这使得景区在制定安全管理策略时，缺乏可靠的依据，难以做到有的放矢，合理分配资源，有效降低风险。

再者，缺乏系统的风险控制体系也是一个突出问题。一个完善的风险控制体系应当包括风险预防、风险监测、风险应对和风险恢复等多个环节，但目前新疆山地景区在这方面的建设还远远不够。例如，在特种旅游项目如景区漂流、山地攀岩、探险徒步等日益增多的情况下，相应的安全保障措施却未能及时跟上。这些项目本身具有较高的风险，对场地设施、装备器材、专业人员指导等方面都有着严格的要求，但部分景区为了追求经济利益，在条件不具备的情况下匆忙开设这些项目，导致安全风险倍增。以景区漂流为例，一些漂流河道未经充分的安全评估和改造，河道中的暗礁、急流等危险地段没有设置明显的警示标识和防护设施，漂流船只的质量和安全性也无法得到有效保障，救生人员的配备不足且专业技能参差不齐。在山地攀岩项目中，一些攀岩场地的建设不符合安全标准，攀岩设备老化、损坏严重，缺乏定期的安全检查和维护机制，同时，攀岩教练的资质认证和培训管理也存在漏洞，无法为游客提供专业、安全的指导。一些景区的探险徒步线路的规划和管理同样存在问题，如部分线路标识不清，容易导致游客迷路，沿途的补给点和救援设施匮乏，一旦游客在徒步过程中遭遇突发状况（如受伤、恶劣天气等），很难得到及时、有效的救援。

最后,新疆旅游景区还面临着承载超负荷风险。随着旅游市场的不断升温,旅游旺季时游客数量往往远超景区的合理承载能力。这不仅会导致交通拥堵、住宿紧张、餐饮卫生不合格等问题频发,还会对景区的生态环境造成严重破坏,进一步加剧安全风险。例如,过多的游客践踏会破坏景区内的植被,影响土壤的稳定性,增加山体滑坡等自然灾害的发生概率;游客产生的大量垃圾如果得不到及时清理,则会污染景区的水源和土壤,进而危害游客的健康,同时也破坏了景区的景观形象。

### (五)市场营销不足

在当今竞争激烈的旅游市场中,宣传推广对旅游目的地的发展起着至关重要的作用。然而,新疆山地旅游在宣传手段方面却陷入了相对传统和滞后的困境,这在很大程度上限制了其进一步的发展和壮大,使其难以在全国乃至全球旅游版图中展现出应有的魅力和竞争力。

长期以来,新疆山地旅游的宣传主要依赖于传统的旅游展会以及部分地方媒介。旅游展会作为一种集中展示旅游资源和产品的平台,确实能够在一定程度上吸引专业人士和部分潜在游客的关注。在展会上,新疆的山地旅游景区可以通过展示精美的图片、生动的视频以及进行现场讲解等方式,向参观者展现其壮丽的自然风光、独特的民俗文化和丰富的旅游项目。地方媒介,如当地的报纸、电视台等,也能够覆盖一定区域的受众,传播关于山地旅游的信息,包括景区介绍、旅游线路推荐、特色活动预告等。但是,这种传统的宣传方式存在着诸多明显的局限性。首先,旅游展会的展出时间和空间有限,其影响力往往局限于展会举办期间的现场参观者,难以形成持续且广泛的传播效果。而且,展会的受众主要是旅游行业的从业者和对旅游有较高关注度的人群,对于那些尚未形成明确旅游计划或者对新疆山地旅游了解较少的潜在游客来说,展会的触达效果相对有限。其次,地方媒介的传播范围相对狭窄,尤其是在信息传播全球化和互联网高度发达的今天,其传播力往往只能覆盖当地或周边地区,无法将新疆山地旅游的魅力传递给全国乃至全球的目标受众。最后,传统宣传方式往往是单向的信息传递,缺乏与受众的互动和反馈机制,难以精准地了解游客的需求和兴趣,从而使宣传策略和产品设计的调整滞后,无法快速响应市场需求。

在数字化时代的浪潮下,年轻一代的旅游爱好者逐渐成为旅游市场的主力军。他们成长于互联网和新媒体的环境中,在获取和传播信息的方式方面,有着一定的偏好和习惯。他们更加倾向于通过社交媒体、在线旅游平台、旅游博主的推荐等多元化的新媒体渠道来获取旅游灵感和信息,并热衷于参与互动性强、体验感丰富的线上旅游活动。相比之下,新疆山地旅游现有的宣传方式显然难以吸引这一充满活力和消费潜力的群体。尽管近年来新疆已经意识到新媒体平台在旅游宣传中的重要性,并开始尝试利用微博、抖音等热门新媒体平台进行旅游宣传,但整体而言,新疆山地旅游相关新媒体营销的力度仍然不够。例如,在微博上,虽然部分景区和旅游机构开设了官方账号,发布一些景区的美景图片、旅游攻略和活动信息,但内容更新频率较低,缺乏具有系统性和创新性的策划,难以形成持续的话题热度和关注度。在抖音平台上,虽然偶尔也能看到一些关于新疆山地旅游的短视频,但大多数视频制作较为粗糙,缺乏专业的拍摄技巧和创意,无法充分展现出新疆山地旅游的独特魅力和精髓。并且,这些新媒体平台的运营往往缺乏专业的团队和有效的推广策略,未能充分挖掘和利用新媒体的传播优势和互动性,使得新疆山地旅游在新媒体领域的影响力仍然相对较小,无法有效地提升其品牌知名度和吸引力。

新疆山地旅游的营销资源整合也存在严重不足的问题。目前,新疆的山地旅游宣传主体涉及政府部门、景区、旅游企业以及媒体,但相关资源未能得到有效整合和协同运作,无法形成一个有机的整体。各宣传主体之间缺乏统一的规划和协调,导致宣传内容和口径不一致,宣传渠道分散,无法形成集中的宣传攻势和强大的品牌传播合力。例如,景区可能侧重于宣传自身的景点特色,旅游企业则关注旅游线路的推广,媒体可能更注重新闻报道和信息传播,三者之间缺乏有效的沟通和配合,使得宣传效果大打折扣。而且,不同的新媒体平台和传统媒体之间也未能实现有机联动和互补,无法充分发挥全媒体的传播优势,构建一个全方位、多层次、立体化的宣传推广矩阵,从而无法将新疆山地旅游的品牌形象深深地植入到目标受众的心中。

要想改变新疆山地旅游宣传的现状,实现宣传效果的突破和提升,需要采取一系列创新和有效的措施,具体如下。

首先,应加大对新媒体营销的投入,组建专业的新媒体运营团队,负责策划和执行新疆山地旅游在新媒体平台上的宣传活动。这些团队应具备敏锐的市场洞察力和创新的思维能力,能够根据不同新媒体平台的特点和用户喜好,制定个性化、精准的宣传策略和内容。例如,在微博平台上,可以发起话题讨论、线上互动活动,邀请旅游博主和“网红”进行体验式推广,吸引网友广泛参与和分享,形成话题热度和口碑传播效应;在抖音平台上,可以制作高质量、富有创意的短视频，运用短视频带货、直播带货等新兴营销方式，吸引用户的关注，直接促进旅游产品的销售。

其次，要注重营销资源的整合和协同发展。可以建立一个由政府相关部门、景区、旅游企业、媒体等各方共同参与的旅游宣传联盟，加强各方的沟通与协作，形成统一的宣传规划和行动方案。可以制定统一的品牌形象和宣传口号，确保所有的宣传渠道和平台都能够传递出一致、清晰、独特的新疆山地旅游品牌信息。同时，应整合各类宣传资源，实现线上线下的有机结合和互动推广。例如，在线上通过新媒体平台进行广泛的品牌宣传和产品推广，吸引潜在游客的关注；在线下通过举办各类旅游活动、参加旅游展会等方式，与游客进行面对面的交流和互动，提升游客的体验感和忠诚度。

再者，应加强与旅游产业链上下游企业的合作，拓展宣传渠道和合作方式。可以与航空公司、酒店、旅行社等企业建立紧密的合作关系，共同开展联合营销活动，实现资源共享、优势互补。例如，与航空公司合作推出“机票＋酒店＋景区门票”的旅游套餐，通过航空公司的售票渠道和会员体系进行宣传推广；与酒店合作开展“住酒店，游新疆山地”的促销活动，吸引酒店住客参与山地旅游；与旅行社合作开发特色旅游线路，并通过旅行社的门店和线上平台进行销售和宣传。

最后，还应注重游客口碑的培养和管理。游客的口碑是旅游宣传中极具说服力和影响力的因素。可以通过提供优质的旅游产品和服务，让游客在新疆山地旅游过程中获得满意的体验，从而激发游客的口碑传播热情。可以鼓励游客在社交媒体上分享自己的旅游经历和照片，通过积极回应游客的评价和反馈，及时解决游客遇到的问题，树立良好的品牌形象和口碑。

（六）季节性限制

新疆旅游市场呈现显著的季节性特征，旺季与淡季反差强烈。

每年7—9月，新疆迎来旅游黄金期。此时，天山南北气候宜人，草原绿意盎然，繁花似锦，高山湖泊清澈湛蓝，赛里木湖宛如一颗璀璨的蓝宝石镶嵌在大地之上，喀纳斯湖的神秘之美在夏日的阳光下展露无遗，吸引着无数游客纷至沓来。根据《新疆日报》2023年的相关报道，夏季旅游旺季时，喀纳斯、那拉提等景区单日游客量可达数万人次，而冬季游客量可能不足旺季的10%。夏季景区内人头攒动，旅游市场呈现出一片繁荣景象。无论是城市中的星级酒店，还是草原上的蒙古包、毡房，住宿常常供不应求。各大旅行社的导游们也忙得不可开交,带领着一批又一批的游客穿梭于各个景点之间。旅游交通更是压力巨大,公路上车辆川流不息,机场、火车站人来人往,热闹非凡。

与此形成鲜明对比的是,一旦进入冬季,新疆的旅游市场便迅速陷入低迷状态。游客数量锐减,许多曾经熙熙攘攘的景区变得门可罗雀。那些在夏季忙碌奔波的旅游行业从业人员,面临着“夏天跑着干,冬天闲得慌”的尴尬局面。酒店的入住率大幅下降,不少小型酒店甚至直接关门歇业,员工也只能暂时放假回家。旅行社的业务量急剧萎缩,导游们不得不寻找其他临时工作来维持生计。景区周边的餐馆、商店生意惨淡,许多店主为了减少成本支出,缩短营业时间甚至暂停营业。这种强烈的季节性反差,不仅使得旅游行业从业人员的收入极不稳定,也严重影响了新疆旅游业的整体发展和效益提升。

造成这种现象的主要原因之一,便是新疆冬季旅游市场的开发严重不足。实际上,新疆的冬季拥有着独特而丰富的旅游资源,尤其是冰雪旅游和沙漠旅游,其潜力尚未得到充分的挖掘和释放。新疆的冬季,广袤的大地被白雪覆盖,形成了壮丽的冰雪景观。从阿尔泰山脉到天山山区,有着众多优质的滑雪场,雪质优良,坡度适宜,具备打造世界级冰雪旅游目的地的天然条件。然而,目前这些滑雪场的基础设施建设还不够完善,配套服务也不够成熟。例如,滑雪场地的缆车、索道等设备数量有限,在旅游高峰期常常出现游客排队等待时间过长的情况;雪具租赁中心的雪具种类不够丰富,质量参差不齐,难以满足不同水平滑雪爱好者的需求;滑雪教练的数量不足,且专业水平有待提高,无法为初学者提供优质、系统的教学服务。除了冰雪资源,新疆的沙漠在冬季也别有一番景致。寒冷的气温使得沙漠的线条更加硬朗,在阳光的映照下,呈现出一种冷峻而壮观的美。然而,针对沙漠冬季旅游的产品开发几乎处于空白状态。当前新疆沙漠旅游项目呈现明显的季节性特征,主要集中于夏季开展,如骑骆驼穿越沙漠、沙漠越野车冲沙等,而冬季的沙漠旅游产品则极为匮乏,没有充分考虑到游客在冬季沙漠旅游中的特殊需求,如保暖设施、特色住宿体验以及适合冬季的沙漠探险活动等。

冬季旅游产品的不够丰富,直接导致了新疆的“冷资源”未能有效地转化为“热经济”。在旅游市场中,游客的需求日益多样化和个性化,但新疆冬季旅游却未能及时跟上这一趋势。除了冬季旅游资源尚未被大众广泛知晓这一因素,缺乏成熟的旅游产品无疑是游客减少的关键原因。许多景区在冬季直接关门放假,这进一步抑制了潜在游客的到访意愿。即使有一些游客怀着对新疆冬季独特风光的向往来到这里,也会面临诸多实际问题。在住宿方面,由于

游客稀少，许多酒店选择歇业，可供选择的住宿场所数量有限，而且价格波动较大，缺乏统一的规范和管理。一些小型民宿虽然在冬季营业，但住宿条件简陋，供暖设施不足，无法为游客提供舒适的居住环境。餐饮方面同样存在问题，冬季景区周边的餐馆开门营业的较少，游客的饮食选择单一，且由于食材供应渠道在冬季相对狭窄，菜品的新鲜度和品质难以保证。交通也成了冬季旅游的一大障碍，部分通往景区的道路在冬季积雪结冰后若是没有得到及时的清理，会造成通行困难，此外，公共交通班次在冬季减少，加剧了游客出行的不便。

要想改变新疆旅游这种季节性失衡的现状，实现全年旅游的均衡发展，需要社会各方共同努力。

政府应加大对冬季旅游开发的政策支持和资金投入，制定长期的冬季旅游发展规划，完善冬季旅游基础设施建设，如加强滑雪场的升级改造，提升雪道的质量和数量，增加缆车、索道等设备的投入，改善交通条件，确保景区道路在冬季畅通无阻。同时，鼓励企业创新冬季旅游产品，加强对旅游行业从业人员的冬季旅游服务技能培训，提高服务质量。

企业应积极响应市场需求，深入挖掘新疆冬季旅游资源的潜力，开发出具有吸引力的冬季旅游产品。例如，可以结合冰雪资源，打造冰雪文化节、冰雪艺术展览、冰雪主题亲子乐园等多样化的项目，提升游客的参与度和体验感。针对沙漠旅游，可以开发冬季沙漠露营、观星、温泉疗养等特色产品，为游客提供独特的冬季沙漠旅游体验。此外，还可以加强冬季旅游的宣传推广，通过线上线下相结合的方式，利用社交媒体、旅游展会、网络广告等多种渠道，向国内外游客展示新疆冬季旅游的魅力，提高新疆冬季旅游的知名度和美誉度。

## 三、新疆山地旅游发展对策与建议

### （一）注重地方独特性

旅游目的地的独特性是吸引游客来旅游的最大拉动力。地方独特性又称“地方性”，是指某个旅游目的地所拥有的资源是无可替代的，是其他旅游目的地所没有的。根据推拉理论，当游客决定去一个旅游目的地旅游时，不光有自己的内在推动力，还有旅游目的地的外在拉力。旅游目的地的拉力可以是当地的自然景观，也可以是当地的人文景观等，但是需要指出的是，一个旅游目的地最大的拉力是其独特性，游客花费时间和精力来目的地旅游是为了获得与平时生活环境不同的体验，这也是游客来当地旅游的主要原因。因此，山地景区在开发建设过程中要注重挖掘地方特色，别样的地方特色可以给游客带来新奇感，从而使游客产生难忘的记忆。

山地景区要想让游客来当地旅游并且将景区推荐给亲戚朋友，就应该开发地方独特性，在打造成功后还应该不断地创新来保持独特的优势。新疆山地景区在开发地方独特性时，不能忽视自身所独有的发展优势，应注重挖掘当地的特色文化、特色风光。景区在打造地方特色时，还必须完善自身的文化建设，从而进一步提升当地的文化品质。

### （二）提升旅游互动体验

高质量的互动体验能够满足游客的精神需求，通过与目的地各要素的互动，游客的现场体验更加丰富，有助于游客形成鲜活的旅游记忆，最终创造难忘的旅游体验。山地景区拥有独特的自然资源优势，应充分挖掘自身资源特色，开发参与性强的旅游产品，引导游客与山地环境深度互动，使其全身心投入游览过程，从而产生深刻而积极的旅游记忆。良好的环境氛围是高质量互动体验的重要保障。景区应注重氛围营造，通过愉悦的环境感受激发游客的积极情绪，这不仅能提高体验质量，还有助于构建和谐的人地关系，促进景区可持续发展。

具体而言，提升旅游互动体验需要双管齐下：一方面要推进旅游资源数字化建设，另一方面要强化人际互动体验，包括游客与游客之间、游客与居民之间的交流互动。例如，可以通过组织兼具趣味性、挑战性及新颖性的旅游活动，激发游客参与的积极性，使其形成畅爽且难忘的旅游体验；通过充分利用山地景区的资源，打造全季旅游景区，让游客体验不一样的乐趣。山地景区还可以推出一系列VR、裸眼3D等技术产品，将新疆其他山地景区展现在游客眼前。其中，裸眼3D技术可以让游客在室内体验“登山”乐趣，欣赏山地景区的自然风光。这类技术手段突破了时空限制，能够提升游客的参与度，促进游客形成难忘的旅游体验。

### （三）注重文化内涵建设

山地景区的可持续发展需要融入当地文化，注重文化内涵建设。传统的观光式旅游与体验式旅游相比，游客忠诚度不高，重游和推荐行为较少。要想推进山地景区从观光式旅游向体验式旅游转变，需要依托山地景区的资源禀赋，将人文资源与自然资源融合开发，以游客体验为导向，满足游客的个性化需求，提高游客的重游率，进而推动山地旅游可持续发展。因此，山地景区的旅游产品开发要突出当地文化特色，打造富有民俗文化气息的产品，塑造"有温度"的旅游体验。文化与产品的结合要做到"宜融则融，能融尽融"，注重文化内涵的提炼和挖掘，将当地民族服饰、语言特色、民俗节事等打造成旅游产品，借助自身鲜明的文化符号创新旅游产品，打造IP形象，建立旅游品牌，极大地发挥山地景区的文化价值。文化的浸润可以使山地景区摆脱"千篇一律"的旅游形象，特殊又新颖的文化气息有助于游客形成独特的记忆和积极的旅游情感，提升其对山地景区的满意度。

## 第三节 医疗旅游

医疗旅游的历史悠久，可以追溯到14世纪早期的一种温泉疗养方式，主要是指能够让游客更加健康的旅游形式。

在学术领域，关于医疗旅游的概念界定存在多元化的理解。国外学者们从不同的维度对其进行了深入探讨，至今尚未形成统一且权威的定义。

代表性观点一将医疗旅游定义为特殊的跨境消费和服务。Goodrich(1994)指出，医疗旅游旨在吸引其他国家和地区的游客前来接受医疗服务，其吸引力主要源于先进的医疗设施以及目的地本身的独特魅力。Gupta(2004)进一步强调，医疗旅游目的地应提供合理且实惠的医疗服务，并需要医疗机构与旅游企业之间的紧密合作以实现这一目标。Bookman(2007)认为，医疗旅游的本质在于通过旅游来改善和促进个人健康情况。Marlowe和Sullivan(2007)指出，医疗旅游并非指因紧急情况而进行的医疗服务，而是指游客在事先有明确目的和动机的情况下进行的旅游。Lunt等(2011)提出，医疗旅游涉及消费者根据自己的意愿跨境或到海外接受医疗服务，包括但不限于牙科手术、美容整形、器官移植等。Carrera(2010)则从行为角度出发，认为医疗旅游是个体离开原有生活环境，寻求维护、增强或恢复身心健康的行为。Crooks等人(2011)明确指出，医疗旅游涉及病人前往国外接受医疗治疗的行为。Chang等人(2014)进一步强调，医疗旅游不受国界限制，其根本目的在于提升健康水平并预防疾病的发生。Loh(2014)的研究则揭示了医疗旅游的另一层含义，即游客到海外寻求各种健康服务的行为。

代表性观点二将医疗旅游视为一种专注于提供产品和技术的产业。Smith和Forgione(2007)在其研究中深入剖析了医疗旅游的本质，指出这是一种由医疗旅游者前往特定目的地接受专业医疗服务的活动。Singh(2008)的研究进一步拓宽了医疗旅游的定义范畴,指出其不仅包括美容手术、牙科手术等选择性手术,还涵盖了心脏手术、膝关节/髋关节置换等复杂类型的手术,以及医疗检查、健康筛查等预防性医疗服务。Hopkins等人(2010)的研究则强调了医疗旅游背后的多种诱因,包括成本优势、较短的等待时间以及国内无法提供的特定服务等,这些因素共同促使了跨国卫生保健行为的产生,其中涵盖了牙科治疗、医学检查以及生殖治疗等多种医疗项目。Yu和Ko(2012)则提供了一个更为全面的视角,他们认为医疗旅游不仅涉及海外就医的行为,还包括寻找技术更为熟练的目的地,并以更具竞争力的价格提供医疗服务业和旅游业的融合体验。Kaushik和Rustagi(2020)的研究则指出,医疗旅游的本质在于个人为寻求高水平的医疗设施和较低的医疗费用而前往国外接受医疗服务。

相较于国外,中国的医疗旅游产业起步较晚,针对医疗旅游概念的探讨多聚焦于其动因、经济效益以及服务范畴等方面。

动因方面。张文菊等人(2007)的研究指出,医疗旅游的出现,在很大程度上源于游客居住地医疗服务供给与需求之间的错位现象。吴之杰(2014)则进一步阐释,医疗旅游实质上是旅行者离开常住地,前往他处接受医疗治疗的同时,融入旅游观光元素的行为,且此行为并不涉及在目的地长期居住或工作的意愿。王颖(2015)的研究则将医疗旅游细化为“治”与“疗”两大类别,并以生命风险程度作为划分标准。单亚琴(2016)强调,医疗旅游是医学治疗与旅游观光深度融合的一种新型旅游模式。庄伟光和赵嫚(2018)的研究则进一步指出,医疗旅游是游客暂时离开常住地,前往外地或外国接受医疗旅游服务的行为,旨在促进个人健康,而非长期定居或工作。

经济效应方面。侯胜田(2013)的研究深刻揭示了医疗旅游作为新兴产业,其显著特征在于高度的关联度、强大的带动性以及客观的经济效应。刘建国与张永敬(2016)指出,医疗旅游代表着旅游业发展的新方向,这种融合健康与旅游的创新形式为旅游业注入了新的活力。刘佳和王娟(2016)则从国家和医疗旅游供应商的双重视角,对医疗旅游产业进行了界定。房良(2017)持相似观点,认为医疗旅游作为新兴旅游形式,正逐渐成为旅游业的新经济增长点。

服务范畴方面。刘廷芳等人(2009)指出,医疗旅游在提供专业医学技术与知识的同时,也提供了亲近自然的宝贵机会。高静与刘春济(2010)的研究则强调,医疗旅游的核心是手术治疗、医疗诊断等医疗服务,而旅行活动更多作为附加目的存在。朱晓辉(2011)进一步扩展了医疗旅游的定义范畴,认为其涵盖了旅游部门提供的与健身、疗养、休闲、度假等相关的一切产品和服务。董少华(2012)的研究进一步指出,医疗旅游不仅关注医疗项目的实施,如治疗疾病和健康体检,还融合了观光休闲等旅游服务项目,为旅游者提供了全方位的体验。王红芳(2012)认为,医疗旅游是一种以医疗服务为主导,融合疗养、观光、游玩等元素的新型旅游模式。刘华云(2014)的研究强调,医疗旅游是涵盖医疗服务和旅游服务的综合性服务项目,具有轻松愉悦、保健康复等特点,同时还具有地域性等一系列鲜明特色。

在产业融合的大背景下,医疗旅游的市场发展显得尤为重要,在很大程度上直接影响游客对医疗旅游目的地的认知、产品偏好和行为选择。

Heung等人(2010)综合运用定性与定量研究方法,深入剖析香港多家公立与私立医院、政府机构及其他相关实体的数据资料,精准识别制约香港医疗旅游发展的核心要素。Cormany和Baloglu(2011)的研究聚焦于医疗旅游服务商的角色与功能,揭示出政府在整合资源、推动医疗旅游市场营销方面所建立的平台对医疗旅游产品开发与推广的积极作用。Saadatnia和Mehregan(2014)观察到,以往仅有少数医院和国家自诩为医疗旅游目的地,而现如今,已有三十余个国家纷纷加入宣传行列。Tan(2016)的研究揭示了新加坡医疗旅游市场的迅速扩张给各类医院带来的超负荷压力,挤占了本国居民的医疗资源,同时,他指出泰国、马来西亚、韩国、印度等国家凭借其低价位的高端医疗服务对新加坡医疗旅游市场构成了强劲挑战,因此新加坡亟须重构其医疗旅游产业。Falk和Prinsen(2016)的研究详细剖析了人们在选择医疗旅游目的地时所考虑的关键因素,包括邻近性、文化及习惯差异、权益法律保障等,并强调这些信息可通过政府官方渠道或授权组织获取。Permwonguswa等人(2016)则提出了一套医疗旅游市场的排名标准,旨在为美国医疗旅游消费者提供决策参考,并指出详尽的医生排名信息有助于提高信息信任度,进而提升消费者接受医疗旅游服务的意愿。Ghasemi等人(2021)的研究认为,医学旅游作为一种新兴的全球性现象,是医疗业与旅游业两大产业深度融合的产物,其发展主要依赖于市场发展的不断优化。

医疗旅游,作为新兴的产业领域,其高经济价值及快速增长的发展态势赋予了其广阔的市场前景。国内学者针对医疗旅游市场也进行了深入研究,主要聚焦于其发展模式与发展路径等方面。

医疗旅游市场的发展模式方面。张莎(2019)的研究提出,强化医疗服务贸易合作、完善医疗服务贸易产业支撑体系，是提升中医药产业国际竞争力的关键所在。陈勇和刘征(2019)的研究指出，在推动当地经济高速发展的背景下，中国对国际医疗旅游的重视程度和参与力度尚显不足，应该构建完善的医疗旅游网络，并着力打造具有民族特色的医疗保健与医疗旅游品牌。刘馨蔚(2019)强调，在"一带一路"倡议的推动下，我国医疗服务应建立以医疗旅游为主导、以中医药服务为辅助的发展格局，以推动医疗服务市场更好地"走出去"。

医疗旅游市场的发展路径方面。方洁等人(2015)的研究指出，推进服务贸易模式的转型是实现中医国际化的重要途径，这一转型应涵盖中药出口的扩大、中医技术的对外输出、中医教育的国际化推广以及中医文化的全球传播等多个方面。张玲华等人(2016)的研究揭示了当前我国中医药医疗服务市场面临的主要问题，包括规模相对较小、消费区域局限化以及中医人才流动性不足等，并提出了开展中医药远程医疗服务、加大海外中医机构建设力度、推动中医人才国际化流动以及发展中医药旅游等一系列措施。杨逢柱(2018)的研究强调，中医药服务贸易不仅构成了中医外交的基本形式，而且在"一带一路"倡议下，成为中医药外交及中医文化输出的重要亮点。陈晶云(2019)则提出，提升我国医疗服务竞争力的关键路径包括加大人力资本投入、积极引进外资以及增加对城镇公共医疗服务的投入。沈新策和叶英萍(2021)从法学视角对医疗旅游进行了深入研究，他们梳理了医疗旅游活动中的各种法律关系，这对于推动医疗旅游市场的健康发展、完善相关纠纷解决机制以及促进未来产业发展和法治环境建设具有重要意义。叶洋洋和唐代剑(2021)则从产业融合的角度对医疗旅游市场进行了深入剖析，他们分析了医疗旅游的动因、主体、路径及模式，并提出了互动型、附加型及聚集型三种医疗旅游产业融合发展模式。

国外学者对医疗旅游影响因素的探讨起步较早，且研究内容呈现多元化特点。在研究方向上，主要聚焦于医疗旅游目的地形象、医疗设施及服务质量以及医疗旅游成本等核心要素。

医疗旅游目的地形象方面。Chi和Qu(2008)通过实证研究指出，尽管影响游客满意度的因素众多，但目的地形象在其中占据最为突出的地位。Mohamad等人(2011)的研究强调了目的地形象在提高游客满意度方面的重要作用。Moghimehfar(2011)持相似观点，认为许多人倾向于选择兼具医疗和旅游优势的受欢迎国家作为目的地。Allameh等人(2015)的研究发现，游客对目的

地形象的积极认知将增强其对医疗设施与服务质量的信心，进而更可能认为医疗质量上乘。Hassan 和 Hemdi(2016)指出，游客对目的地形象的积极感知有助于提升满意度，因为积极的旅游感知能给予游客精神上的满足。Chaulagain 等人(2021)的研究显示，古巴的目的地形象对美国游客选择医疗旅游目的地具有显著影响。

医疗设施及服务质量方面。Singh 和 Gill(2011)的研究指出，医务人员的友好程度对游客选择医疗旅游具有不可忽视的影响。Peters 等人(2011)的研究揭示，香港作为医疗旅游目的地的吸引力主要源于其优质的医护服务、专业的医疗水准、高度的可信度以及较高的目的地可达性。Sultana 等人(2014)的研究强调，服务质量和成本是医疗旅游游客在选择目的地时最为关注的因素。Henson 等人(2015)的研究表明，医疗设施与服务质量，包括医院和医生的证书或认证、成功率与声誉等，均是影响游客医疗旅游选择的重要因素。Ayoub (2018)的研究则揭示了医疗服务质量低下和医护人员专业能力不足对医疗旅游发展的制约作用。Ahmadimanesh 等人(2019)指出，目的国的吸引力主要源于其先进的医疗手段、优质的护理服务以及医生良好的声誉等因素。

医疗旅游成本方面。Connell(2006)的研究显示，经济自由化和私立医院的扩大使得进口技术和医疗产品的获取更为便捷，进而促进了医疗康养基础设施与系统的迅速发展，极大地提升了医疗服务的吸引力。Deloitte(2008)的研究揭示，若在美国能够确保治疗质量相当且节省 50% 的费用，将有高达 27% 的游客选择出国接受医疗服务。Woodman(2009)的研究表明，部分发达国家的患者因手术预约等待时间过长，为避免病情恶化，选择出国接受治疗，以节约时间成本。Yu 和 Ko(2012)的研究强调了成本因素在影响海外医疗旅行决策中的首要地位。Hartwell(2014)的研究指出，患者在选择医疗旅游目的地时，费用无疑是关键的影响因素之一。Zolfagharian 等(2018)的研究显示，国内医疗费用、患者隐私问题、医疗限制以及国外目的地愿望均为推动医疗旅游发展的重要因素。Arora(2019)的研究表明，入境医疗旅游发展的主要动力仍在于目的地国的低成本以及优质的医疗护理服务。Virani 等(2020)认为，国内医疗体系中的漫长等待时间、有限的服务范围及高昂的医疗费用已难以满足公民的医疗需求。Mishra(2021)提出，成本、质量、语言及旅行的便利性等因素共同构成了影响一个国家医疗旅游发展的核心要素。

国内学者对于医疗旅游影响因素的研究，主要涉及促进因素和阻碍因素两大方面。

从促进因素的角度来看，梁湘萍和甘巧林(2008)的研究显示，随着人口老龄化速度加快和"婴儿潮"的出现，由于劳动力成本高昂和短缺，难以满足日益增长的医疗需求，这为发展中国家提供了发展医疗旅游的机遇。宋玉芹和汪德根(2011)通过文献分析指出，经济、社会、技术、政策及资源等多个维度的因素共同支撑了医疗旅游产业的形成与发展。张维亚(2013)的研究则构建了医疗旅游满意模型，强调医疗旅游的期望、感受、体验等游客感知情绪对于医疗旅游策划营销的重要性，提示从业者应更多考虑游客的真实感受。詹丽等人(2014)的研究提到，政府的推动、丰富的产品、高质量的医疗旅游服务和低廉的价格同样对医疗旅游的发展起到了积极的推动作用。李萍等人(2015)深入剖析了医疗旅游发展的核心影响因素，发现医疗技术和配套医疗服务在其中扮演着举足轻重的角色。刘德浩和庞夏兰(2018)的研究从多个维度分析了促进医疗旅游发展的关键因素，包括政府的扶持政策、高水平的医疗服务能力、差异化产品策略与低价策略以及高品质的医疗旅游服务产品等，这些要素共同构成了医疗旅游发展的坚实基础。侯胜田等人(2019)深入探讨了我国出境医疗旅游需求的个体性差异，指出服务产品组合、价格梯度、网络机构宣传、配套服务口碑以及情感关爱等因素对于满足不同游客的医疗旅游需求具有关键作用。周璞等人(2020)针对非公立医疗机构发展入境医疗旅游提出了具体建议，认为应通过提升诊疗水平、采用国际化服务管理模式等举措来不断增强竞争力，从而吸引更多国际游客前来就医和旅游。曹洋(2020)的研究从政策、设施、利益相关者及品牌打造等方面提出了入境医疗旅游发展策略的建议，强调建立健全相关政策法规、加强配套设施建设、积极发挥利益相关者的作用以及打造具有吸引力的医疗旅游品牌对于推动入境医疗旅游的健康发展具有重要意义。

从阻碍因素的角度来看，宁德煌和刘娟(2013)的研究指出服务质量低、语言限制、政治政策的不稳定等，可能导致医疗旅游目的地的社会不稳定，从而对医疗旅游的发展产生不利影响。刘建国和张永敬(2016)的研究则更全面地考虑了经济、医疗旅游资源、旅游需求、服务水平、营销途径以及伦理道德风险等多方面的阻碍因素。单亚琴(2016)的研究指出，政策、伦理风险等因素在一定程度上阻碍了医疗旅游的发展。

对于医疗旅游的发展测度研究，国外学者们一致强调了构建和评估医疗旅游发展指标体系的重要性，并分析了影响医疗旅游发展的关键因素，为医疗旅游的研究和实践提供参考。

Yoon等人(2011)针对韩国医疗旅游发展的瓶颈,即医疗与旅游信息的可及性问题,构建了一套韩国医疗旅游服务指标体系,旨在推动韩国医疗旅游的蓬勃发展。Fetscherin(2016)提出了评价医疗旅游发展的指标体系,其主要指标从国家环境、旅游目的地、医疗旅游成本、设施和服务等方面对医疗旅游的发展进行评价。Junio等人(2017)通过重要性-绩效分析(IPA)发现,医疗旅游目的地的竞争力主要受到医疗服务质量、目的地属性以及旅游特定因素的影响。Moghavvemi等人(2017)对印度、马来西亚和泰国这三个具有竞争关系的国家的医疗旅游市场进行了深入调查,通过分析参与医疗旅游的51家私立医院的网站,构建出游客在医疗旅游时主要关注的指标体系,包括医院基本信息与设施、就医服务流程、在线服务、国际交流与合作以及技术项目等。Ghosh和Mandal(2019)的研究总结了医疗旅游发展的多方面指标,包括治疗质量、医疗服务质量、医疗旅游费用、医疗旅游基础设施、目的地吸引力、目的地文化以及交通便利性等。Chaulagain等人(2021)的研究构建了医疗旅游意向指标,从旅游资源禀赋、旅游设施和服务、医疗旅游成本、健康环境等方面进行测度。Taheri等人(2021)的研究显示,医疗旅游发展指数与感知价值及口碑之间存在显著的相关关系,其中,医疗旅游指数涵盖地域环境、旅游目的地要素、医疗旅游成本以及医疗服务质量等多个方面。

国内学者们从多个角度进行医疗旅游的发展测度研究,并构建了相关指标体系,为医疗旅游的持续健康发展提供了重要参考。

雷铭(2017)探讨了我国入境医疗旅游的发展要素,指出医疗技术与专家、政府支持力度以及服务质量等因素对于推动我国医疗旅游产业繁荣发展至关重要。白琦瑶(2018)初步构建了我国医疗旅游目的地的评价体系,并指出该评价体系应涵盖目的地环境、医疗旅游产品、医疗旅游设施、医疗旅游服务、医疗旅游资源、医疗旅游费用以及目的地管理水平等方面,为全面评价和优化医疗旅游目的地提供了重要参考。汤炎非和罗仲伟(2019)对医疗旅游产业发展指数进行研究,并指出医疗服务是重要的指标,其包含医疗机构数量、床位数量、卫生技术人员数量等,是衡量医疗机构提供医疗服务的能力的指标。李佳朋和李奇明(2020)对我国省际医疗旅游发展水平进行测度,其构建的主要指标包括医疗卫生服务、健康促进服务、健康环境等方面。严荣等(2022)构建了中国医疗旅游发展的评价指标体系,其主要从旅游接待、旅游资源、交通条件、医疗条件、旅游需求等方面进行测度。王化笛等人(2023)深入研究了我国健康产业和旅游业耦合协调度的时空演化特征,并进行了趋势预测,构建了涵盖医疗产业水平、产业基础、旅游服务设施等多维度的指标体系，旨在实现以产业耦合促进产业融合、以产业融合促进产业发展的目标，进而实现医疗旅游的高质量发展。耿松涛等人(2024)基于半结构化访谈与扎根理论，结合系统动力学的系统理论与计算机仿真模拟方法，进行概念整合，提炼出需求、供给、吸引力、支持及中介五个核心范畴，并在此基础上，将GDP总量、医疗旅游收入作为检验变量，选取27个主要指标变量模拟医疗产业与旅游产业融合发展的过程以及外部环境对医疗旅游发展的影响，深入分析了医疗旅游的发展路径，为医疗旅游的发展提供了理论指导和实践启示。

近年来，随着"丝绸之路经济带"和"西部大开发"的推进，新疆依托其独特的地理位置、丰富的医疗资源和深厚的文化底蕴，在医疗旅游领域展现出了显著的发展潜力和特色。古丽巴旦·托汗(2018)的研究明确指出，随着"一带一路"倡议的实施，作为"丝绸之路经济带"的焦点，新疆正成为医疗旅游的新高地。其研究基于"丝绸之路经济带"框架对新疆开发医疗旅游的内外部环境因素进行分析，并提出了应对策略，以期促进新疆医疗旅游的有序发展。李中凯(2019)的研究表明，新疆作为"丝绸之路经济带"核心区医疗服务中心，通过优化核心区及边境口岸地区医疗资源配置，以中医民族医药服务贸易发展为重点，探索建成"一核两翼"区域性医疗服务带，加快新疆医疗旅游的发展。

## 一、新疆医疗旅游发展现状

随着全球医疗技术的不断进步和人们对健康生活的日益追求，医疗旅游作为一种新兴的旅游方式，在全球范围内迅速崛起。近年来，随着政府的大力推动和政策的支持，新疆的医疗旅游产业逐渐兴起并取得了较快的发展。新疆拥有丰富的自然资源和独特的民族文化，这些优势为医疗旅游的发展提供了良好的基础。

新疆，是中国陆地面积最大的省级行政区，总面积约占全国陆地面积的六分之一，自然景观奇特，民族众多，有着"歌舞之乡""瓜果之乡""黄金玉石之邦"的美誉。新疆维吾尔自治区财政厅 2024 年 9 月发布的相关文章提及，新疆是全国自然资源、地貌等最丰富，自然景观最美丽的省区之一，拥有56种旅游资源基本类型，占全国旅游资源类型的83%，居全国首位。根据 2025 年 5 月中国网发布的消息，新疆 5A 级旅游景区已达 18 家，数量位居全国第三；A 级旅游景区达 776 家，位列全国第四。这些旅游资源为新疆发展医疗旅游奠定了基础。

新疆拥有三大特色医疗旅游资源。其一是埋沙疗法，简称“沙疗”，是目前国际健身治病潮流的新疗法，是将人身体的部分或全部埋在热沙中，利用沙的温热作用、磁性作用、矿物质渗透作用及沙粒的天然按摩作用等达到健体目的的一种多效自然理疗方法。沙疗是吐鲁番劳动人民充分利用独特自然条件养身的非药物疗法。早在唐代的医学著作中就有“西域埋沙热，除祛风寒诸疾”的记载。沙疗在吐鲁番市郊和鄯善库木塔格沙漠地区盛行，每年6月左右会有游客慕名而来。其二是温泉疗法。温泉疗法是利用天然温泉水的物理与化学的综合作用，达到养生目的的水疗法。新疆地热资源主要分布于阿尔泰山南坡、天山西段、昆仑山北部等。热气泉的活动强度从北向南逐渐增加，自西向东逐渐下降；从北向南分布密度逐渐增加，水温逐渐增高。著名的温泉有昌吉回族自治州吉木萨尔县的五彩湾古海温泉，博尔塔拉蒙古自治州温泉县的博格达尔温泉、鄂托克赛尔温泉、阿尔夏提温泉，阿勒泰福海县的阿拉善温泉，塔城和布克赛尔蒙古自治县的地热泉等。其三是食疗药膳疗法。食疗药膳是养身学的重要组成部分，以达到疾病防治、康复保健、养生延年的作用。新疆的自然环境造就了独特的饮食文化，逐渐受到广泛的关注。新疆常见的食疗药膳有茴香、恰玛古、骆驼奶、马奶制品等。

新疆自古以来是一个多民族聚居和多元文化融合的区域，民族医药是中华优秀传统文化的重要载体，凝聚着各族民众的健康养生理念和实践经验。新疆的民族医药包括中医药、维吾尔医药、哈萨克医药、蒙医药等，各具特色，历史悠久，以其独特的诊断手法和显著的疗效被用来医治各种疾病，对于辅助治疗糖尿病、肿瘤、骨折等有着显著疗效，其优点是成分天然，费用低。维吾尔医药在我国传统医学宝典中占据着不可替代的位置，《中国中医基础医学杂志》2012 年第 9 期发表的《浅论维族医药的传承、挖掘与发展》中提到，维吾尔医药已收入国家级药典的药品有 202 种，其中药材 115 种，成方制剂 87 种。维吾尔医药在治疗白癜风、性病、皮肤科、糖尿病及心血管疾病方面疗效显著。明朝年间，哈萨克族著名医学家乌太·波依达克编著哈萨克族的古代医学巨著《奇帕格尔巴彦》，其中记录了728种植物药、318种动物药、52种矿物药、8种珍贵药材、处方4577张等。长久以来，哈萨克医药被广大农牧区百姓接纳，对于防治地区常见病、多发病等起到了至关重要的作用，为边远山区的医疗卫生事业做出了重要贡献。新疆蒙古族的苏木[①]与乡同处一层区域规划，中华人民共

①苏木(佐领)是清代蒙古地区的一种行政和军事单位，是盟旗制度下的基层组织。

和国成立前，每个苏木有1—6名蒙医。蒙医针对严寒气候、民族生活习惯，逐渐形成了具有民族特色的医学理论和临床诊疗技术，在治疗骨伤、脑震荡、白血病、牛皮癣等方面具有优势。

新疆医疗旅游发展现状具体如下。

其一，新疆的地理位置独特，拥有丰富的自然资源和中草药资源，这为发展医疗旅游提供了得天独厚的条件。我国新疆与俄罗斯、哈萨克斯坦等八国接壤，并与周边国家语言相通，民俗相近，在开发医疗旅游方面有着天然的地缘和区位优势。天山山脉的壮丽雪景、阿尔泰山的原始森林、喀纳斯湖的神秘美景、吐鲁番的沙漠以及遍布全疆的温泉资源，都为游客提供了丰富的医疗、康养选择。这些自然资源有助于游客放松身心，游客还能通过自然疗法如温泉浴、森林浴等，达到养身的目的。并且，许多医疗机构和旅游企业开始结合中草药的特色，推出了一系列具有地方特色的医疗旅游产品。例如，一些旅游线路专门安排游客参观中草药种植基地，为游客介绍中草药的种植和加工过程，同时提供中草药养生保健服务。

其二，新疆充分利用其丰富的民族文化资源，将医疗旅游与民族文化相结合，进一步增强了旅游的吸引力。新疆各民族在长期的历史发展过程中，形成了独特的医疗养生理念和传统疗法。例如，维吾尔族的草药疗法、哈萨克族的放血疗法等，这些传统疗法在当地有着深厚的群众基础，也为新疆医疗旅游增添了独特的文化魅力。许多医疗机构和旅游企业看到了这一潜力，纷纷推出了具有民族特色的康复疗养项目。这些项目不仅为游客提供了独特的医疗体验，还帮助游客深入了解和感受新疆的民族文化，从而拓展了旅游的深度和广度。通过这种方式，新疆成功地将医疗旅游与民族文化相结合，为游客提供了一种全新的旅游体验。

其三，新疆的医疗设施和技术水平也在不断地提升。近年来，新疆在医疗卫生领域取得了显著的成就。随着医疗技术的不断进步和医疗服务的不断完善，新疆的医疗资源逐步优化，医疗条件得到了显著改善。目前，新疆已经拥有多家三级甲等医院和二级甲等医院，这些医院的医疗服务水平不断提高，为当地居民和游客提供了更加优质的医疗服务。新疆主要医疗项目包括治疗高血压、风湿病、肾病、结石等疾病的项目，以及以针灸、推拿、拔罐和水疗为主的养生保健项目。但新疆的医疗旅游项目相较中东部地区经济发达省份起步较晚。当前开展医疗旅游主要集中在医疗设备和技术较为先进的新疆医科大学第一附属医院、新疆医科大学附属肿瘤医院、新疆维吾尔自治区中医医院、新疆维吾尔自治区维吾尔医医院等公立医疗机构,对外延伸的成熟项目屈指可数。可见,新疆医疗旅游市场发展前景广阔,但对传统中医药、各地天然养身资源利用不够充分,与国际医疗服务标准之间存在差距。

其四,政府加大了对医疗基础设施的投入,引进了先进的医疗设备和技术,提高了医疗服务的质量和效率。这些举措不仅为当地居民带来了便利,也为游客提供了更加优质的医疗服务。许多医院和诊所开始提供国际化的医疗服务,吸引了国内外大量游客前来就医和疗养。这些国际化的医疗服务包括多语种的医疗服务、国际医疗保险的对接以及专门的国际医疗部门等,大幅提升了新疆医疗服务的国际化水平。通过这些努力,新疆正逐步成为医疗旅游的热门目的地,为更多人提供高质量的医疗服务。

其五,新疆的住宿和餐饮设施种类繁多,能够满足来自世界各地的游客的不同需求。新疆的住宿选择可谓应有尽有,包括高端豪华的酒店、经济实惠的客栈、具有地方特色的民宿、野外露营基地等。游客可以根据自己的喜好和预算,轻松找到合适的住宿地点。新疆的餐饮业也独具魅力,丰富多样的民族美食和独特的饮食文化吸引了无数游客前来品尝。这些完善的住宿和餐饮设施,为新疆医疗旅游的发展提供了坚实的基础和良好的配套服务。同时,随着医疗旅游的蓬勃发展,新疆的医疗旅游服务设施也在逐步健全。越来越多的医疗机构开始涉足医疗旅游领域,提供一系列专门的医疗旅游服务。这些服务包括全面的体检、专业的康复治疗、舒适的疗养服务等多个方面,能够满足游客在医疗旅游过程中的各种需求。此外,新疆还特别注重对医疗旅游服务人员的培训和管理,不断提升他们的专业技能和服务水平,以确保游客能够享受到高质量的医疗服务和温馨周到的照顾。

综上所述,新疆的医疗旅游呈现出良好的发展势头,但也需要进一步加强宣传推广、提高服务质量,以实现更大的发展。未来,随着政府的持续支持和行业的不断努力,新疆的医疗旅游产业有望迎来更加广阔的发展前景。

## 二、新疆医疗旅游发展存在的问题

新疆在医疗旅游发展方面面临着一些挑战,这些问题在一定程度上限制了该产业的发展潜力。

### (一)医疗资源分布不均衡

新疆地域广阔,然而在医疗资源的分配上却存在着明显的不平衡。尽管近年来新疆在医疗卫生领域取得了令人瞩目的进展和成就，但优质医疗资源依然主要集中在乌鲁木齐等大城市，农村和偏远地区则面临着医疗资源相对匮乏的困境。这种医疗资源分布不均衡的现象，不仅对当地居民的医疗需求造成了不利影响，还严重制约了新疆医疗旅游产业的发展。当游客在选择医疗旅游目的地时，他们往往会优先考虑那些医疗资源丰富、医疗设施完善的地区，而那些偏远地区则难以吸引游客前来，从而错失了发展医疗旅游的良机。

（二）医疗旅游服务标准不一

目前，新疆不同医疗机构和旅游企业所提供的服务质量存在较大的差异。一些医疗机构和旅游企业为了吸引更多的游客，可能会采取夸大宣传或提供虚假信息的手段，这无疑会大大降低游客对医疗旅游服务的信任度。此外，由于医疗旅游服务涉及医疗和旅游两个不同的领域，这就需要两个产业之间进行紧密的合作和协调，然而，目前这种合作机制尚不完善，这也对医疗旅游服务的质量和效率产生了负面影响。

（三）跨领域专业人才短缺问题尤为突出

推动医疗旅游的发展需要依靠既精通医疗专业知识又熟悉旅游市场运作的专业人才，然而，目前新疆在这方面的人才储备相对匮乏，难以满足日益增长的市场需求。具体来说，医疗领域的专业人才往往对旅游市场的运作机制和客户需求缺乏深入了解，这导致他们在有效结合医疗服务与旅游体验方面遇到了一定的困难。旅游领域的人才虽然对市场运作较为熟悉，但往往缺乏必要的医疗知识，难以提供专业的医疗旅游服务。跨领域专业人才的短缺，不仅限制了新疆医疗旅游的发展和创新，也使得新疆难以在激烈的市场竞争中脱颖而出。因此，加强跨领域专业人才的培养和引进，成为新疆医疗旅游发展亟待解决的重要问题。

（四）国际医疗旅游市场开拓力度明显不足

新疆作为“丝绸之路经济带”核心区，虽拥有得天独厚的地理优势和独特的医疗旅游资源，但在吸引国际游客和拓展国际市场方面仍面临诸多挑战。首先，新疆对国际医疗旅游市场的认知还不够深入，缺乏针对性的营销策略和有效的推广手段，这导致新疆在国际医疗旅游市场上的知名度较低、影响力较弱。其次，由于语言、文化、法律等方面的差异，新疆在吸引国际游客方面面临诸多阻碍和挑战，这些差异使得新疆在提供医疗服务时难以满足国际游客的需求，进而影响了新疆医疗旅游在国际市场上的竞争力。最后，新疆在国际医

疗旅游市场上的宣传和推广力度不够,缺乏有力的国际合作伙伴和有效的营销渠道,这也限制了新疆医疗旅游业务的进一步发展。因此,新疆需要加大国际医疗旅游市场的开拓力度,提升自身在国际医疗旅游市场上的竞争力和影响力。

### (五)法律法规体系尚不完善

医疗旅游作为一种新兴的旅游方式,其配套法律法规仍有待健全。目前,新疆在医疗旅游方面的法律法规主要参照传统医疗和旅游产业的法律法规进行制定和执行,但医疗旅游具有其特殊性和复杂性,需要更加完善的法律法规体系来规范和保障其发展。例如,医疗旅游过程中出现的医疗纠纷、旅游事故等问题的处理和赔偿等方面缺乏明确的法律规定和操作流程。此外,医疗旅游涉及的隐私保护、数据安全、跨境医疗合作等方面也需要更加详细和具体的法律法规来加以规范。只有建立健全的法律法规体系,才能为医疗旅游提供更加有力的法律保障,促进其健康有序地发展。

综上所述,新疆医疗旅游发展存在的问题是多方面的,需要政府、医疗机构、旅游企业和社会各界的共同努力,才能推动新疆医疗旅游产业的健康发展。政府应出台更多支持政策,优化医疗资源分布,加强基础设施建设,加大医疗旅游的宣传力度,完善相关政策法规,建立健全行业标准和监管机制,以促进新疆医疗旅游产业的健康发展。

## 三、新疆医疗旅游发展对策与建议

### (一)深入挖掘与整合医疗资源,以推动医疗旅游产业的发展

新疆蕴藏着丰富的民族医学资源,包括维吾尔医学、哈萨克医学和蒙医学等多种传统医学体系。为了充分利用这些宝贵的医学资源,我们应当深入挖掘各民族医药的优势和特色。例如,维吾尔医药在治疗皮肤病和风湿病方面具有显著疗效,哈萨克医药在草药治疗方面有着丰富的经验,蒙医药则在骨伤治疗和针灸方面有独到之处。可以将这些传统医学与现代医疗技术相结合,开发出具有新疆特色的医疗旅游产品。这些产品不仅能够吸引国内外游客前来体验,还能为当地医疗旅游业带来新的发展机遇。

要想提供更优质的医疗旅游服务,新疆各大医院应当加强合作,整合各自的医疗资源,形成一个覆盖全疆的医疗旅游服务网络。通过这个网络,游客可以享受到全方位的医疗服务,包括但不限于疾病治疗、健康体检、康复疗养等。

此外,加强与周边国家的医疗合作也是至关重要的。共同开发医疗旅游市场,不仅可以拓展新疆医疗旅游的国际影响力,还能促进区域间的经济文化交流,开创互利共赢的合作局面。

(二)提高医疗旅游服务质量

要想进一步提高医疗旅游服务质量,需要从多个方面入手。

加强医疗人才队伍建设是至关重要的。应加大对医疗人才的培养和引进力度,通过提供更多的培训机会和优厚的待遇,吸引更多的优秀医疗人才。同时,应注重提高现有医疗人员的专业素养和服务水平,定期组织各种专业培训和学术交流活动,确保他们能够掌握最新的医疗技术和知识。加强对医疗旅游从业人员的培训也是提升服务质量的关键环节。应定期举办各类培训课程,提升医疗旅游从业人员的专业素养和服务意识,使他们能够更好地了解游客的需求,提供更加贴心和周到的服务。实施这些措施旨在培养出一支高素质的医疗旅游服务团队,为游客提供更加专业和人性化的服务。

应加大对相关设施的投资力度,进一步完善医疗旅游服务设施体系。例如,可以投资建设高端医疗旅游度假村和医疗旅游康复中心等设施,为游客提供一个舒适、便捷的医疗旅游服务环境。这些设施将配备先进的医疗设备和专业的医疗团队,确保游客在享受优质医疗服务的同时,也能享受到优美的自然环境和舒适的住宿条件。

(三)加强宣传推广与市场营销,提升新疆医疗旅游的知名度和影响力

在当前国内外市场竞争日益激烈的背景下,新疆应当采取积极措施,准确定位市场需求,充分利用自身在特殊自然条件、中医民族医药资源等方面所具备的独特优势。具体而言,新疆可以制定医疗旅游功能区划,通过科学规划和合理布局,将观光休闲、中医医疗、养生保健、康复疗养等多种功能有机结合,形成具有新疆特色的医疗旅游产业。在此基础上,新疆还应致力于开发一系列精品医疗旅游产品,以进一步丰富和扩展新疆旅游产品体系,增强区域特色。加强中医民族医文化的传承和开发也是至关重要的。新疆可以通过举办各类文化活动、建立中医民族医药博物馆、开展中医药养生讲座等方式,让更多人了解和体验中医民族医药的独特魅力。通过这些举措,新疆不仅能够提升其在国内外旅游市场的竞争力,还能有效推动当地经济的发展。打造出具有自身特色的差异化医疗旅游品牌,有助于新疆在激烈的市场竞争中脱颖而

出,吸引更多国内外游客前来体验和消费。这不仅有助于提升新疆的知名度和影响力,还将为当地居民创造更多的就业机会和经济收益,实现旅游业的可持续发展。

要想进一步提升新疆医疗旅游的知名度和影响力,需要加大宣传推广的力度。可以通过各种渠道,如电视、广播、报纸等传统媒体,以及社交媒体等新媒体平台,广泛发布有关新疆医疗旅游的信息,吸引潜在游客的关注,增进他们对新疆医疗旅游的优势和特色服务的了解。可以利用各种线上线下的宣传活动,如举办医疗旅游展览会、组织旅游推介活动等,进一步扩大新疆医疗旅游的影响力,通过这些活动,医疗相关人员可以直接与潜在游客进行互动,解答他们的疑问,提供详细的信息,从而增强他们对新疆医疗旅游的信任和兴趣。

在市场营销方面,需要根据不同目标市场的特点和需求,开展有针对性的市场营销活动。例如,针对来自周边国家的游客,可以推出具有特色的医疗旅游线路和产品。可整合目的地的医疗资源与旅游资源,提供集医疗服务、旅游观光、休闲度假于一体的全流程医疗旅游服务,满足游客的医疗需求和旅游需求。此外,还可以与国内外的旅游机构和医疗机构合作,共同开发和推广新疆医疗旅游产品。可以借助合作伙伴的资源和渠道,扩大新疆医疗旅游的市场覆盖范围,吸引更多国内外游客前来体验。

### (四)全面强化政策支持与保障体系

要想推动新疆在"丝绸之路经济带"框架下发展国际医疗旅游,需要明确新疆的战略定位、战略目标、战略重点、战略任务、总体部署和实施路径。要对全区的医疗旅游资源进行全面的盘点,以便更好地整合各地的医疗旅游精品线路。通过这种方式,实现各地区优势资源的协作互补,避免资源浪费,提高资源利用效率。应加快制定新疆医疗旅游发展规划。为了确保规划的全面性和实用性,应与卫生、外事、医院、旅行社、驻周边国家办事处等相关部门和机构进行深入合作。通过这种跨部门的合作,形成医疗旅游指导意见,为新疆的医疗旅游发展提供政策支持。此外,还应配合出台相应的政策支持,建立健康医疗旅游规范。这些规范将严格控制医疗机构及中介的准入门槛,确保国际患者的医疗质量与医疗安全。通过这种方式,新疆可以形成具有竞争力的医疗旅游项目,吸引更多国际游客前来接受医疗服务。研究制定符合国际医疗旅游发展要求的战略规划,能为新疆的医疗旅游发展提供明确的方向和有力的支持,推动新疆在"丝绸之路经济带"框架下实现国际医疗旅游的快速发展。

在制定优惠政策方面,政府应充分考虑医疗旅游企业的实际需求和困境。政府可以通过税收优惠措施,如降低税率、延长税收减免期限等,切实减轻医疗旅游企业的税收负担。同时,政府还可以设立专项资金,为医疗旅游企业提供资金扶持,包括贷款贴息、项目补贴等,帮助医疗旅游企业解决资金短缺问题,提升市场竞争力。

为了营造公平、公正、透明的市场环境,政府还需完善医疗旅游相关的法律法规体系。这包括制定明确的行业标准和规范,明确医疗旅游企业的服务内容和质量要求以及游客的权益保障措施。同时,政府应加大对医疗旅游市场的监管力度,建立健全的市场监管机制,对违法违规行为进行严厉打击,维护市场正常秩序。

在强化政策支持与保障体系的过程中,政府还需注重与医疗旅游企业的沟通与合作。通过定期召开座谈会、听取医疗旅游企业意见和建议等方式,了解医疗旅游企业的实际需求和发展困境,为制定更加精准、有效的政策提供依据。同时,政府还可以积极搭建平台,促进医疗旅游企业之间的交流与合作,共同推动产业的发展和升级。

综上所述,政府应从税收优惠、资金扶持、法律法规完善、市场监管以及企业沟通与合作等多个方面出发,全面强化政策支持与保障体系,为医疗旅游产业的健康发展提供有力保障。

#### (五)推动医疗旅游与文化旅游融合发展

新疆蕴藏着丰富的文化旅游资源,其中包括举世闻名的"丝绸之路"文化遗产以及多姿多彩的民族风情。新疆应充分利用这些宝贵的资源,积极探索将医疗旅游与文化旅游相结合的新路径,从而打造出具有新疆特色的医疗文化旅游产品。这不仅能够提升新疆的旅游吸引力,还能为游客提供更为全面和多元化的旅游体验。

推动医疗旅游与文化旅游的深度融合,可以采取多种创新措施。其一,可以定期举办医疗文化旅游节庆活动,通过丰富多彩的文化表演和医疗健康讲座,吸引更多的游客前来参与。其二,可以精心设计和打造一系列医疗文化旅游精品线路,将新疆的自然风光、历史遗迹和现代医疗设施有机地串联起来,为游客提供一站式的旅游服务。

加强医疗文化旅游产品的创新和研发力度也是至关重要的。可以通过与

医疗专家和旅游规划师合作,开发出更多具有创新性和实用性的医疗文化旅游产品。例如,可以推出结合传统中医养生理念和现代医疗技术的健康养生旅游套餐,或者为游客提供个性化的健康管理服务。这些措施能够显著提高医疗文化旅游产品的吸引力和竞争力,从而推动新疆医疗旅游持续发展。

综上所述,新疆医疗旅游的发展需要政府、企业和社会各界的共同努力和支持。深入挖掘与整合医疗资源、提高医疗旅游服务质量、加强宣传推广与市场营销、全面强化政策支持与保障体系以及推动医疗旅游与文化旅游融合发展等措施的实施,可以推动新疆医疗旅游的快速发展和转型升级。

## 第四节　乡村旅游

关于乡村旅游的概念界定,国内外尚未形成统一的认识。国际组织对乡村旅游的定义强调旅游活动的目的地是乡村地区。例如,经济合作与发展组织(OECD)1994年将乡村旅游定义为发生在乡村地区的旅游活动,强调乡村性(Rurality)是其核心和独特卖点。联合国旅游组织(UN Tourism)1997年将乡村旅游定义为发生在乡村的旅游活动。国外相关研究中较具代表性的观点如Bernard (1994)指出乡村旅游包括在乡村进行的旅游行为,是一种多层次、综合性的旅游活动。Blancas (2011)强调乡村旅游与城市旅游的主要不同之处在于乡村旅游是一种多元化的旅游活动,能够有效满足游客观光游玩、休闲体验等不同需求。国内相关研究中较具代表性的观点如赵承华(2007)指出乡村旅游是为满足城市游客休闲体验需求,利用乡村地区田园风光、人文习俗等旅游资源优势发展的旅游活动。于永福、刘峰(2017)认为乡村旅游的概念应从狭义和广义两个层面来解释,从狭义上讲,乡村旅游是指乡村地区以自然景点、农事体验、乡村文化等为旅游资源,为游客提供游玩、度假以及体验的活动方式;从广义上讲,乡村旅游是在乡村地区进行的多元化旅游。夏倩(2023)认为乡村旅游是将乡村的自然风光、人文底蕴、农耕生活、风土人情等与旅游相结合的一种活动。朱晓荣、刘洪利(2023)认为乡村旅游是指以农村自然、人文景观和乡土文化为主要资源,以休闲、度假、观光和体验为主的旅游方式,而且乡村旅游并不局限于乡村,涵盖了乡村风貌区、新农村建设区、城乡接合部古村落等。本研究认为乡村旅游是指在乡村地区开展的,以休闲、度假、观光和体验为主的让人身心愉悦的旅游活动。

关于乡村旅游的特点,金卫东(2023)认为,乡村旅游资源丰富,覆盖面广,乡村旅游发展模式还在初步发掘，文化积淀厚重，未来市场可观。孙园园(2023)的研究显示，东北三省的乡村旅游重点村的空间分布不均，总的来说是西多东少，南密北疏，西、南多于东、北。这种差异受到经济环境、地理位置和自然资源的影响。刘敬允(2024)认为乡村旅游的特点是可持续发展和产业融合，并具有鲜明的地域特色。

关于乡村旅游的类型，陈珊珊和王成超(2021)提出，根据侧重点的不同，如自然风光、果树、庄稼、园林等，可将乡村旅游进一步细分为多种类别。骆高远(2021)将乡村旅游分为休闲观光型、务农活动型、体验型和综合型四种。洪学婷(2021)指出，乡村旅游的形式多种多样，在地域上可分为与城镇接壤的乡村以及与城镇相距较远的乡村。赵珊(2023)提出，根据侧重点的不同，如悠久的历史、丰富多彩的农事活动、浓郁的红色文化等，可以将乡村旅游细分为不同的类别。

关于乡村旅游的发展作用，唐健雄(2010)指出，乡村旅游能有效减轻农民的生活压力，有效解决农民就业问题。兀婷(2022)认为在数字乡村背景下，随着乡村旅游需求的不断扩大，乡村旅游的发展将会带动高质量的制造业、农业和服务业的发展，产业结构的优化将会使更多的游客走进乡村，带动乡村发展。张锋锋(2023)以浙江省温州市苍南县为主要研究对象，不仅从苍南县乡村旅游发展中的政策扶持、规划引导、发展环境、品牌营销等方面分析了政府的作用，还就苍南县在乡村旅游产业发展中存在的不足之处进行了探讨，同时，借鉴了国内外地方政府在发展乡村旅游方面的经验，对苍南县乡村旅游的发展进行了深入研究。姜涛(2024)认为乡村旅游可以带动当地经济发展，同时，经济发展也将推动乡村旅游的发展与壮大。

关于乡村旅游的发展策略，刘娜(2017)的研究显示，我国乡村旅游业的发展正在日趋成熟，人们越来越重视乡村田园的自然风光，而新型发展模式也成为当今社会的一种潮流。夏正超(2020)认为，产业整合能够促进农村的可持续发展。华剑英等(2022)的调研显示，政府应大力投入资金，逐步美化乡村文化环境，打造乡村旅游品牌形象，推动乡村旅游的发展。梁海龙等(2023)以张兰镇为研究对象，提出张兰镇乡村旅游应以政府、开发商和当地居民为主体，政府应该保持时刻关注、加强引导，并给予大力支持；开发商应积极引入人才和资金，充分利用好资源；当地居民应积极参与建设，共同推动发展。杜仲莹(2024)的研究以昆明市为例，认为要想激活市场经营主体参与乡村旅游投资、建设和运营管理的积极性，需要着力解决文旅融合发展中存在的土地要素、资

金筹集、人才保障等方面的瓶颈，切实为企业解除后顾之忧，推动昆明市“乡村旅游＋康养”融合发展。徐群峰(2024)以泰安市岱岳区乡村旅游发展现状为例，发现当地政府对岱岳区乡村旅游项目建设高度关注并积极推动，齐心协力扶贫增收，促使乡村旅游总体上呈现稳中有升的发展态势。杨胜(2024)以贵州乡村旅游为例，调查发现贵州乡村存在基础设施薄弱、乡村旅游景点同质化程度高、乡村旅游服务质量有待提高等一系列问题。王萍(2024)以宁夏乡村旅游为例，认为尽管宁夏乡村旅游发展取得了成效，但仍然存在一系列问题，如政府扶持力度不够、管理机制不健全、专业人才缺乏、生态环境脆弱等。为准确了解数字经济赋能乡村振兴的现状，唐红星(2023)设计了问卷量表，通过文献调查和实地调研，发现乡村旅游目前存在同质化严重、基础设施不健全、旅游营销人才短缺等问题。李美霖等(2023)认为，为适应当今时代发展趋势和消费者需求，提升旅游业的竞争力，实现可持续高质量发展，应积极探索数字化转型路径。唐红星(2023)认为，可以通过数字经济赋能乡村振兴，具体而言，政府可以开发特色旅游产品和服务，并与当地的优势相结合，提高产品质量和服务质量，从而实现乡村旅游经营、宣传模式的转变。张梦婷(2023)以江西乡村旅游为研究对象，分析了现有问题并提出要注重乡村旅游产品创新、挖掘本土特色，开发乡村旅游智慧服务平台、加强信息化建设，重视乡村旅游人才培养与引进、夯实人才基础等措施。邓芳(2024)认为要发挥行业协会的作用，保护传统村落的生态环境，融合发展乡村红色文化；要发展乡村旅游夜经济，打造乡村文旅产品，完善乡村基础设施建设，培育乡村旅游人才等。郭艳(2024)认为，在完善乡村旅游规划方面，应大力提供政策支持；大力引进科技旅游项目，完善乡村基础设施；创新乡村旅游产品，积极发挥现代科技的作用。王柳杰(2024)以洛阳乡村旅游现状为研究对象，提出了要加大监管力度，提升景点管理水平；因地制宜，发展特色旅游；灵活运用新媒体，加大宣传推广力度；培养、引进人才，加强专业化人才队伍建设。袁丽霞(2024)以岭南地区槎塘村为例，提出要通过政策保护和产业创新来促进特色文化村的发展。杜宇(2024)以河南为例，对河南乡村旅游存在的一系列问题进行了剖析，并就完善乡村旅游智慧化平台建设、打造品牌特色、丰富旅游产品、培育乡村旅游专业人才等方面提出了建议。

乡村振兴战略作为重要的国家战略，成为解决“三农”问题的重要抓手，为我国城镇化发展指明了方向。其中，产业兴旺是乡村振兴的重要基石，乡村经济振兴成为实现乡村振兴的首要条件。随着乡村旅游效应愈发显著，利用乡村旅游促进乡村振兴成为各地区乡村发展的重要选择。2004年至2025年，中共中央连续二十二年以“三农”为核心主题发布中央一号文件。截至2025年，中共中央、国务院已经累计发布27份专注于“三农”议题的“中央一号文件”。2018年9月，中共中央、国务院印发了《乡村振兴战略规划(2018—2022)》，指出“分类推进乡村振兴”，“合理利用村庄特色资源，发展乡村旅游和特色产业”。因此，乡村旅游将成为推动乡村经济振兴的重要影响因素。



## 一、新疆乡村旅游发展现状

新疆是我国陆地面积最大的省级行政区，随着共建“一带一路”深入推进，新疆不再是边远地带，而是一个核心区、一个枢纽地带。2023年国民经济和社会发展统计公报相关数据显示，2023年新疆乡村人口总数为1059万人，新疆常住人口总数为2598万人，乡村人口占比约为40.76%，乡村人口基数仍旧比较大。受到地理区位、社情民情、历史原因等不同影响因素的制约，新疆乡村经济发展相对落后，贫困问题较为突出，是我国乡村振兴的“主战场”之一。新疆地区的脱贫攻坚和乡村振兴对于国家政治稳定、经济发展、边疆巩固、民族团结等方面都具有重大意义。随着旅游产业效用的凸显，乡村旅游作为乡村地区脱贫的新动能，是推动新疆乡村地区经济发展的新型模式。乡村旅游是新疆未来乡村发展的重点工程之一，乡村地区可以通过建立乡村旅游示范区、提升改造乡村旅游基础设施、加强乡村产业融合等方式，以乡村旅游推动新疆乡村振兴。同时，乡村旅游是新疆实现脱贫攻坚和乡村振兴的新方向，可以通过加强乡村旅游目的地基础设施建设，有效改善乡村人居环境，实现新疆乡村旅游提质增效的目标。在发展新疆乡村旅游时，应合理利用和整合乡村地区各项资源，有效发挥新疆乡村地区独有的自然和人文资源与环境优势，将其转化为区域经济优势，进一步拓宽农牧民增收渠道，促进农业转型，为乡村地区创造新的经济活力，最终实现乡村经济振兴。因此，新疆应通过大力扶持、宣传和规范乡村旅游发展，促使南北疆乡村旅游多元化、特色化发展，进一步发挥乡村旅游对乡村产业的关联效应，拓宽产业发展渠道，带动各地区经济发展，从而实现乡村经济振兴。

随着乡村旅游盛行，新疆乡村旅游模式呈现多元化发展，应促进乡村地区打造差异化旅游发展模式，使旅游业成为乡村经济振兴的新方向。新疆乡村旅游景点以天山天池、喀纳斯、喀什古城等5A级旅游景区为核心，促进乡村旅游景点周边地区的农牧民参与旅游服务和接待，带动周边乡村地区旅游住宿、旅游商品销售、餐饮购物等配套产业的发展。新疆是多民族聚居的地区，各民族独具特色的风俗、节日、服装、文化等为乡村旅游发展提供了丰富的资源。当地依托多元民俗风情，打造了吐鲁番坎儿井民俗园、天山天池哈萨克民俗风情园、西山民俗风情园等旅游景点，创新乡村旅游发展模式，带动了周边地区乡村经济发展。

新疆乡村旅游始于农家乐，截至2021年，全疆有农(牧)家乐超8000家、星级近2000家，形成多元产品体系。2013年昌吉成立农家乐协会，推动规范化发展。近年民宿等新业态崛起，截至2024年末全疆旅游民宿达6800余家，床位约11万张，多由农家院落升级而来，融入民族文化元素。农家乐与民宿互补，助力乡村旅游高质量发展。在乡村旅游专项资金投入方面，2022—2024年，自治区财政投入全区文化和旅游方面的资金累计286.92亿元。其中，2022年为85.39亿元；2023年为90.91亿元，比上年增长约6.46%；2024年为110.62亿元，比上年增长约21.68%。虽然这些资金并非全部用于乡村旅游，但为乡村旅游发展提供了有力支持。2024年，阿勒泰地区安排3.41亿元中央衔接资金推进乡村振兴，其中，用于草原畜牧业转型、乡村旅游等产业发展的补助资金约占中央衔接资金的67.22%。疏附县中国新疆民族乐器村提升改造项目在2024年投入援疆资金1500万元用于乡村旅游相关建设。

随着乡村旅游政策的持续引导，依托现有旅游景点、风情旅游小镇、休闲农业等乡村旅游资源，新疆特色民宿产业蓬勃发展起来。各地(市、州)积极出台政策，实施相关措施，大力发展特色民宿产业，高薪引进旅游管理类人才，促使中高端管理人才开始向乡村地区聚集，显著提升了新疆民宿产业的数量和质量。2020年，新疆维吾尔自治区文化和旅游厅与携程共同合作，建设新疆文旅创新中心，运用携程旗下途家民宿的产业体系，结合新疆民宿发展现状，全新打造10多家新疆精品民宿品牌，形成优质的智慧民宿发展业态，促进新疆住宿业智能化、集成化发展。携程利用民宿品牌管理经验发展新疆民宿产业，打响新疆民宿品牌知名度，规范民宿经营管理水平，进一步促进新疆乡村旅游产业提质增效。

如今，新疆乡村旅游已从初期单一、小规模、资本投入较低的农家乐模式，逐步发展为满足游客“吃、住、行、游、购、娱”多方面需求的产业集群。乡村旅游产业的不断开发与创新发展，形成了良好的产业集聚效应，带动了乡村经济振兴。目前，新疆各地(市、州)开发集观光度假、休闲娱乐、考察学习等于一体的乡村旅游产业，旅游产业的服务质量也逐步提高，旅游企业依据游客不同的需求偏好，为游客提供丰富多彩的乡村生活体验与优质的旅游产品和服务，满足游客的旅游功能需求和情感需求。新疆各地（市、州）通过优化农业产业配置和发展现代化农业，加速农业与旅游业、康养业等不同产业的融合，促进农业现代化发展。蓬勃发展的乡村旅游不仅拓宽了农民就业创业渠道，优化了乡村产业结构，更为巩固脱贫成果、实现共同富裕创造了新机遇。

## 二、新疆乡村旅游发展存在的问题

新疆乡村旅游发展存在的问题主要包括以下几个方面。

### （一）新疆的基础设施建设相对滞后

这在很大程度上制约了乡村旅游的发展。新疆地域辽阔，许多乡村旅游景点的交通、住宿和卫生等方面的设施尚未完善，导致游客在旅游过程中面临诸多不便。道路狭窄、公共交通不发达、住宿条件简陋等问题，严重影响了游客的体验和乡村旅游的整体形象。例如，一些偏远地区景点交通极为不便，游客需要花费大量时间在路途上，这不仅降低了旅游的效率，也增加了游客的疲劳感。

具体来说，新疆的许多乡村旅游景点缺乏现代化的交通设施，道路狭窄且维护不善，公共交通服务也不够发达，这使得游客在前往景点的过程中常常遇到交通拥堵和延误的情况。此外，住宿设施往往较为简陋，缺乏必要的舒适性和便利性，无法满足游客的基本需求。这些问题影响了游客的旅游体验，使得乡村旅游景点难以吸引更多的游客。

在卫生设施方面，许多景点的公共卫生间、垃圾处理等方面的基础设施不完善，导致环境卫生问题突出，影响了游客的舒适度。这些问题的存在，使得游客在旅游过程中感到不便，甚至产生负面印象，从而影响了乡村旅游的整体形象和长远发展。

要想提升新疆乡村旅游的吸引力和竞争力，需要加快基础设施建设，改善交通、住宿和卫生等方面的设施条件，为游客提供更加便捷、舒适和安全的旅游环境。只有这样，才能真正推动新疆乡村旅游可持续发展，吸引更多游客前来体验新疆的美丽风光和独特文化。

### （二）旅游产品同质化现象严重

这是一个不容忽视的问题。许多乡村旅游景点在开发过程中，往往忽视了独特性和创新性的重要性，导致提供的旅游产品和服务大同小异，难以满足不同游客的多样化需求。这种同质化现象不仅降低了游客的满意度,还造成了恶性竞争,影响了整个产业的健康发展。例如,许多景点都推出了类似的农家乐体验,缺乏特色项目和文化内涵,使得游客难以找到真正吸引他们的亮点。此外,一些景点在活动设计上缺乏创新,仅仅依靠传统的民俗表演和手工艺品销售,无法充分展示当地的文化特色和资源优势。这种现象不仅使得游客在选择旅游目的地时感到困惑,也使得旅游产品的市场竞争力大大降低。因此,为了提升旅游产品的吸引力和竞争力,旅游景点需要在开发过程中注重独特性和创新性,充分挖掘和展示当地的文化特色和资源优势,提供多样化的旅游产品和服务,以满足不同游客的需求。

(三)旅游宣传推广力度不够

新疆乡村旅游景点的知名度相对较低,缺乏有效的宣传推广手段。许多优质的旅游资源未能得到充分挖掘和展示,导致潜在游客对这些景点的认知不足,进而影响了游客的到访率。例如,一些能够展现独特自然风光和民族文化的景点,由于缺乏有效的宣传,往往被外界忽视,难以吸引更多的游客前来体验。此外,一些景点的宣传材料和网络信息更新不够及时,使得游客无法获取最新的旅游信息,进而影响了他们的出行决策。

(四)旅游人才短缺

乡村旅游的发展需要具备专业知识和技能的人才作为支撑,但目前新疆许多乡村旅游景点缺乏专业的管理人员和服务人员。人才短缺不仅影响了旅游服务的质量,还制约了旅游产品的创新和升级。例如,一些景点的服务人员缺乏基本的外语沟通能力,无法满足国际游客的需求,导致潜在的国际市场份额无法得到有效开发。此外,一些景点在旅游规划和管理方面缺乏专业人才,使得旅游项目的开发和运营效率低下,影响了整个景点的可持续发展。

(五)环境保护意识有待加强

一些乡村旅游景点在开发过程中忽视了环境保护,导致生态环境遭到破坏。垃圾处理不当、水资源污染等问题不仅影响了游客的体验,还对当地的自然环境造成了长期的负面影响。例如,一些景点在游客高峰期未能妥善处理垃圾,导致景区内垃圾堆积,严重影响了游客的体验和景区的可持续发展。此外,一些景点被过度商业化开发,原有的自然景观和生态环境被破坏,使得游客无法体验到真正的乡村风情和自然美景。要想改善这一状况,旅游景区需要加强环境保护意识,采取有效措施保护生态环境,如合理规划游客流量、加强垃圾处理和污水处理设施的建设，确保旅游开发与环境保护相协调，让游客在享受乡村旅游的同时，也能感受到大自然的美丽与宁静。



## 三、新疆乡村旅游发展对策与建议

新疆地区凭借其独特的自然景观、丰富多彩的民俗文化和悠久的历史遗迹，成为众多游客向往的旅游胜地。为了进一步促进乡村旅游的蓬勃发展，以下提出了一系列对策与建议。

### （一）加强基础设施建设是至关重要的先行步骤

在改善交通条件方面，需要双管齐下。一方面，应积极修建更多的道路，让偏远的乡村能够与外界更加紧密地连接，使游客能够顺利地深入新疆探寻美景。另一方面，对于现有的道路，必须进行定期的维护和精心的升级，及时修复破损路面，拓宽狭窄路段，增设交通标识等，以此确保道路的畅通无阻。

完善住宿、餐饮、卫生等方面的基础设施是提升游客整体体验的关键所在。应建设更多高品质的酒店，这些酒店不仅要有舒适的床铺、齐全的设施，还要融入新疆的地域特色元素，让游客在休息的同时也能感受到浓郁的地方风情。可以打造风格各异的餐厅，提供丰富多样且极具新疆特色的美食，从香喷喷的烤羊肉串、大盘鸡，到甜美的哈密瓜、葡萄干等，让游客尽情享受美食盛宴。同时，应合理布局公共厕所等卫生设施，保证其数量充足且环境整洁、设施完好，让游客在旅途中始终能感受到舒适和便利。

### （二）深入挖掘和保护民俗文化非常重要

新疆这片广袤的土地孕育了丰富多彩的民族文化以及独具特色的传统手工艺。这些宝贵的文化遗产不仅是当地人民的精神财富，更是乡村旅游发展的重要资源。为了更好地传承和弘扬这些文化，应当加强对当地居民的培训，使他们成为这些文化的传承者和传播者。通过这种方式，将这些独特的文化元素融入乡村旅游的各个环节，使其成为吸引游客的独特亮点。

与此同时，还应当注重对历史遗迹的保护和合理利用。历史遗迹是不可再生的文化资源，一旦遭到破坏，将无法恢复。因此，在开发乡村旅游的过程中，必须避免过度商业化，防止对历史遗迹的过度开发和破坏，尽力保持历史遗迹原有的历史韵味和文化价值，让游客在游览的过程中，真正感受到历史的厚重和文化的魅力。这种平衡保护与开发的方式，有助于促进乡村旅游可持续发展。

（三）提高旅游服务质量是提升游客满意度的核心环节

为了达成这一目标，加强对乡村旅游行业从业人员的培训势在必行。可以通过系统、全面且专业的培训课程，增强他们的服务意识，让他们深刻领悟“游客至上”的理念，以热情友好、耐心周到的态度对待每一位游客。同时，应不断提升乡村旅游行业从业人员的专业技能，无论是导游人员对旅游景点知识的深入讲解，还是酒店服务人员的礼仪规范、客房服务技巧，抑或是餐厅服务人员的点餐推荐、上菜服务等，都要做到精益求精。这样的培训有助于乡村旅游行业从业人员为游客提供高质量的服务，从而全方位地提升游客的整体旅游体验。此外，建立完善的旅游服务体系也是重中之重。新疆是国际化旅游目的地，游客来自世界各地，提供多语种的导游服务显得尤为关键。应培养精通英语、俄语、日语等多种语言的导游人才，以便能够满足来自不同国家和地区的游客的需求，让游客在新疆乡村旅游中感受到关怀，确保游客获得愉快、舒适的旅程。这些行之有效的措施，可以显著提升游客的满意度，进一步为新疆旅游业的蓬勃发展注入强劲动力。

（四）开发多样化且极具特色的旅游产品是吸引游客的重要手段

新疆可以依托独特的自然景观和丰富多彩的民俗文化资源，开发出多样的特色旅游项目。以民俗体验活动为例，游客可以走进维吾尔族家庭，学习制作传统的馕饼，参与热闹非凡的麦西来甫歌舞聚会。在哈萨克族的毡房体验活动中，游客可以亲身体验游牧民族的生活方式，学习骑马、放牧等技艺。农业观光旅游也是别具一格，游客可以深入新疆广袤的农田、果园，在葡萄架下漫步，亲手采摘晶莹剔透的葡萄，体悟农耕文化的质朴与乐趣，品尝新鲜出炉的农家美食，感受田园生活的宁静与美好。户外探险之旅则能让热爱挑战的游客在新疆广袤的自然景观中尽情释放激情，例如，可以在天山山脉的峡谷中徒步穿越，挑战自我；在塔克拉玛干沙漠边缘体验刺激的沙漠越野，感受极限运动的独特乐趣。新疆可以通过这些多样化的旅游产品，全方位地满足有着不同兴趣爱好和需求的游客，让他们在旅途中获得丰富多样的体验，从而增强旅游吸引力，有力提升新疆旅游业的发展水平。

（五）加强市场营销推广是提升新疆乡村旅游知名度的关键所在

为了让更多人知晓和领略新疆的迷人风光和独特文化，需要充分借助互联网、社交媒体等现代传播手段，全方位、多角度地加大对新疆乡村旅游的宣传力度。可以精心策划一系列富有创意和吸引力的宣传活动，制作精美的图片、视频等宣传资料，并在各大旅游网站、社交媒体平台上广泛传播，让更多潜在游客对新疆的自然景观和人文风情产生浓厚的兴趣。此外,可以积极与国内外旅游企业开展深度合作,携手推出各种优惠套餐和特色旅游产品。例如,可以与旅行社合作推出“新疆乡村风情深度游”套餐,包含交通、住宿、餐饮、景点门票以及特色旅游活动等一站式服务,并给予一定的价格优惠,以此吸引更多游客前来体验,从而有效提升新疆乡村旅游在市场中的竞争力。这些强有力的措施能够有效提升新疆乡村旅游的知名度,促进当地旅游业的繁荣发展。

(六)应深刻认识到环境保护和可持续发展所蕴含的战略意义

在推进新疆乡村旅游开发的过程中,要严格遵循环保法规,将环境保护理念贯穿于旅游开发的每一个环节。在旅游项目建设过程中,应尽量减少对自然环境的破坏,合理规划旅游设施的布局,避免过度开发导致生态系统失衡。例如,在山区旅游开发中,应严格控制建筑的规模和数量,避免破坏山体植被和野生动物栖息地;在河流湖泊周边开发旅游项目时,应加强污水处理设施建设,防止污水直接排入水体。同时,应积极推广绿色旅游的理念,通过宣传引导游客和当地居民积极参与环境保护活动;鼓励游客文明旅游,不随意丢弃垃圾,爱护自然景观;引导当地居民采用环保的生产生活方式,减少对环境的污染。通过科学规划和有效管理,新疆可实现旅游开发与生态保护的良性互动,推动旅游业在可持续发展道路上行稳致远。

通过以上对策与建议的实施,新疆乡村旅游将得到进一步发展,为当地经济带来新的增长点,同时为游客提供更加丰富多彩、具有地方特色的旅游体验。

## 第五节 冰雪旅游

### 一、新疆冰雪旅游发展现状

冰雪旅游已经成为世界范围内备受追捧的时尚活动,欧洲、北美和东北亚地区是全球冰雪旅游的中心地区。欧洲和北美地区的冰雪旅游发展较早,现已进入成熟的冰雪经济发展阶段,其中滑雪旅游占据最核心的地位。新疆地区冰雪资源丰富,与欧美国家冰雪旅游差异化互补,正逐步成为冰雪旅游发展的新兴核心区。世界冰雪旅游目的地主要集中在加拿大、瑞士、挪威、瑞典、芬兰、日本、韩国等国家,冰雪旅游发展历史悠久,产品开发极具特色。例如,

1864年瑞士开展了滑雪运动，打造了阿尔卑斯山滑雪天堂、欧洲乡村型度假村镇；挪威、瑞典、芬兰既是世界滑雪故乡，也是世界滑雪比赛的诞生地，其中挪威奥斯陆滑雪节被誉为“世界四大冰雪节”之一。1894年加拿大出现了关于冬季节庆活动的报道，并打造了世界最佳滑雪乐园，全年开放的滑雪度假胜地，以及被誉为“世界三大狂欢节”之一的魁北克冬季狂欢节。1911年日本引进了现代滑雪技术，札幌冰雪节被誉为“世界四大冰雪节”之一。韩国最早的滑雪场可以追溯至1975年，并开发出冰雪旅游与高尔夫和室外温泉旅游的最佳组合。《2021年度全球冰雪与山地旅游业报告》(2021 *International Report on Snow & Mountain Tourism*)显示，世界上有68个国家能够提供完备的户外滑雪场地服务，有5716个积雪覆盖且装备齐全的户外滑雪场，因东欧和亚洲地区滑雪活动的发展，滑雪旅游者的数量呈现增长态势。

国外关于“冰雪旅游”既没有明确的概念界定，在研究中也很少直接出现“冰雪旅游”这一概念，相关研究大多以气候和运动属性作为主题，如“冬季旅游”“滑雪旅游”等。联合国旅游组织(UN Tourism)定期组织召开的世界冰雪与山地旅游大会(World Congress on Snow and Mountain Tourism)、欧亚山地度假村大会(Euro-Asian Mountain Resorts Conference)也多次将滑雪旅游单独列为会议的讨论主题。

国外滑雪旅游兴盛于二十世纪五六十年代，滑雪旅游的相关研究也开展得较早，研究范畴较为宽泛，以定量研究法和案例分析法为主，研究内容集中在滑雪旅游与生态环境互动、滑雪旅游经营管理与发展模式、滑雪旅游市场及其开发策略、滑雪旅游对地区经济社会发展的影响、体育赛事、滑雪损伤研究、滑雪产业、气候变化与适应性等方面。Bielański等人(2018)利用社会科学的方法调查公园内滑雪游客和大型哺乳动物之间的相互作用。Luque Martínez等人(2019)对西班牙和意大利的度假村进行定量调查，通过IPA法从主管的角度确定了滑雪胜地营销管理的重大缺陷。Bausch、Gartner(2020)认为产品和消费者多样化将有助于减少当前旅游对气候变化所带来的负面影响，提出了一种关于冬季旅游发展的新模式。Steiger、Scott(2020)以澳大利亚为例，研究了滑雪旅游对经济的影响。Biberos-Bendezú、Vázquez-Rowe(2020)运用情景分析法，分析在安第斯山脉引入缆车对环境产生的影响。Dickson等人(2020)研究了惠斯勒体育公司如何利用2010年温哥华奥运会和冬季残奥会来促进体育旅游遗产的转化。Quinland(2020)调查研究发现单板滑雪运动员腕部骨折的发生率是一般滑雪者的18倍；手腕骨折的滑雪者包括16岁以下的男性、50岁以上的女性等。Wilkins等人(2021)调查了气候变化对该州滑雪胜地的影响,并通过半结构化访谈,深入了解度假村领导层如何感知气候变化的影响,如何实施适应战略,并如何解决适应方面的障碍。Rice等人(2022)应用低排放到高排放情景模型,分析气候变化对21世纪瑞典23个高山滑雪区滑雪作业的影响。

中国冰雪旅游的研究取得了较为丰硕的成果,研究方向主要集中在冰雪旅游概念内涵、冰雪旅游资源和冰雪旅游产业等方面。在冰雪旅游概念内涵研究方面,学者们主要从体育运动属性和冰雪资源视角对冰雪旅游的概念内涵进行探讨。林志刚等人(2021)认为冰雪旅游是一项新的体育旅游资源类型,是冰雪产业和旅游产业交叉渗透产生的一种旅游形式。蔡维英等人(2022)认为冰雪旅游是以冰雪气候资源为主要的旅游吸引物,体验冰雪文化内涵的所有旅游活动形式的总称。曹健等人(2022)认为冰雪旅游是以冰雪观光、冰雪运动为主要表现形式,兼具观赏性、参与性、刺激性等特点的休闲度假旅游。在冰雪旅游资源研究方面,国内学者通过定量、定性等方法,着重对冰雪旅游资源的开发与评估进行研究。张雪莹等人(2018)基于旅游资源适宜性,利用层次分析法和熵值法对新疆的冰雪旅游资源进行评估。姚小林(2019)运用文献资料法,对1998—2018年六届冬奥会举办城市的冰雪资源开发经验进行研究,提出2022年北京冬奥会冰雪资源开发的建议。在冰雪旅游产业研究方面,国内学者注重从产业融合发展路径的视角进行研究。常晓铭、刘卫国(2020)采用文献研究法、实地调研法和综合分析法等研究方法,提出北京冬奥会推动我国“一带一路”沿线冰雪旅游产业融合发展路径的构想。曹乐意等人(2020)采用文献研究法、逻辑推理法、访谈法等方法深入探讨了青海冰雪运动的资源优势,根据青海冰雪运动发展实际针对性地提出发展路径。李在军、崔亚芹(2021)运用自组织理论分析中国冰雪旅游产业融合发展的原理,并提出中国冰雪旅游产业融合发展的四条推进路径。

冰雪旅游政策对冰雪旅游产业的竞争力起到重要的影响作用。以美国为例,在环保政策方面,美国于1905年成立了国家林务局(United States Forest Service,USFS),其主要任务是合理分配、调控森林资源,目的是避免滑雪场等硬件设施建设造成土地资源的滥用与浪费。在人才政策方面,第二次世界大战后美国开始从欧洲招纳大批专业性人才,这在一定程度上保障了科学技术对美国基础工业发展的支撑作用,进而辐射到滑雪业,人才政策促进了美国各行业的蓬勃发展,是保障美国滑雪场发展和促进其相关产业增长的原生动力。

在旅游政策方面，美国于1905年成立的国家滑雪协会（National Ski Association）在普及滑雪运动方面起到了关键作用。《滑雪场休闲活动促进法案》（*The Ski Area Recreational Opportunity Enhancement Act*）于2011年11月由奥巴马总统签署生效。出台该法案的主要目的是修订1986年的《国家森林滑雪场许可法案》，明确美国农业部长在滑雪场许可范围内的国家森林系统土地上授权额外休闲用途的相关权力。该法案允许滑雪场在夏季开设滑索、山地车公园和小径等，扩大了滑雪场可提供的活动类型，为滑雪场创造了更多盈利机会，也为民众提供了更多休闲选择。2022年在我国举办的北京冬奥会开启了冰雪运动新一轮热度，在冰雪体育赛事的推动下，滑冰等冰雪运动开始进入大众消费视野，使得冰雪产业受到前所未有的关注。在冰雪运动、冰雪旅游政策的持续推动下，全国各地抓政策落实，谋经济发展，使得我国冰雪产业市场规模不断扩大，行业发展进入“快车道”。

近几年国外对冰雪旅游的研究主要集中在奥地利、法国、意大利、西班牙等地，位于欧洲中南部的阿尔卑斯山是国外研究较多的对象。Moreno-Gené等人（2018）基于来自奥地利、法国和意大利等的61家滑雪缆车运营商的财务报表，分析发现尽管气候变化导致降雪减少，造成人工产雪成本显著增加，但奥地利、法国和意大利最大的滑雪胜地经济是可持续性的，法国滑雪场平均经济效益最高，其次依次是奥地利和意大利；在分析西班牙滑雪场的盈利能力时，同样分析发现盈利能力与规模之间的直接关系。Sauri、Llurdés（2020）分析了西班牙加泰罗尼亚滑雪胜地如何应对自然积雪覆盖不足和可能威胁到滑雪胜地整体生存能力的长期趋势的挑战。Berard-Chen等人（2021）调查了法国阿尔卑斯山100多个滑雪胜地的造雪条件与造雪投资之间的关系，研究发现中小型滑雪胜地的造雪投资与上一年的造雪条件呈高度负相关，其他因素也可能在推动造雪投资动态方面发挥着重要作用。Sommer等人（2020）计算了2000—2014年整个欧洲阿尔卑斯山的冰川面积、表面海拔和冰质量的时间一致性变化，结果显示冰川在阿尔卑斯山上迅速撤退，冰厚随区域变化而变化。Willibald等人（2021）通过建立阿尔卑斯山积雪模型，对滑雪旅游在未来气候中对内部气候变化的脆弱性进行了概率评估，发现未来雪的总体可靠性显著下降，并提出通过技术产雪应对气候变化风险的策略。

滑雪在国外一直是一项备受欢迎的冬季运动项目，作为高危运动，其相关研究主题聚焦在滑雪损伤等方面。Ekeland等人（2019）通过回顾性比较研究，分析得出在使用滑雪板滑雪方面，成人肩关节和膝关节损伤的发生率均高于儿童，儿童手腕损伤和小腿骨折的发生率高于成人。Mecías-Calvo 等人(2021)通过问卷调查方法，围绕休闲滑雪，对滑雪板运动员采取或不采取保护措施的动机进行研究，发现 约 76.5% 的人使用了防护设备，其中女性比男性更有可能使用防护设备；在年龄方面，较多的年轻人不采取保护措施，安全是使用防护设备的主要动机，而不使用防护设备的原因大多是不适。Chesler 等人(2023)运用 Logistic 回归分析年龄与损伤类型之间的关系，发现年龄显著影响青年滑雪者的损伤机制和损伤诊断。

国内学者对冰雪旅游游客行为的研究主要集中在行为动机、行为决策、游客满意度及消费者行为等方面。在研究方法上，借助国外理论构建模型，主要运用定量的方法进行分析。李京津等人(2020)在冰雪运动参与动机等理论研究基础上，构建参与动机与持续参与意图的影响机制模型，运用结构方程模型从休闲动机角度对冰雪运动参与行为进行深入研究。王国权等人(2022)以约束效应缓解模型为理论基础，通过构建结构方程模型深入解析北京城市居民滑雪旅游决策心理机制。杨春梅等人(2022)利用 Python 数据挖掘技术与文本内容分析方法确定哈尔滨冰雪旅游游客满意度的影响因素及优化对策。邓茹月、周丽君(2022)在消费者行为理论和方法-目的链理论的基础上，通过专家访谈法、软式阶梯访谈法和内容分析法，明确南方消费者参与冰雪运动消费行为时所关注的产品属性、结果与价值，分析南方冰雪运动消费行为的主要路径。

近些年国外热衷于基于自然条件变化对滑雪旅游需求的影响因素展开分析。Sun 等人(2022)从方法-目的链分析的角度，探讨了影响滑雪旅游爱好者目的地选择的主要因素，结果表明，在滑雪旅游目的地属性层面上，滑雪场的条件(如滑雪场的质量和雪的质量)是滑雪爱好者最看中的属性，对他们的体验影响最大。由于气候条件的变化，人工造雪已成为全球滑雪场应对气候变化的主要方法。Bausch(2019)等人利用伍德赛德和莱森斯基开发的目的地选择模型，研究得出气候变化会影响游客对冬季旅游目的地的忠诚，人工造雪这样的适应性措施并不会提高游客的忠诚度。Frühauf 等人(2020)基于计划行为理论对冬季休闲活动意愿影响因素进行分析，利用结构方程模型得出受气候变化影响的参与者参加冬季休闲活动的意愿较低，气候变化情景影响情感效价并决定行为态度，从而影响参加冬季体育活动的意愿。Welling 等人(2020)应用聚类分析进行研究，发现气候变化引起的环境变化极大地影响了基于自然的冰川旅游需求。Joksim-ović(2021)研究发现运营成本的增加和人工造雪设施的高强度使用,是滑雪门票价格上升的重要原因。其他学者通过调查研究,发现滑雪频率较高的滑雪者对价格的敏感度较低,并且价格上涨也不一定导致其口碑评价降低,但对于滑雪频率较低的滑雪者(尤其是大学生)来说,价格上升可能在一定程度上影响他们的滑雪决策。

国内学者主要围绕人口特征、动机等内在因素,以及家庭、社会、目的地等外在因素对冰雪旅游游客行为影响因素进行研究。张瑞林等人(2017)以方法-目的链为研究工具,研究发现价格投入直接影响冰雪体育旅游消费者的参与和再购行为;家庭支持与伙伴关系是影响参与冰上运动或消费的重要因素,休闲与社交功能会刺激雪上项目消费者购买服务或产品;刺激价值因素是促使消费者参与或购买的影响因素。马培艳等人(2018)运用探索性、验证性因子分析,回归分析等量化研究方法,构建滑雪消费者动机量表,并基于自我决定理论对滑雪消费动机进行分类,研究发现在驱动滑雪消费行为持续性中,内在动机"冒险挑战""享受自然"发挥了主要作用。潘丽霞、张贤友(2019)利用结构方程模型,研究发现目的地服务管理、社会支持、心理感知、个人状况这些因素直接或间接影响大学生冰雪项目旅游决策。白蕴超、林显鹏(2021)在改进计划行为理论(TPB)的基础上,引入人口特征和雪上运动文化变量,构建了滑雪消费行为意向结构方程模型,以崇礼地区为例研究影响我国大众滑雪消费行为意向的主要因素。

## 二、新疆冰雪旅游发展存在的问题

### (一)政策指导和规划统筹不够,经营理念落后,竞争力不强

近年来新疆冰雪体育旅游产业发展一直比较粗放,缺乏整体层面上的统筹和集中规划,资源项目存在同质化、无序竞争等问题。整体旅游资源未能得到充分开发与合理利用,错位优势、差异化竞争未能得到有效发挥,新疆冰雪体育旅游尚未形成整体合力。从整体上看,目前新疆冰雪体育旅游市场主体,特别是新疆当地企业的经营理念落后,产品服务创新不足,包装宣传不够,游客体验不好,甚至被曝光强制消费等不良事件,相关部门执法监管不到位,整体旅游环境和格局氛围还有待进一步改善。

### (二)进疆旅游成本较高,配套产业发展不充分

一方面,由于地理位置和地缘问题,前往新疆旅游无论是时间成本还是经济成本都比较高,同样是冰雪体育旅游,与去东三省(黑龙江、吉林、辽宁)相

比，游客去新疆所负担的经济成本高出一倍以上，再加上来回时间成本以及倒时差等问题，造成很多游客放弃前往新疆旅游。另一方面，受经济发展水平及外部因素制约，新疆冰雪体育旅游的配套产业发展及相关基础设施建设仍存在不充分、不均衡的问题。具体表现为部分地区配套设施较为完善，但多数地区还相对落后。此外，由于新疆海拔较高、气候条件特殊，游客前往该地旅游时，身体需要一定的适应过程，这些对当地相关配套设施和服务提出了新的要求，使得供需矛盾愈发凸显。

（三）大型体育赛事少，相关宣传力度不够，影响力不足

新疆冰雪体育旅游产业属于后发产业，虽然近年来在国家政策支持下发展迅速，但从整体上来看，新疆冰雪体育赛事相对较少，特别是高水平、大规模的专业赛事较少，影响力不够，对体育旅游产业的带动力不足。另外，由于新疆相关领域和互联网、传媒行业发展的滞后，新疆体育旅游产业宣传推介力度还不够，传播渠道有限，特别是缺乏具有冲击力和广泛影响力的宣传报道，导致外界对其认知度不高。许多游客在选择冰雪旅游或体育旅游目的地时，对新疆的冰雪旅游资源缺乏清晰认知和深刻印象。

（四）数字化、信息化旅游开发不够，产品服务效率不高

当前，我国已全面步入互联网社会，数字化、信息化技术与体育旅游产业深度融合，"互联网＋旅游＋体育"协同发展已经成为行业总体趋势，但基于资金、理念、人才、技术等多方面的原因，新疆冰雪体育旅游产业的数字化、信息化、智能化工作开展不足，表现为相关平台、系统不完善，功能覆盖不全，与群众需求结合不紧密，智慧化、便捷化不足，相关的旅游服务和旅游产品较少等，这些都需要在下一步工作中进行改进和提升。

（五）缺乏冰雪运动专业人才，服务保障能力有待提升

随着我国冰雪体育旅游产业的发展，相关人才缺口进一步加大，特别是与大众消费相关的冰雪教练、场馆维护人员、管理服务人员、设备技术人员、医疗救护人员、赛事主持人、体育专业导游以及相关营销人才十分匮乏。另外，受冰雪体育旅游的季节性特征影响，很多景区或滑雪场大多采用兼职用工模式，从业人员流动性较大。同时，由于新疆地处偏远地区，人才结构单一，主要依赖当地人员及在疆大学生，缺乏具备高学历、专业技能和丰富从业经验的高端复合型人才。这直接影响了服务理念更新、设施升级和服务水平提升，难以满足当前市场对高质量旅游服务的需求。

（六）存在过度开发、无序开发现象，导致生态环境失衡

发展冰雪体育旅游需要重视生态环境保护，避免因场地过度开发和游客超载而对自然环境造成负面影响。以阿勒泰地区为例，由于前期缺乏整体规划，曾出现滑雪场和旅游景点集中开发的现象，这对当地生态系统造成了一定破坏。另外，近年来，随着新疆冰雪体育旅游的兴起，一些热门景点或景区游客量持续增加，超过了地区物质环境、生态环境以及社会环境的综合承载能力阈值，导致旅游质量下降。

## 三、新疆冰雪旅游发展对策与建议

第一，加强顶层规划设计，推动新疆与其他省级行政区交流互动。推进新疆冰雪旅游产业高质量发展，顶层的统筹规划设计与高效的政策支持引导发挥着至关重要的"指挥棒"作用。建议有关部门进一步贯彻新发展理念，立足《冰雪旅游发展行动计划(2021—2023年)》，结合自身实际，修订完善新疆冰雪体育产业发展规划，推动冰雪产业提档升级和规模集聚发展，发挥优势资源带动作用，整合解决"小、散、弱"问题，同时坚持不同地区开发不同项目，打造错位比较优势，形成差异化核心竞争力，构建亮点丰富、特色鲜明、"多点开花"的新疆冰雪体育旅游产业新发展格局。应进一步发挥援疆机制作用，争取国家扶持政策，统筹援疆旅游资源，深入推动新疆与冰雪旅游强省交流互动，常态化组织旅游联合推介会，搭建"走出去、引进来"互动平台，引导新疆旅游企业与国内各大旅发集团、旅行社签订合作协议。在旅游产品研发、营销、推广等方面建立合作机制，共同开发冰雪旅游资源，联合举办冰雪体育赛事和冰雪体育旅游活动，实现资源共享、优势互补、客源互送、品牌共建、线路互联，助力新疆冰雪体育旅游进一步做大做强。

第二，加强基础设施建设，完善体育旅游配套产业。基础设施和配套产业是推动冰雪旅游产业高质量发展的基础和保障。建议有关部门进一步加大政策支持和财政扶持力度，围绕景区建设、景点提升改造，以及"吃、住、行、游、购、娱"各方面要求，加大旅游基础设施建设，提升旅游品质，改善游客体验。围绕重点景区、精品旅游线路，加快推进旅游专线、观景公路建设，建设沿线旅游驿站、高品质公厕，完善道路指引，减少游客路上时间。完善景区周边配套设施建设，加强宾馆、酒店、民宿建设，加强 Wi-Fi、移动网络支持，结合新疆特色美食，提高餐饮服务水平。引导新疆重点旅游企业特别是各地旅投集团发

挥示范作用,加大旅游投资力度,建设冰雪运动场地,完善冰雪运动设施,开发冰雪体育旅游上下游项目,推动整个配套产业发展。全面开放新疆旅游客运市场,优化市场主体配置,加强市场监督管理,特别是包车管理。进一步优化"送客入疆"政策,加大新疆旅游火车、航班运输力度,制定各类差异化优惠票价政策,以多种方式解游客"走大于游"难题。

第三,引入高水平赛事,举办大型群众活动,带动冰雪体育旅游产业发展。引进国际国内高水平冰雪体育赛事,是有效提高新疆冰雪体育产业国际国内影响力和知名度的重要举措。建议国家体育总局统筹国际国内赛事资源,支持冰雪体育运动赛事和冰雪运动训练基地落户新疆。例如,新疆阿勒泰市将军山滑雪场通过举办高水平赛事,并邀请冬奥冠军等助威,大幅提高了城市知名度和地区影响力,为发展冰雪体育旅游奠定良好基础。同时,还要积极组织新疆当地大型群众体育赛事,如全国大众冰雪季新疆分会场、全国群众冬季运动推广普及系列活动新疆阿勒泰特色会场、青少年冰雪运动等,通过全民参与,营造良好氛围,夯实体育旅游的群众基础,带动冰雪旅游产业发展。

第四,打造特色体育文化活动,丰富冰雪体育旅游产品供给。提供群众满意的旅游服务和产品,是发展高质量冰雪体育旅游产业的核心工作。新疆各冰雪体育旅游景区、旅游服务公司要紧密结合自身实际,在速度滑冰、山地滑雪等传统项目的基础上,开发雪地摩托、冰雪龙舟、冰上碰碰车、冰雪滑滑梯、电动卡丁车、亲子拖拉机、冰上快乐小爬犁、冰上大陀螺、冰上漂移车、无动力雪橇、冰上逍遥车等多种冰雪运动,满足不同年龄段、不同层次的游客的需要。同时,深挖地方特色,组织冬捕节、赛马会等以冰雪为主题的旅游节庆活动,组织冰雕冰灯艺术展等文化活动,并将冰雪体育运动与传统旅游项目结合起来,让游客既能体验滑雪运动的激情,又能观赏雪山美景,感受清新空气,还能感受"舌尖上的新疆"。

第五,大力发展"互联网+体育+旅游"模式,推动产业融合创新发展。大力推动冰雪旅游数字化和数字冰雪产业化,依托5G、互联网、大数据、人工智能等前沿技术,开发建设冰雪旅游信息公共服务平台、冰雪旅游大数据中心、冰雪旅游综合管理平台等,形成咨询、旅游、休闲娱乐、住宿餐饮和商务活动的良性互动,构建集导航、导游、导览、导购、观光、休闲、商务于一体的智慧旅游体系,推动冰雪体育旅游产业发展。建设冰雪旅游虚拟体验馆,打造冰雪体育旅游线"云旅游"的新模式,让群众足不出户就可以感受新疆冰雪体育旅游的独特魅力,增强对游客的吸引力。

第六，加大专业人才培养引进力度，夯实冰雪体育产业发展保障。对于冰雪体育旅游发展而言，人才培养是关键。一方面，新疆有关部门应进一步创新人才培养和人才服务体制机制，加强与冰雪体育强省的交流合作，建立冰雪旅游专家智库与人才信息库，联合开展冰雪旅游人才培训、专家交流互动活动，不断探索高端人才共享模式，激发人才活力；另一方面，要加强本地人才培养，通过与新疆当地体育类院校建立定向培养机制，强化赛事解说、冰雪体育教练、运动康复、体育外语、营销管理和医疗救护等方面的人才培养，为产业发展提供有力支撑。

# 第四章 旅游企业高质量发展研究

## 第一节 旅游上市公司内部控制与高质量发展的关系

### 一、引言

党的二十大报告中指出，高质量发展是全面建设社会主义现代化国家的首要任务。作为我国战略性支柱产业的旅游业，实现高质量发展是响应国家号召、提升产业竞争力的必然选择。随着人们精神文化需求和高品质生活需求的日益增长，怎样抓住发展机遇，积极创新改革，实现由高速增长向高质量发展转型，这是摆在我国旅游企业面前的重要课题。旅游上市公司是旅游业的典型代表，面对不确定的外部环境，利用高效的内部控制实现旅游上市公司的高质量发展，是旅游业发展的重点方向。

基于上述分析，本研究以党的二十大精神为指导，结合中国旅游业以及旅游企业发展的实际情况，以沪深A股34家旅游上市公司为研究对象，从经济效益、技术创新、价值管理、社会价值以及品牌认知五个层面构建了旅游上市公司高质量发展水平的评价指标体系，并运用主成分分析法对旅游企业的发展质量进行测度，利用具有调节效应的回归分析，针对我国旅游上市公司内部控制质量与高质量发展之间的关系进行研究。研究结果显示：旅游上市公司的内部控制质量与高质量发展之间有显著的正相关关系。内部控制作为嵌入

组织内部发挥关键性作用的控制管理体系,是旅游企业实现高质量发展的动力机制。对于旅游上市公司而言,股权集中度增强了内部控制质量对企业高质量发展的正向促进作用。本研究通过替换调节变量和被解释变量的方式验证了上述结论的可靠性,根据研究结论,从企业层面提出了实现旅游上市公司高质量发展的对策和建议,具体包括:旅游上市公司要优化管理,完善内部管理机制,提高服务质量;要抓好人才队伍建设,营造良好的创新氛围;要创新经营模式,凸显自身竞争优势;要注重科技应用,推动智能服务的发展;要丰富业务形态,增强抵御风险的韧性;要积极承担社会责任,树立良好企业形象,将企业社会责任的承担转化为一种差异化的企业优势资源。这些对策和建议对提升旅游上市公司内部控制水平、实现高质量发展具有重要的参考价值。

### (一)研究背景

#### 1. 旅游企业高质量发展是旅游业提质增效的要求

经济由高速增长阶段进入高质量发展阶段,是我国经济发展面临的一次历史性变革,同时也是中国特色社会主义进入新时代的鲜明特色。面对这一重大变化,习近平总书记指出,高质量发展是“十四五”乃至更长时期我国经济社会发展的主题,事关我国社会主义现代化建设全局。这不只是对经济的要求,更是对经济社会发展方方面面的总要求;不只是对经济发达地区的要求,更是所有地区发展都必须贯彻的要求;不是一时一事的要求,而是必须长期坚持的要求。在新时代背景下,“高质量发展”已经成为我国经济社会发展的主旋律。

经过改革开放40多年的发展,旅游业已逐渐成为国民经济的战略性支柱产业。2019年,我国旅游总收入达到了6.63万亿元,旅游业对GDP的综合贡献为10.94万亿元,占国内生产总值的11.05%,在经济进入新常态的发展阶段,旅游也成为促进经济增长的重要增长极。发展旅游业已成为改善人民生活、增进民生福祉、满足人民美好生活需要的重要途径。产业的高质量发展离不开企业的高质量发展,因此,应该重视企业的发展质量,提高企业的全要素生产率,这对我国经济的高质量发展具有重要意义。旅游企业作为旅游产业发展的基础单元,不断为市场提供旅游产品与服务,其稳定有序的发展直接关系着整个产业发展的质量水平。因此,顺应当代经济社会发展趋势,向民众提供更加优质的产品和服务,推动旅游企业转型发展,通过旅游企业的高质量发展促进旅游业的长期稳定发展,进而提升国家经济发展水平,增强国家综合实力,成为新兴的重要研究方向。

2. 内部控制是旅游企业高质量发展的重要保障

随着高质量发展理念的不断深化,我国经济发展模式正逐步向高质量发展方向转变。作为战略性支柱产业,旅游业已经步入全面发展、全面创新、全面竞争的发展阶段,找准企业内部控制提升方向,降低企业内部控制风险,不断提高企业发展质量,成为旅游企业实现转型升级与提质增效的重要议题。

当前,全球经济不确定性因素增多,国际形势复杂严峻,同时,中国经济正处于结构性调整的关键阶段,下行压力显著。旅游业作为十分敏感的产业,宏观环境对其影响十分显著。旅游企业要想在复杂的宏观环境中保持长期稳定发展,仅关注外部环境是不够的,内部的风险往往更容易腐蚀一个企业,而且越是大型的旅游企业,其面临的内部控制系统性风险越高。内部控制是企业为了达到既定的经营和管理目标,提升企业的经营业绩和资源利用效率,在企业内部实施的自我监督、自我制约、自我调节的程序和制度,以确保企业资产的完整性、稳定性和高效运行。内部控制有助于减少企业的运营支出,推动企业高质量发展。推动内部控制建设已经成为全球企业提升商业价值、规避风险、实现高质量发展的重要举措。对于那些对外部环境变化高度敏感的旅游企业来说,一方面,要在遵守有关法规的前提下,强化内部控制的制定和实施,着力增强企业自身的风险抵御能力;另一方面,要通过建立和完善企业的内部控制体系,降低企业的运营与发展风险,促进企业高质量发展。作为一种制度安排,内部控制较好地解决了企业内部代理的问题。好的内部控制可以优化委托代理关系,提高企业财务报告的质量,降低企业的运营风险。因此,优质的内部控制对于企业实现高质量发展具有重要意义。

(二)研究意义

党的二十大报告指出,高质量发展是全面建设社会主义现代化国家的首要任务。企业在宏观经济系统的高质量发展中发挥着不可或缺的支撑作用。因此,促进企业高质量发展对于实现经济高质量发展具有十分重要的意义。企业要想在如今的时代背景下生存,并且保持长期稳定的高质量发展,需要规范的内部控制管理制度的指引。内部控制的目的是降低企业在各个方面面临的风险,提升企业的总价值,这对推动企业实现高质量发展起到了至关重要的作用。

基于以上分析,本研究以34家旅游上市公司为研究对象,从经济效益、技术创新、价值管理、社会价值以及品牌认知五个层次构建了旅游上市公司高质量发展水平的评价指标体系,并依据该指标体系研究内部控制与企业高质量发展之间的作用机制,提出有利于旅游企业改善内部控制体系、提高企业发展质量的有效路径,为新时代、新经济下旅游企业高质量发展提供可借鉴的对策和建议。

1. 理论意义

第一,从微观层面上丰富了"高质量发展"的含义。在新时代的背景之下,"高质量发展"成为社会各界关注的焦点,目前的研究多集中在宏观经济系统的层面,缺乏从微观企业层面研究企业高质量发展的内涵及路径。本研究基于新发展理念,从时代的特点出发,结合我国的现实情况,将"实现经济高质量发展"具体化、微观化,从经济价值和社会价值的视角,系统地分析了企业高质量发展包含的具体内容及其主要表现,丰富了高质量发展相关理论。

第二,提升了研究的针对性。本研究选取的研究对象为旅游上市公司,旅游上市公司作为旅游业的龙头企业和行业代表,其自身的内部控制情况可以很好地反映旅游业的整体情况,且旅游上市公司的高质量发展可以有效带动整个旅游业的高质量发展。因此,将旅游上市公司作为研究对象,在该领域进行细化研究具有极其重要的意义。

第三,拓展了新的研究视角。以往有关内部控制的研究大多从内部控制有效性、内部控制与企业绩效或企业价值的关系等方面出发,分析影响企业内部控制的因素以及内部控制对企业价值方面的影响。有别于已有研究将视角局限在经营绩效、企业风险或创新投入等单一层面,本研究综合考虑了旅游上市公司的经济效益、技术创新、价值管理、社会价值以及品牌认知五个一级维度,分别从盈利能力、营运能力、发展能力、抗风险能力、创新能力、治理水平、社会贡献以及品牌认知八个子维度出发,构建了旅游上市公司高质量发展水平的评价指标体系,系统深入地研究了旅游上市公司内部控制与高质量发展之间的关系,为旅游企业实现高质量发展提供了有效的理论参考和实践指导。

2. 现实意义

第一,针对提高旅游企业发展质量提出了可行性意见与建议,为旅游企业今后的发展指明了方向和提供了全新的思路。在当今世界环境巨变的时代背景下,旅游企业作为旅游业发展的主体,面临着诸多的不确定性风险。对于旅游企业来说,内部控制降低了企业在经营和发展中面临的风险,是企业实现可持续发展的有效途径,对于推动企业高质量发展起到了举足轻重的作用。旅游企业是旅游业高质量发展的重要践行者和核心载体，其自身的高质量发展可以有效带动整个旅游业的高质量发展。本研究针对提高旅游企业发展质量提出了可行性意见与建议，并为旅游企业今后的发展指明了方向，提供了全新的思路。

第二，有助于旅游上市公司经营管理者提高管理效率，进而提高发展质量。本研究有助于旅游上市公司的经营管理者更加清楚地认识到企业内部控制水平与企业高质量发展之间的关系，从而有针对性地从不同的角度增强内部控制的有效性，进而促进企业的高质量发展。

第三，多角度评价旅游上市公司的发展质量，为上市公司投资者提供决策依据。现有研究中，很多学者基于单一的全要素生产率指标来评价企业的高质量发展水平，缺乏说服力。本研究基于多指标评价体系的测度方法，从经济效益、技术创新、价值管理、社会价值以及品牌认知五个方面综合地评价了旅游上市公司的高质量发展水平，以期为企业利益相关者的投资决策提供客观、准确的参考依据。

第四，研究结果可以作为政府制定产业扶持政策的参考依据。本研究的研究结果能够启示地方政府机关在制定与实施旅游业发展战略时，关注高质量发展的多个维度，指导旅游企业从经济效益、技术创新、价值管理、社会价值以及品牌认知等多维度践行高质量发展理念，并帮助旅游企业有效改善内部控制存在的缺陷，提升旅游企业的高质量发展水平。

### （三）研究内容与方法

#### 1. 研究内容

促进旅游企业高质量发展是旅游业有关研究中的新视角和最新关注领域。本研究以旅游上市公司为研究对象，从企业高质量发展的主要表现方面出发，多维度考察内部控制对企业高质量发展的作用机制，并探索影响企业高质量发展的内在传导途径，以期为企业实现高质量发展建言献策。

研究内容共分为六部分，具体安排如下。

第一部分：引言。首先，介绍研究背景与研究意义，目前旅游企业的发展质量并不是很高，这一问题影响着旅游业乃至经济社会的长远发展，亟待解决。本研究选取旅游上市公司为研究对象，对其内部控制质量进行剖析，探究内部控制与企业高质量发展以及各影响因素之间的作用关系。然后，基于不同的研究主题查找并梳理了国内外相关文献，提取研究的突破口。此外，引言还对研究内容、方法与思路进行了说明，提出了研究的创新点。

第二部分：研究现状与理论基础。首先，对内部控制、企业高质量发展等相关概念进行了界定与阐述；其次，将资源基础理论、信号传递理论和利益相关者理论作为主要参考理论，进行理论分析与提出假设，为后文的相关研究奠定理论基础。

第三部分：我国旅游上市公司发展现状分析。首先，介绍了我国旅游业的发展现状；其次，参考相关文件、标准、行业网站以及以往研究，从中国旅游上市公司的基本情况、中国旅游上市公司的分类、中国旅游上市公司的总体特征三个方面论述了我国旅游上市公司的整体情况。

第四部分：内部控制与旅游企业高质量发展关系的研究设计。首先，基于新发展理念阐述了内部控制与旅游企业高质量发展之间的作用机理，分析得出内部控制与旅游企业高质量发展之间是多维度相互作用的关系，旅游企业高质量发展不仅包括经济价值提升，还包括社会价值创造，主要体现为经济效益、技术创新、价值管理、社会价值以及品牌认知五个方面；其次，基于以上五个方面，分别从盈利能力、营运能力、发展能力、抗风险能力、创新能力、治理水平、社会贡献以及品牌认知八个子维度构建了旅游上市公司高质量发展的综合评价指标体系；再次，基于上述分析与相关文献，提出了内部控制与旅游企业高质量发展关系的两个假设，并将股权集中度作为调节变量引入模型；接着，对样本选取及数据来源给予了充分的说明，并对解释变量、被解释变量和控制变量进行了较为充分的阐述；最后，构建了新的研究模型，并以此为基础进行相关研究。

第五部分：数据分析与实证检验。首先，在前四部分的基础上，利用34家旅游上市公司2010—2020年的相关数据进行描述性统计和相关性分析，验证了研究样本的可靠性；其次，立足于内部控制与旅游企业高质量发展之间的作用机理，利用回归分析验证了所提假设的合理性；最后，通过替换调节变量和被解释变量，对结果进行了稳健性检验，证明了所进行研究的可靠性。

第六部分：研究结论与展望。依据前文定性分析与定量检验的研究结果，得出相关结论，并基于此，从企业这一微观层面提出旅游上市公司高质量发展的实现路径。阐述了本研究的不足之处，并且对今后的研究进行了相关展望。

2. 研究方法

本研究将文献研究法、定性分析法与定量分析法作为主要研究方法。

文献研究法。通过在知网、Web of Science等网站收集、阅读和分析大量国内外文献，对当前学术界有关内部控制、企业高质量发展，以及二者之间关系的文献按照一定逻辑进行梳理，了解内部控制的发展历程以及我国当前有关企业高质量发展存在的缺口，进而找到研究的切入点，确定从经济效益、技术创新、价值管理、社会价值以及品牌认知五个方面来进行旅游企业高质量发展的相关研究。

定性分析法与定量分析法。对于内部控制的概念及其目标、企业高质量发展的内涵与主要表现、旅游上市公司内部控制与高质量发展关系的逻辑机理与传导路径的理论研究，均采用定性分析法；对于旅游上市公司内部控制与高质量发展关系的实证检验，采用定量分析法。在理论分析的基础上，利用主成分分析法从经济效益、技术创新、价值管理、社会价值以及品牌认知五个方面构建旅游上市公司高质量发展的评价指标体系，代入我国34家旅游上市公司2010—2020年的有效数据，利用回归分析进行实证分析并得出相应结论，对研究假设给予数据支持，寻求提高旅游企业内部控制质量和推动旅游企业高质量发展的多重有效路径。

（四）研究思路

随着旅游业的不断发展，旅游企业日渐增多，企业间竞争日趋激烈。旅游企业的内部控制不仅反映了企业的治理结构，还影响了企业的高质量发展。在这种情况下，企业可以通过改善内部控制进而有效地提高发展质量。在激烈的市场竞争中，可持续发展显得尤为重要。本研究按照“问题提出—文献回顾—现状分析—研究设计—实证分析—解决问题”的逻辑框架展开，以“迪博·中国上市公司内部控制指数”为研究对象，以提高旅游企业发展质量为导向，较为深入地剖析内部控制与旅游企业高质量发展五维度之间的关系。

## 二、研究现状与理论基础

### （一）内部控制相关研究

#### 1.内部控制国外相关研究

相较于国内，国外学者更早地开展了内部控制相关理论探索及实践研究。经过近百年的研究积累，国外学者形成了丰富且成熟的研究体系。1929年美国注册会计师协会（AICPA）和联邦储备委员会（Federal Reserve Board）联合发布的《会计报表的验证》（*Verification of Financial Statements*）一文中最早提及了“内部控制”这一概念。与内控相关的权威定义则是在1936年的《独立公共会计师对会计报告的审查》(*Examination of Financial Statements by Independent Public Accountants*)中提出的,随后内部控制的概念内涵被不断完善与深化(王将杰,2021)。1988年,AICPA发布的《审计准则公告第55号》中重新界定了"内部控制制度"这一概念,并将内部控制结构定义为企业为实现经营目标而制定的程序、政策,即如今最常使用的内部控制概念。COSO在1992年发布的《内部控制整合框架》(*Internal Control-Integrated Framework*)中,对内部控制的概念内涵、要素和意义等关键内容进行了系统的阐述。这一受到国际社会普遍关注与认可的框架于1994年进行了优化。2002年,美国国会通过了《萨班斯-奥克斯利法案》,以立法的形式规定了企业应当公布内部控制评估报告,以提高内部控制信息的透明度,降低企业信息失真、审计失败的风险(Ogneva等,2007)。2016年6月,COSO发布了新版企业风险管理框架"企业风险管理——服务于企业战略和绩效的实现"征求意见稿,这是对2004年企业风险管理框架的修订和完善。该征求意见稿于2016年9月30日截止全球范围内收集反馈意见。最终,COSO于2017年9月发布了最新修订版《企业风险管理框架》。

国外的学者们对内部控制的研究多集中于以下几个方面。

一是内部控制有效性的相关研究。COSO于1992年首次提出了内部控制有效性这一概念,并将其定义为企业董事会、监事会及高级管理层为保证企业各项经营活动合法合规以及财务报告编制准确可靠而应尽的职责。Krishnan(2005)研究发现企业的审计委员会具有一定的独立性且其成员具备相应的专业知识和能力,将有效地提高企业内部控制的有效性。Leary(2006)提出企业内部控制有效性评价需要结合企业不同时期的短期财务目标、长期战略目标以及可持续发展目标,注重企业内部结构优化和企业经济效益提升。

二是企业内部控制缺陷和信息披露的相关研究。Huang(2015)研究表明,企业需要持有充足的现金盈余以弥补内部控制缺陷带来的风险,且在企业存在内部控制缺陷的情况下,现金的持有价值更高。Lenard(2016)以美国上市公司2004—2010年的财务信息为样本,通过研究其内部控制披露报告与其自身盈余管理的情况,得出内部控制较弱或者存在缺陷的公司更有可能使用盈余公积。

三是企业内部控制评价的相关研究。Sinclair等人(1996)通过建立内部控制评估系统,满足了企业对内部固有风险控制的要求。Eipaso(2002)基于内部控制综合框架建立了内部控制评估指标系统。Jokipii和Annukka(2010)

研究发现企业可以通过内部控制抵御风险，而内部控制评价能够优化这一过程，有利于强化企业的内部控制建设。Hollis等人（2009）从战略目标、经营目标、报告目标和合规目标的实现程度出发，构建了内部控制体系的评价指数。

此外，还有一些学者，如Azizah和Islam（2014）以及Katragadda（2017）在关于内部控制的研究中指出，企业良好的内部控制有利于企业的利益相关者建立良好的预期，这对企业的绩效提升以及价值创造有着积极的影响。

2.内部控制国内相关研究

虽然国内有关内部控制的研究相较于国外起步较晚，但经过不断探索与研究，我国在上市公司内部管理与控制理论和实践等方面也取得了诸多的进展与丰富的成果。

2008年，财政部会同证监会、审计署、银监会、保监会制定并印发《企业内部控制基本规范》，该规范自2009年7月1日起在上市公司范围内施行，鼓励非上市的大中型企业执行。执行该规范的上市公司，应当对本公司内部控制的有效性进行自我评价，披露年度自我评价报告，可聘请具有证券、期货业务资格的会计师事务所对内部控制的有效性进行审计。2012年5月，国务院国有资产监督管理委员会、财政部发布《关于加快构建中央企业内部控制体系有关事项的通知》，提出各中央企业要力争用两年时间，按照《企业内部控制基本规范》和配套指引的要求，建立规范、完善的内部控制体系。

当前我国学者的相关研究主要集中于内部控制有效性的应用研究，以及内部控制评价指标体系和评价方法两方面。

关于内部控制有效性的应用研究。王婉婷、吴秋生（2017）以2010—2015年沪深A股上市国有企业为研究对象，得出国有企业类型不同以及股权结构维度不同对企业内部控制有效性的影响也不尽相同的结论。胡川等人（2020）通过研究317家科技型中小企业，发现内部控制有效性的提升能够促进企业加大技术创新力度，并在分析师跟踪与企业技术创新之间发挥部分中介效应。高爽（2020）基于内部控制主体的视角，利用2005—2017年沪深A股上市公司的相关财务指标，对内部控制有效性的影响因素进行研究，结果表明内部控制实施主体对内部控制有效性的影响十分显著，而董事会规模与内部控制有效性之间存在显著的倒U形关系。

关于内部控制评价指标体系和评价方法的研究。赵萌采（2017）将模糊层次分析法（AHP）与COSO的内部控制整合框架相结合，构建了高校环境控制的内部控制评价体系，并运用此评价体系进行了环境内部控制的评估。高淑贞(2017)认为针对上市公司内部控制的评价应采用定性评价与定量评价相结合的方式,同时着重考虑扩大定向分析评价的范围。陈汉文、黄轩昊(2019)认为"过程观"的内部控制指数构建理念更符合内部控制评价与审计的要求,并依据内部控制五要素(内部环境、风险评估、控制活动、信息与沟通、内部监督)构建了评价指标体系。李妙娟(2021)指出企业层面的内部控制评价指标主要包括内部环境、风险管理、信息传递和监督四个方面,并认为相关内部控制指标体系可以很好地评价企业内部控制的有效性。

由于不同产业对内部控制的要求不尽相同,随着我国旅游业的蓬勃发展,不少学者将内部控制的视角转向了旅游业,并对旅游企业的内部控制展开了研究。赵怡琳(2007)、胡晓玲(2013)、郝芳(2016)等人通过分析酒店业内部控制目前存在的问题,提出酒店业宜采用COSO内部控制整合框架来设计内部控制流程、构建组织体系,以更好地利用内部控制来形成企业的核心竞争力。韩镕灿(2014)指出适度的负债经营有利于加速旅游企业的发展,旅游企业应基于风险估值指标建立一套有效的内部控制防范体系,以降低旅游企业的融资风险。周小红(2015)以交通运输部门为研究对象,发现我国缺乏一套针对行政事业单位的完整内部控制指导规范,导致交通运输部门普遍存在内部控制缺陷。周小红基于这种现状提出相应的解决路径:完善交通运输部门的内部控制制度建设,加强财务管理控制,以及健全内部控制监督机制。陈的非(2016)认为完善旅游企业内部控制机制是旅游企业良好运行的基石,而旅游企业普遍存在内部控制制度不健全、缺乏风险管理意识等问题,因此,旅游企业可以依据生命周期理论对企业内部控制流程进行优化,完善旅游企业的内部控制管理体系。

### (二)企业高质量发展相关研究

#### 1.企业高质量发展国外相关研究

国外学者对企业高质量发展的研究还不够深入与全面。最初研究主要集中于高质量发展的概念内涵方面。Barro(2002)提出高质量发展的概念内涵包括狭义和广义两方面,狭义的高质量发展是指以产品高质量为主导的发展,而广义的高质量发展是指社会经济的高质量发展,包括生产过程的高质量和生产结果的高质量。随着研究日益深入,人们开始重视与企业高质量发展有关的内容,包含企业高质量发展的概念内涵、企业高质量发展的驱动因素以及企业高质量发展的评价指标等。

关于企业高质量发展的概念内涵的研究。Gereffi(1999)认为,一个企业的高质量发展表现为其拥有跨入附加价值更高的技术密集型或资本密集型经济领域的能力。Humphrey(2002)提出,企业实现高质量发展的关键是提高生产效率、专注于生产与市场契合度高的产品并保持持续不断地学习新技术,即创新成长能力。Gumusluoglu(2009)指出,企业的高质量发展离不开组织创新,同时应对企业高质量发展的状态性概念和过程性概念有所区分。Mlachila(2014)通过分析得出微观企业层面的高质量发展应当满足消费者对产品服务和质量的要求的结论。

关于企业高质量发展的驱动因素,学界认为主要分为宏观经济环境与企业自身行为特征两个方面。在宏观经济环境方面,Asongu和Nwachukwu(2017)认为可以通过降低投资水平、人力资本水平以及私人投资份额等多种途径来影响企业行为,进而影响企业的高质量发展。Asteriou和Spanos(2019)利用危机期间欧盟金融发展与经济增长的数据,研究得出金融市场的发展能够缓解企业的融资约束,进而促进进出口企业发展质量的提高。在企业自身行为特征方面,Shleifer(1998)从企业的管理实践、对外经济关系以及资源配置方式等方面阐述了企业内部因素对企业高质量发展的影响。

关于企业高质量发展的评价指标的研究。国外学者大多选择企业的创新能力作为企业高质量发展的重要评价指标。Lin等(2006)整合了258家美国科技上市公司的财务数据,分析得出企业的商业化取向与研发投入是相辅相成的结论,认为企业通过实施技术创新来形成自身的核心竞争力,从而获得持续的竞争优势,进而为自身的高质量发展奠定坚实的基础。Cappelen(2012)基于挪威企业的相关数据,认为企业的创新能力与其研发投入密切相关,技术进步是企业进步的重要驱动力。不断增加研发创新投入以促进企业技术进步,是企业高质量发展的必由之路。Bartoloni(2013)在对企业资本结构与创新之间的关系进行研究后发现,企业研发投入对财务绩效具有正向促进作用,可以影响企业未来一段时间内的发展水平,对企业的高质量发展至关重要。

旅游企业高质量发展作为旅游高质量发展中的新的研究对象,逐渐受到国外学者们的关注。Erika Revida(1997)通过研究北苏门答腊的多巴湖景区中社区行为对旅游服务质量的影响,提出多巴湖景区可以通过提升当地居民对旅游服务质量的认知,以及改善态度和行为来提高该景区的旅游质量,促进景区高质量发展。Laura(2008)在大量文献综述和定性实证研究的基础上构建了一个衡量旅行社服务质量的综合模型,并得出旅行社要想形成并保持竞争力和盈利能力，需要不断提高服务质量水平，进而实现高质量发展的结论。Hua Fan等(2022)分析了顾客和一线员工对机器人的接受程度对酒店服务质量的影响，得出不平衡的机器人策略是促进酒店服务高质量发展的最佳选择的结论。

2.企业高质量发展国内相关研究

2017年的政府工作报告中首次提出"高质量发展"这一概念。高质量是在经济、社会、环境等领域通过技术进步或者政策实现的，它要求所有微观主体共同努力。要想实现旅游业的高质量发展，需要保证行业内各旅游企业都达到较高的发展水平。目前对高质量发展的研究多集中于宏观层面。要想实现宏观经济的高质量发展，离不开微观层面企业的高质量发展。

国内学者关于企业高质量发展问题的研究集中于企业高质量发展的内涵、企业高质量发展的影响因素以及企业高质量发展水平的测度与评价指标体系等方面。

关于企业高质量发展的内涵的研究。黄速建(2018)从现实意义的层面定义了高质量发展的内涵，认为企业应该从社会价值、资源能力、产品服务等七个方面实现企业的经济价值和社会价值。因此，企业高质量发展也可以认为是企业实现或维持高水平、高层次的一种发展新范式。戴国宝、王雅秋(2019)认为民营中小微企业高质量发展的内涵包括由过去粗放式经营转向创新驱动发展，由单一自我发展转向积极整合内外部资源，由注重产品销售转为注重产品质量，并强调了企业高质量发展的必要性。陈昭、刘映曼(2019)利用中介效应模型研究得出企业高质量发展水平的提升离不开技术创新，并选取全要素生产率作为企业高质量发展水平的评价指标。

从影响企业高质量发展水平的因素来看，目前研究主要集中在宏观经济环境与企业自身行为及特征两个方面。宏观经济环境主要包括市场结构与需求、营商环境、政府治理以及财税政策等。李世刚(2018)从需求端出发，提出国家需要转变国民需求结构以及加强供给侧结构性改革，这既能推动产业结构转型升级，又对促进企业高质量发展有显著效果。陈太义等(2020)基于企业信心的视角，研究发现营商环境对企业高质量发展具有显著的促进效应，并进一步通过七个维度的路径分析得出优化企业营商环境会增强企业信心进而提升企业高质量发展水平的结论。谷军健和赵玉林(2020)研究发现海外研发投资对企业绿色高质量发展的影响具有异质性，即海外研发投资对高科技行业和国有垄断行业绿色发展质量的提升作用大于低技术行业和中、高竞争行业，同时，海外研发投资与技术引进行为对制造业企业高质量发展存在协同效应。董志愿等人(2021)将央企控股上市公司作为研究样本，探讨政府审计在推动企业高质量发展中的作用，研究发现政府审计有助于企业的高质量发展，且当企业的发展质量处于较高水平时，政府审计力度越大，越有利于促进企业高质量发展。在企业自身行为及特征方面，李佳霖等(2021)探究发现企业多元化战略在金融发展与企业高质量发展之间的倒U形关系中发挥了负向中介效应，同时，企业的盈利能力和经营现金流的提升会影响企业的高质量发展。孟茂源、张广胜(2021)利用中介机制分析了劳动力成本上升对企业高质量发展的促进作用，结果表明当劳动力成本上升时，可以通过增加研发投入、提升员工素质和加大企业内控力度来促进企业高质量发展。

关于企业高质量发展水平的测度与评价指标体系的研究。张涛(2020)基于创新、绿色、开放、共享、高效和风险预防六个维度构建了宏观与微观一体化的企业高质量发展评价指标体系，并指出高质量发展测度体系应当具备全面性、异质性、稳定性和动态性等特征。马宗国、曹璐(2020)从效益增长、创新发展、绿色发展、开放合作、社会共享五个维度构建了制造业企业高质量发展评价指标体系，为实现企业高质量发展做好长期建设准备。杨宗翰等(2020)基于创新、协调、绿色、开放、共享的新发展理念，构建了企业高质量发展水平的评价指标体系，并指出如果上市公司在产品卓越、企业动态能力、公司治理以及社会绩效四个维度上满足较高标准，就能为企业高质量发展奠定坚实基础。

在经济新常态的时代背景下，中国旅游业增速明显，已连续多年对GDP的贡献率超10%，进入新发展阶段后，学者们对旅游的研究也从原来的“旅游质量”“旅游效率”转向“旅游高质量”，形成了新的研究视域。最早有学者在2018年将“旅游高质量”作为独立的研究视角，2020年10月，中共十九届五中全会提出，“十四五”时期经济社会发展要以推动高质量发展为主题，有关旅游与高质量发展的研究逐渐丰富。国内有关旅游高质量发展的研究多集中于宏观的产业层面，目前有关旅游企业高质量发展的研究还比较匮乏，旅游企业高质量发展作为旅游高质量发展研究的一个新兴视角，逐渐引起人们的广泛关注。在已有的少量有关旅游企业高质量发展的文献中，研究对象多为旅游景区。例如，雷莹、杨红(2021)利用解释结构模型和交叉影响矩阵相乘法从多个维度分析了红色旅游景区高质量发展的影响因素。屈静娟等(2021)提出可以借助价格杠杆促使景区门票价格合理化调整，推动我国国有景区高质量发展。在高质量发展的时代背景之下，中国旅游业应更加注重提高质量，推动产业迈

向优质旅游发展新时代。由此可见，我国旅游业向高质量发展转型是经济发展到一定阶段的必然趋势，关于旅游企业高质量发展的研究也将成为未来学者们需要关注的新视域。

### （三）内部控制与企业高质量发展关系相关研究

国内关于内部控制对企业发展质量影响的研究主要集中在内部控制与企业绩效、企业价值等方面，而针对内部控制与企业高质量发展关系的研究相对不足。内部控制是企业实现高质量发展的有效途径，对二者的关系展开深入研究显得尤为重要。

高质量发展是近些年提出的新表述，因此直接研究内部控制与企业高质量发展的文献较少。在现有的相关文献中，张广胜等（2020）研究发现内部控制能通过提高企业研发投入和劳动产出效率来显著提升企业的全要素生产率，进而促进企业高质量发展。覃丽平（2020）基于目标导向下内部控制的视角，论证了内部控制的战略目标、经营目标、报告目标和合规目标的完成程度越高，对推动企业高质量发展的贡献就越大。王瑶等（2020）通过机制检验发现内部控制对实体企业具有治理效应，内部控制通过抑制实体企业脱实向虚和过度金融化来促进企业高质量发展目标的实现。

也有部分文献从内部控制五要素的不同角度，研究其与高质量发展之间的关系。内部控制包含风险评估、内部环境、控制活动、信息与沟通、内部监督五个方面。有关风险评估的研究中，王新奎（2019）指出内部控制的核心是风险管理，国有企业通过增强内部控制可以提高其确认、评估风险和制定应对措施的能力，从而加强企业防范风险的能力，有效降低风险对企业的影响。在内部环境方面，曾雪云（2021）指出我国上市公司在治理结构上要把企业长远发展和价值创造放在首位，促使大股东转变价值取向，将内部治理转化为推动企业高质量发展的新动能。范玉仙、张占军（2021）通过考察不同所有制股权混合对企业发展质量的影响，得出推进企业治理现代化、提高企业治理效能是实现企业高质量发展的有效路径的结论。在信息与沟通方面，伍中信等（2022）研究认为企业通过披露环境信息可以改善企业内外部的信息不对称情况，此外，环境信息披露水平的提高还能够显著促进企业的高质量发展。

### （四）国内外研究现状述评

本研究基于内部控制、企业高质量发展以及内部控制对企业高质量发展的影响三个方面的研究成果进行了文献梳理。

在内部控制有效性方面，国外对内部控制研究的开始时间较早且其关注点多集中于理论层面，国外学者将内部控制定义为企业董事会、监事会及高级管理层为保证企业各项经营活动合法合规以及财务报告编制准确可靠而应尽的职责。国内对内部控制的研究起步较晚，国内学者倾向于结合我国现状，从内部控制有效性应用视角，结合内部控制的相关理论与实际应用进行研究。

在企业内部控制缺陷和信息披露方面，国外学者多从盈余公积的视角，分析得出充足的现金盈余可以减轻企业内部控制缺陷带来的风险。

在企业内部控制评价方面，国外学者多从内部控制目标的角度，通过构建内部控制评估系统来对企业的内部控制情况进行评价。国内学者多从内部控制五要素的视角构建内部控制评价指标体系，并逐渐倾向于使用定性与定量相结合的方法对企业的内部控制展开评价。

除此之外，随着我国旅游业的蓬勃发展，不少学者将内部控制的视角转向了旅游业，并且针对旅游企业的内部控制进行了相关的研究。

基于此，本研究从旅游上市公司高质量发展的五个维度探究内部控制与旅游企业高质量发展之间的关系，原因如下：一是学术界对内部控制与企业绩效的关系的研究颇多，但是鲜有研究从内部控制与企业高质量发展的关系的角度展开相关研究；二是旅游业作为我国现代服务业的支柱产业之一，目前以旅游企业为研究样本展开的研究还相对较少，该领域的研究具有广阔的发展空间；三是现阶段对内部控制与企业关系的研究多采用实证分析的方法，鲜有学者利用定性分析与定量分析相结合的方法从多维度对内部控制与企业高质量发展的关系展开研究。因此，本研究运用定性分析与定量分析相结合的方法，从经济效益、技术创新、价值管理、社会价值以及品牌认知五个方面，对内部控制和旅游企业高质量发展之间的关系进行了研究，并提出了对推动旅游企业高质量发展行之有效的方法。

### （五）相关概念界定

#### 1. 内部控制的概念定义

在内部控制定义方面，国外现行较为权威的界定是COSO给出的。COSO认为，内部控制是指公司全体员工共同参与的，以提高企业的经营效率为目标，确保公司财务报告的真实性和可靠性以及公司遵循相关法律法规的合规性的过程。

我国发布的《企业内部控制基本规范》中也对内部控制进行了官方界定，

认为内部控制是由企业董事会、监事会、经理层和全体员工实施的，旨在实现控制目标的过程。内部控制的目标是合理保证企业经营管理合法合规、资产安全、财务报告及相关信息真实完整，提升经营效率和效果，促进企业实现发展战略。

由上述定义可知，企业的内部控制是企业一系列管理活动的总和，是一项不断发展变化的动态管理活动(李瑛玫等，2019)。因此，有效的内部控制需要旅游企业的管理者针对不同市场环境制定不同的管理措施，企业各层职工应主动参与进来，同时，旅游企业的内部控制制度也要不断更新以适应新的竞争环境。环环相扣、逐步递进的内部控制体系是旅游企业高质量发展的重要保障。

2. 内部控制的目标

内部控制的五大目标分别是合规目标、资产安全目标、报告目标、经营目标和战略目标，内部控制旨在提高财务报告质量、防范金融风险、达成企业运营目的。

具体来讲，合规目标是指企业的内部控制要保证企业遵循国家相关的法律法规，合规与诚信是企业良性发展的根基，合规目标则是企业内部控制目标的基础。因而旅游企业在制定相关内部控制标准的过程中要把法律法规的各项要求渗透内部控制制度的方方面面，将企业风险降到最低。

资产安全目标是维护企业资产的安全与完整，减少企业资产的损失。旅游企业不仅要防止资产的损失，还要提高资产的使用效率，在制定内部控制制度的同时，融入资产管理理念，提高企业资产的安全性和利用率，以实现资产安全的目标。

报告目标意味着企业的内部控制应提高报告信息的质量并合理地确保其所提供资料信息的真实性和可靠性。旅游上市公司的年度财务报告必须公开，投资者会依据企业披露的财务报告做出相应的投资决策，因此报告目标是否实现，将在一定程度上影响企业今后的经营目标能否实现。

经营目标是内部控制最直接和最基本的目标，旨在提高商业运作的有效性和效率。旅游企业以企业价值最大化为其基本生存目标，即盈利，而经营目标直接影响着企业的获利。内部控制通过构建规范合理的制度，帮助旅游企业平稳有序地经营并最终实现企业价值最大化的愿景。

战略目标旨在推动企业发展战略的实现，是内部控制的至高目的和终极目标。旅游企业以短期盈利为经营目标，而其战略目标则是站在企业长久可持续发展的立场上制定的发展目标，二者相辅相成，共同促进企业内部控制最终目标的实现。

迪博内部控制与风险管理数据库发布的内部控制指数，是根据内部控制的基本目标制定的，在战略层级、经营层级、报告的可靠性、报告的合法合规性、资产的安全性五个方面对内部控制的有效性进行了系统的衡量，这一指标极具权威性，能对企业内部控制的质量进行客观、合理的评价（杨文锦，2021）。基于上述分析，本研究采用迪博内部控制与风险管理数据库发布的内部控制指数衡量旅游上市公司的内部控制质量。

3. 企业高质量发展的内涵

习近平总书记在党的二十大报告中强调，“高质量发展是全面建设社会主义现代化国家的首要任务”。在国家持续重视高质量发展的背景下，学界对高质量发展内涵的探讨不断深化。相关研究经历了从宏观到中观再到微观的演进过程：早期研究主要聚焦于宏观经济层面，认为高质量发展是指经济结构更加合理，经济发展更加全面、协调、可持续（张长江等，2022）；随后，学者们将研究视角延伸至中观层面的产业与区域高质量发展；近年来，越来越多的研究开始关注微观企业层面的高质量发展。宏观层面的经济高质量发展依赖于企业主体性作用的发挥，归根到底取决于企业能否实现高质量发展（黄速建等，2018）。基于上述研究脉络，本研究从微观层面对旅游企业的发展质量进行探究。

由于企业高质量发展这一提法较新，现有学者对其内涵的定义尚处于研究探讨阶段，并未达成共识。王瑶等（2021）认为企业高质量发展是一种目标状态，其核心特征包括：企业具备较为完善和高效的管理和治理机制，可以依靠创新驱动企业发展，资源配置效率极高，产品服务优质，财务业绩突出等。张长江等（2022）将企业高质量发展的内涵描述为企业的一种理想状态，包括内部资源配置合理、内部管理机制完善、生产经营方式绿色化、产品服务质量高、科技自主创新能力强等。本研究借鉴相关学者对企业高质量发展内涵的研究，对旅游企业高质量发展的内涵做出如下定义：旅游企业应当摒弃盲目追求规模扩张和短期绩效改善的发展模式，改变依靠高资源消耗换取企业绩效的粗放式经营方式，应通过健全有效的内部控制机制来提升企业的资源整合效率，持续激发企业的价值创造潜能，关注企业的可持续价值创造能力，在企业成长过程中兼顾当前经济效益与未来的可持续发展。

4. 企业高质量发展的主要表现

要想推动和实现新时代企业高质量发展，建立科学合理的评判标准至关重要。相关研究从多维度衡量企业的高质量发展水平，概括总结了适用于旅游企业高质量发展评价的主要绩效方面，并进行了具体分析（刘姝雯，2021）。基于前文对旅游企业高质量发展内涵的界定，本研究从经济效益、技术创新、价值管理、社会价值以及品牌认知五个方面对旅游企业的高质量发展水平进行了衡量，同时也体现了旅游企业高质量发展的主要特征。

5. 企业高质量发展的测度方法

企业要想实现高质量发展，需要依靠科学的评价指标体系和一定的测度方法。当前学术界对于企业高质量发展的衡量方法还没有形成共识，许多研究者从不同角度针对不同类型、不同产权性质的企业提出了不同的衡量方法，根据张长江等（2022）的研究，相关衡量方法可分为以下两类。

一类是单一指标评价法，主要包括中间变量替代法和企业全要素生产率替代法。

中间变量替代法。部分学者的研究从企业高质量发展的动机和目的视角出发，选择影响企业高质量发展的某一中间或结果指标来衡量企业的高质量发展水平。陈丽珊等（2019）提出如果一家企业的会计利润不足以支付企业贷款资本和股东投资资本的机会成本，这意味着企业没有实现高质量发展。因此，有必要选择与经济利润理念相对应的公司经济附加值（EVA）作为衡量企业是否实现高质量发展的指标。夏冰等（2020）视企业的经营水平、盈利能力为衡量企业高质量发展水平的重要尺度，因此他们选择了资本增值能力与流动性水平作为考核企业发展质量的标准。

企业全要素生产率替代法。近年来，全要素生产率（TFP）以其信息量丰富和综合性强的优势在学术界得到了广泛的应用，用以度量企业高质量发展水平。陈昭、刘映曼（2019）以我国制造业上市公司为研究对象，选取全要素生产率作为从整体上衡量我国制造业企业高质量发展水平的指标，对政府补贴、企业创新与制造业企业高质量发展三者之间的关系进行了考查。潘艺和张金昌（2022）从财务风险角度运用LP法测算全要素生产率，用以衡量企业的高质量发展水平，实证检验了数字金融、财务风险以及企业高质量发展之间的内在联系及作用机制。全要素生产率反映了企业的经济发展质量、技术进步情况及其在产业价值链中的地位等。全要素生产率的提高是企业实现高质量发展的必然条件之一。基于上述分析，在稳健性检验中选择全要素生产率替换多指标综合评价法对旅游企业高质量发展水平进行衡量,得出的结果依然是稳健的。

单一指标评价法相对来说比较客观,并且具有较强的可操作性,因此很多学者采用这类方法来研究我国企业的高质量发展水平问题。然而单一指标评价法也存在一定的局限性:选取单一变量并不能像多指标那样综合衡量企业的高质量发展水平,可能存在一定的偏颇。因此,考虑到上述情况,本研究选择多指标综合评价法对我国旅游上市公司的高质量发展水平进行评价。

另一类是多指标综合评价法。

杨波(2019)分析了有关国有企业改革发展质量评价指标体系的文献,从两个方面构建了国有企业改革发展质量的评价指标体系:定量指标从七个方面反映国有企业的经济效益,包括效益效率、自主创新、转型发展、开放发展、风险控制、节能环保、特色创新;定性指标包括国有企业的社会认可度和国有企业在社会中的特殊使命。张涛(2020)从创新、绿色、开放、共享、高效和风险防控六个维度构建了宏观与微观一体化的高质量发展水平评价指标体系。在这些维度中,企业的高质量发展评价指标体系作为微观层面的衡量模型,包括17个一级指标,34个二级指标。王瑶、黄贤环(2021)建议运用层析分析法构建涵盖管理和治理机制、创新驱动发展、资源配置效率、产品服务质量、财务质量等的企业高质量发展水平评价指标体系。在以上相关研究的基础上,本研究对企业高质量发展水平测度方法及应用进行了总结,如表4-1所示。

**表4-1 企业高质量发展水平测度方法及应用**

| 测度方法 | 测度对象 | 测度指标 |
|---|---|---|
| 单一指标评价法 | 一般企业 | 企业经济增加值(EVA) |
| | 混合所有制企业 | 资本增值能力与流动性水平 |
| | 制造业企业 | 全要素生产率 |
| 多指标综合评价法 | 国有企业 | 定量指标:效益效率、自主创新、转型发展、开放发展、风险控制、节能环保、特色创新。<br>定性指标:国有企业的社会认可度、国有企业在社会中的特殊使命 |

续表

| 测度方法 | 测度对象 | 测度指标 |
| --- | --- | --- |
| 多指标综合评价法 | 一般企业 | 企业创新发展指数、企业绿色发展指数、企业开放发展指数、企业共享发展指数、企业高效发展指数、企业风险防控指数 |
| | | 企业管理和治理机制、创新驱动发展、资源配置效率、产品服务质量、财务质量 |

企业高质量发展这一概念本身具有丰富的内涵，多指标综合评价法的变量选取相对全面，可以全方位、多层次地衡量企业的高质量发展水平。因此，本研究基于旅游企业所处行业的独特性和对企业高质量发展概念内涵的解读，从经济效益、技术创新、价值管理、社会价值以及品牌认知五个方面构建了旅游企业高质量发展水平的评价指标体系。

（六）理论基础

1. 资源基础理论

Wernerfelt(1984)在资源基础理论中提出，企业的异质性资源为其获取竞争优势的源泉。Barney(1991)的研究基于这样一个事实——竞争优势是由企业资源的稀缺性、不可替代性和价值所决定的。依据资源基础理论，拥有宝贵、稀缺和不可替代的资源的企业，拥有可持续的竞争优势来源和资源储备，进而有机会实现可持续的高质量发展。

企业的资源包括有形资源和无形资源，其中，无形资源被视为具有异质性和难以复制性等特征的资源。企业的创新能力是企业宝贵的无形资产，如今，数字化、人工智能快速发展，旅游企业要想在行业中拥有自己的一席之地，不被时代所淘汰，就需要具备与时俱进的技术创新能力。依据资源基础理论，要想获得持续竞争优势，企业必须注重对资源的管理和使用，增强核心竞争力。内部控制是企业提升资源管理效率的重要途径，符合企业提升核心竞争力从而实现高质量发展的要求。因此，旅游上市公司可以通过提高企业的内部控制质量来促进企业的创新投入，从而提高企业的资源利用效率，形成企业的核心竞争力，最终实现企业的高质量发展。

2. 信号传递理论

信号传递理论建立在信息不对称问题的基础上，即市场上的各经济主体由于接收到的信息不同而未能合理分配资源(佘鑫月，2022)。例如，企业的管理者负责经营管理企业的各项日常活动，对企业的具体情况有着清晰详尽的了解，而外界的股东和债权人在获取企业内部信息时可能受到条件的限制，无法准确地了解企业的经营和财务状况，因而在进行投资决策时无法做出准确的判断。为了缓解由此产生的矛盾冲突，企业通常通过宣布股利政策、披露财务信息和宣告融资计划向外界发出积极信号，展现自己的优势所在，进而吸引潜在利益相关者的关注(李秀洁，2019)。

旅游上市公司通过披露内部控制自我评价报告、内部控制审计报告以及企业的财务报告等方式，展现企业自身的良好形象，向外界传递出积极的信号。旅游企业需要通过完善内部控制体系来健全企业的风险防护系统，保障安全的生产经营环境，以及披露可靠的财务报告来向内外部的利益相关者展现企业良好的形象。旅游上市公司给市场带来企业未来发展潜力巨大和企业发展质量较高等正面信号，能够提升投资者对企业的信任度，进而获得较低的交易成本和优质的资金支持，促进企业长期的健康、高质量发展。

3. 利益相关者理论

利益相关者理论提出之前，学者们一直遵守着“股东至上”的企业经营理论，认为股东投入资本并承担风险，企业设定的目标应该是实现股东财富最大化(李秀洁，2019)。20世纪60年代，Freeman提出的利益相关者理论，颠覆了传统的“股东至上”理论，已被学术界广泛接受。在Freeman看来，能对企业产生影响的团体是利益相关者，主要包括政府、股东、员工、消费者等，并且他们与企业之间相互影响、相互渗透。随着资源的不断投入，企业的发展将涉及更多的利益主体，利益相关者理论开始得到学者们广泛的关注。

利益相关者理论表明，企业在价值创造过程中必须要考虑到多方的利益关系。股东是企业的所有者，债权人是企业资金的提供者，管理层是企业的战略决策者，员工是企业发展方案的实施者，供应商是企业原材料的供应者，政府、媒体等具有监督企业依法经营和承担社会责任的作用。因此，旅游企业在发展的过程中需要综合考虑多方的不同利益。旅游企业需要提供全方面、多样化的企业信息，以满足不同利益者的信息需求。内部控制通过有效管理旅游企业日常生产经营活动，在一定程度上降低企业外部利益相关者所承担的风险，提升利益相关者对企业的信心和资金投入，促进旅游企业长期高质量可持续发展。

### （七）理论分析与假设提出

1. 内部控制与旅游企业高质量发展

内部控制是一种动态的、不断发展的管理活动。内部控制以提高企业经营管理水平为目的，减少了企业运营成本，通过推动企业稳定持续运行，实现企业的高质量发展。2010年财政部会同证监会、审计署、银监会、保监会制定印发的企业内部控制配套指引，以及2021年中国企业改革与发展研究会组织起草的《企业高质量发展评价指标（征求意见稿）》均体现出了国家通过相应的政策文件支持来保证企业的经营效率，进而促进企业实现高质量发展的目的。

具体来看，内部控制由内部环境、风险评估、控制活动、信息与沟通以及内部监督五部分构成，每部分都在促进旅游企业高质量发展中发挥着作用。旅游企业通过控制内部环境缓解了股东与管理层之间的委托代理冲突，通过明晰岗位职责，降低了企业的管理成本，有效规避了管理层的机会主义行为，促进管理层和企业员工实现个人价值最大化。有效的内部控制通过完善企业的风险评估程序，增强旅游企业在面临内外部不确定性风险时的预测、识别和防范能力，将风险控制在企业可接受的范围内，为企业的高质量发展增添保障。控制活动是指企业设置的内部业务流程规范，旅游企业通过控制活动对企业的资金活动、采购业务、生产过程、销售环节等各方面实施有效控制，提高旅游企业的资本要素配置效率（张广胜等，2020）。企业部门间高效的信息与沟通机制可以促进企业员工、管理层以及股东之间的交流，同时，有效的信息与沟通机制也可以增强旅游企业与政府、供应商以及客户之间的信息传递，提高企业的内部信息披露程度，充分发挥旅游企业的信号传递作用，降低企业的债务成本（Franco等，2016）。内部监督通过对旅游企业各部门以及各环节之间的有效监督，有效改善企业生产经营活动中的非故意性失误，进而提高员工的工作积极性。合理有效的内部监督有助于旅游企业专注于具有核心竞争优势的项目，创造更大的品牌价值，促进旅游企业的高质量发展。基于上述分析，本研究提出如下假设。

假设1：旅游上市公司内部控制质量与高质量发展之间是显著的正相关关系。

2. 内部控制、股权集中度与旅游企业高质量发展

股权集中度是企业治理体系中企业所有权分布的最主要的度量标准，也是企业是否稳定的重要标志。旅游上市公司作为股权集中度较高的企业，大

股东的持股比例对企业的长远发展有很大的影响。因此,研究旅游上市公司股权集中度对企业内部控制以及企业高质量发展之间的调节作用很有必要。

从企业治理的方面来说,La Porta、Lopez-de-Solanes、Shleifer、Vishny(2021)通过应用金融经济学和计量经济学的方法,探究了各国上市公司前三大股东的持股情况,发现世界各地股权相对集中,企业的所有权与管理权之间有一定程度的重叠。股权集中度高的企业,控股大股东间能够互相制衡和监督,有利于企业稳步发展。同时,股权集中所带来的监督效应认为,上市公司所有权相对集中,大股东持股比例较高,他们出于投机目的出售股票比较困难,这就促使他们长期持有企业股票,因此,大股东会更积极地监督和激励管理层更好地管理企业,以实现企业价值最大化和个人利益最大化。也有众多学者认为基于股权集中度的监督效应,股权集中度使企业财务风险下降,提升股权集中度有助于缓解融资约束和推动企业高质量发展(于文领等,2020)。基于上述分析,本研究提出如下假设。

假设2:股权集中度越高的旅游上市公司的内部控制质量与高质量发展之间的正相关关系越强。

## 三、我国旅游上市公司发展现状分析

### (一)旅游业发展现状

“十三五”以来,旅游业在国民经济中作为战略性支柱产业的地位愈发稳固。自“十三五”规划提出后,旅游业与其他产业实现了跨界融合,共同发展,产业规模不断扩大,新业态层出不穷,旅游业在推动经济平稳健康发展中的综合带动作用愈加凸显。实践证明,旅游业不仅是推动服务业发展和经济结构优化的一个重要方面,还是弘扬中华优秀传统文化的重要载体。

我国旅游业发展迅速,其能够一直高速发展的原因在于在经济跨越式发展的背景下,居民收入水平有了较大的提高,人们越来越追求高品质的生活(王伟,2020),人民群众在出行时能够饱览祖国秀美山河,感受璀璨文化魅力,继而增强获得感、幸福感和安全感。

此外,旅游成为加强对外交流与合作、增强国家文化软实力最主要的渠道。“十三五”时期出入境旅游健康有序地发展,每年进出境旅游总量超过3亿人次。“一带一路”沿线旅游合作和亚洲旅游推广计划深入开展,旅游业在讲好中国故事、提升“美丽中国”形象、推动人文交流中有着举足轻重的地位。

党的二十大报告指出，高质量发展是全面建设社会主义现代化国家的首要任务。旅游业作为国民经济的战略性支柱产业和人民的幸福产业，它在高质量发展中处于重要的地位(方世敏等，2020)。因此，落实新发展理念必须坚持以创新为第一动力，增强旅游企业的自主创新能力，强化科技赋能旅游业转型升级，以数字赋能构建文旅消费新生态，促进旅游业的高质量发展(吴儒练，2020)。

### (二)旅游上市公司发展现状

#### 1. 中国旅游上市公司的基本情况

当前，学术界对于旅游上市公司的界定尚未形成统一标准，本研究以证监会印发的《上市公司行业分类指引》的分类标准为指引，将旅游上市公司定义为在中国境内公开上市并在证券市场上融资，以旅游活动为营业收入主要来源，或以辅助旅游活动开展经营活动为主营业务的上市公司。其业务范围主要包括旅游区管理、旅游出行、食宿、游览、旅行社、旅游电子平台服务、旅游商品销售、旅游信息咨询服务等(杨皓泽，2021)。

国内首家旅游上市公司为岭南控股(000524)，该公司于1993年11月在深交所主板挂牌上市，拉开了中国旅游上市公司发展的序幕。随后，旅游类公司纷纷登陆资本市场。这一时期国内旅游企业数量较少，上市也相对缓慢，尚在萌芽期。随着改革开放和经济全球化进程的加快，旅游业作为一个朝阳产业得到迅速发展，旅游上市公司数量越来越多。经过1995年空窗期，A股市场1996—1997年共迎来16家旅游上市公司。随着国家加大对旅游业的政策支持以及旅游业的快速发展，我国旅游上市公司数量迅速增加，行业集中度提高，行业竞争日益激烈。这一时期，旅游目的地景区资源集中涌现，多数以国有资产为基础，将酒店和景区、旅行社和其他集体打包上市，这些公司也正在成长中，成为中国旅游上市公司的主力军。1998年以后，旅游企业稳步发展，减缓上市速度，1998—2003年仅有8家旅游企业进行A股挂牌，但旅游企业在经营形式上却开始逐步多元化。我国证券市场在2004年和2009年相继开放了中小板和创业板，但是，旅游上市公司同样只有8家，其中，丽江股份(002033)、宋城演艺(300144)分别为中小板、创业板首家挂牌旅游企业。随着旅游产业规模的不断壮大，越来越多的企业通过上市融资来扩大经营规模，增强竞争力，从而获得更高的收益。2011年以来，旅游产业步入了大并购的阶段，相继有11家旅游企业上市。截至2020年12月31日，我国沪深A股市场共有45家旅游上市公司,仅占中国上市公司总数的1%(骆玥文,2021)。

2. 中国旅游上市公司的分类

学术界对旅游上市公司的定义尚未达成共识,其原因主要有两个:其一,旅游产业涵盖面广,包含"吃、住、行、游、购、娱、商、养、学、闲、情、奇"十二大要素,综合性强,很难清楚地划分各自的业务范围。其二,旅游上市公司的经营变化较为频繁,造成主营业务收入来源发生改变。例如,一些旅游企业本来主要从事酒店经营方面的业务,但随着企业的发展,其主要的业务方向可能会转向网络电子竞技类业务;或是有些企业在发展过程中将发展重点转向了旅游业。这就导致了同一研究对象在不同研究时期所处的行业分类可能不尽相同。为了在所选取的研究期间内尽可能科学且全面地包含我国各类旅游上市公司,本研究以《上市公司行业分类指引》中的分类原则与方法为参考,结合同花顺、东方财富等第三方网站的信息以及公司主营业务收入来源,基于已有研究成果,将研究样本中的旅游上市公司划分为四大类:景区类旅游上市公司、酒店和餐饮类旅游上市公司、交通运输类旅游上市公司以及综合类旅游上市公司,如表4-2所示。

**表4-2 旅游上市公司类型划分表**

| 类型 | 公司名称及代码 |
| --- | --- |
| 景区类旅游上市公司 | 张家界(000430)、峨眉山A(000888)、桂林旅游(000978)、宋城演艺(300144)、黄山旅游(600054)、大连圣亚(600593)、西藏旅游(600749)、天目湖(603136)、九华旅游(603199) |
| 酒店和餐饮类旅游上市公司 | 华天酒店(000428)、西安旅游(000610)、西安饮食(000721)、全聚德(002186)、中科云网(002306)、巨人网络(002558)、首旅酒店(600258)、新国脉(600640)、锦江酒店(600754)、金陵饭店(601007) |
| 交通运输类旅游上市公司 | 神州高铁(000008)、锦江在线(600650) |
| 综合类旅游上市公司 | 华侨城(000069)、岭南控股(000524)、新华联(000620)、凯撒旅业(000796)、三湘印象(000863)、云南旅游(002059)、三特索道(002159)、众信旅游(002707)、中青旅(600138)、国旅联合(600358)、曲江文旅(600706)、中国中免(601888)、丽江股份(002033) |

景区类旅游上市公司多分布在自然景色资源或人文资源丰富的地区。这类旅游上市公司对当地资源有较强的依赖性,在实际运营的过程中受自然气候影响较大,有些景点如禾木村的收入来源具有季节性。这类旅游上市公司大多依附于具有较强地域特色的景点而建,对当地独特的自然资源依赖性较高,同时,这些独特的景区资源又使得这类旅游上市公司在市场竞争中具有垄断性,可以利用这些稀缺的资源来吸引游客,获得可观的营业收入。这类旅游上市公司的运营模式较单一,大多围绕着旅游资源而展开,旅游需求变化不大。这类旅游上市公司需要为客户提供交通、饮食、住宿等全方位的配套服务,因此收入来源的稳定性较高,特别是净资产收益率要高于其他类型的旅游上市公司。

酒店和餐饮类旅游上市公司主要为游客提供住宿和餐饮服务,是旅游消费者开展旅游活动的落脚点,更是国内旅游业旅游收入的主要源泉。这类旅游上市公司大多通过经营活动的中间环节来获取收入,即不通过与景点直接接触及以销售旅游产品来获得收入,而是通过二次消费,为游客提供中间环节的服务来赚取收入。这类旅游上市公司大多具有较大的规模或者较强的品牌效应,如锦江集团、全聚德等。相关酒店、餐饮场所大多建立在交通便利的区域,靠近市区或者旅游景点。

交通运输类旅游上市公司为游客提供了游览过程中连接其他各类旅游资源的服务。这类旅游上市公司的主要收入来源既包含游客为到达旅游目的地而乘坐的交通工具,也包含景区内部的摆渡车、索道等二次消费的交通工具。

综合类旅游上市公司并没有特别大的核心业务,涵盖的业务范围较广,具有以下特征:资产规模较大;在实际经营中从各方面拓展自己的业务渠道,实施多元化的发展策略;内部控制体系大多建立得较为完善,投资分散,管理完善,因而企业抵抗风险的能力较强;因主营业务不够明显而不具备独特的市场竞争优势。这类旅游上市公司可以通过不断开展综合业务来增强自己在行业中的影响力。从综合类旅游上市公司的发展历程中我们可以发现,我国旅游企业的广度正在拓展,与旅游有关的行业也因此蓬勃发展。

3.中国旅游上市公司的总体特征

首先,我国旅游上市公司的地理分布不均衡。我国旅游上市公司的地域分布范围较广,景区类旅游上市公司多集中于旅游资源富集地区,如峨眉山A位于国内自然风景优美的峨眉山江;酒店和餐饮类旅游上市公司分布较为广泛、零散,如市场规模位居亚洲酒店集团第一的锦江集团,其旗下的各类酒店遍布全国各个地区;综合类旅游上市公司多位于沿海地区经济极为发达的城市,如上海、深圳等地,这些城市作为现代旅游都市,其居民整体的消费水平较高,旅游业发展繁荣,同时有大量的资本注入,为当地的旅游上市公司提供资金支持。

其次,我国旅游上市公司总市值差异较大,股权相对集中。本研究综合考虑公司的总市值大小,选取截至2021年6月30日我国总市值较大的三家旅游上市公司中国中免(601888)、中青旅(600138)、凯撒旅业(000796)。这三家旅游上市公司的总市值位于旅游行业前列,尤其是中国中免以5859.38亿元的市值位居行业首位,这三家旅游上市公司的市值之和约占据A股旅游行业总市值6295.64亿元的95.47%。这说明旅游行业总市值较小,企业规模差距悬殊,整体处于上升发展阶段。在旅游上市公司中,50%以上的公司以债务融资为主,约占总数的66.67%。从股权结构来看,约80%的旅游上市公司为国有参股或控股,这些公司在全部旅游上市公司中占据绝对的有利地位。

最后,旅游上市公司发展多元化。随着网络数字化的快速发展,我国旅游上市公司经营模式朝着多元化的方向发展。例如,西安的曲江文旅集团利用网络短视频宣传,将旗下的大唐芙蓉园通过"网红"不倒翁的形式"一炮打响"。再如,河西走廊尽头的敦煌莫高窟景区,利用网络云游览的方式让游客在疫情期间也可以通过他们的官方渠道云游览动态的敦煌壁画。此外,随着人工智能的发展,现在很多高档酒店、餐厅利用机器人为游客提供服务,替代了原有的服务人员,在提高工作效率的同时也降低了旅游企业的管理成本。

## 四、内部控制与旅游企业高质量发展关系的研究设计

### (一)样本选取及数据来源

本研究以中国旅游上市公司为研究样本。旅游上市公司是指在沪深两市挂牌交易,主营业务与旅游相关(如酒店、餐饮、旅行社、景区等),而且旅游相关业务收入(之和)在主营业务收入中占比最大的上市公司(王彩萍等,2020)。本研究参考证监会印发的《上市公司行业分类指引》,选取主营业务与旅游相关的上市公司作为研究样本,其中,有些样本公司可能变换经营业务,导致旅游业务不再是其主导产业,对这类公司在相应年度的观测值则予以剔除;反之,一些上市公司通过多元化扩张开始进入旅游行业,其相应年度的观测值将被纳入总量。同时,为确保旅游上市公司样本选择的全面性,本研究参考了较

权威的财经数据网站同花顺中的板块分类，并借鉴了旅游财经媒体新旅界的报道作为样本补充，在样本饱和度得到证实之后，将研究样本进行了如下处理：排除样本期内退市、ST及*ST的企业；去除缺失数据严重的样本；排除主营业务发生变更的样本期数据；剔除在旅游业经营时间不足3年的上市公司。最终选定34家旅游上市公司为研究样本，见表4-3。

**表4-3 研究样本列表**

| 公司名称 | 股票代码 | 上市时间 | 公司名称 | 股票代码 | 上市时间 |
|---|---|---|---|---|---|
| 神州高铁 | 000008 | 1992/5/7 | 巨人网络 | 002558 | 2011/3/2 |
| 华侨城 | 000069 | 1997/9/10 | 众信旅游 | 002707 | 2014/1/23 |
| 华天酒店 | 000428 | 1996/8/8 | 宋城演艺 | 300144 | 2010/12/9 |
| 张家界 | 000430 | 1996/8/29 | 黄山旅游 | 600054 | 1997/5/6 |
| 岭南控股 | 000524 | 1993/11/18 | 中青旅 | 600138 | 1997/12/3 |
| 西安旅游 | 000610 | 1996/9/26 | 首旅酒店 | 600258 | 2000/6/1 |
| 新华联 | 000620 | 1996/10/29 | 国旅联合 | 600358 | 2000/9/22 |
| 西安饮食 | 000721 | 1997/4/30 | 大连圣亚 | 600593 | 2002/7/11 |
| 凯撒旅业 | 000796 | 1997/7/3 | 新国脉 | 600640 | 1993/4/7 |
| 三湘印象 | 000863 | 1997/9/25 | 锦江在线 | 600650 | 1993/6/7 |
| 峨眉山A | 000888 | 1997/10/21 | 曲江文旅 | 600706 | 1996/5/16 |
| 桂林旅游 | 000978 | 2000/5/18 | 西藏旅游 | 600749 | 1996/10/15 |
| 丽江股份 | 002033 | 2004/8/25 | 锦江酒店 | 600754 | 1996/10/11 |
| 云南旅游 | 002059 | 2006/8/10 | 金陵饭店 | 601007 | 2007/4/6 |
| 三特索道 | 002159 | 2007/8/17 | 中国中免 | 601888 | 2009/10/15 |
| 全聚德 | 002186 | 2007/11/20 | 天目湖 | 603136 | 2017/9/27 |
| 中科云网 | 002306 | 2009/11/11 | 九华旅游 | 603199 | 2015/3/26 |

鉴于我国内部控制推行时间不长，而且在2008年之前，国家没有明确的规定要求公司在年报中报告内部控制的情况，在此期间，各上市公司对内部控制的报告情况各不相同。2010年，政府出台了一项政策，要求事务所在对公司进行审计时披露其内部控制情况，鉴于此，本研究以上述34家旅游上市公司为研究样本，考虑到旅游红利的杠杆作用在$t+1$年还会持续存在，选取2010—2020年作为样本研究区间，研究所采用的数据中内部控制质量相关数据来源

于DIB内部控制与风险管理数据库，其余数据均来自CSMAR数据库。部分缺失指标则通过查阅上海与深圳证券交易所官网上披露的上市公司年度报告获得。然后，对收集而来的数据用Excel进行整理。整理后，按照前文的样本要求进行剔除，得到34家旅游上市公司的11年有效样本数据2177个。最后，依据模型用计量软件Stata 15进行相应的数据分析。

（二）变量定义

1. 被解释变量

企业作为经济系统运转的微观主体，其高质量发展对经济高质量发展至关重要。在衡量企业高质量发展水平时，以往学者大多基于企业生产效率进行单一考量，普遍认同以创新驱动生产力提高是提高企业发展质量的重要手段，而且可以用单一的指标，即全要素生产率，来衡量和标定企业的高质量发展水平。目前尚未形成统一的企业高质量发展水平的综合评价体系，而仅仅依靠单一指标无法全面综合地反映旅游企业发展的重要方面和整体质量。2021年8月，国家团体标准《企业高质量发展评价指标》（T/CERDS 1—2021）正式发布，该标准从效益发展、创新发展、市场发展、绿色发展以及社会责任五个维度全面且细致地评价了企业的高质量发展水平。该标准是中国印发的第一个衡量企业高质量发展水平的权威指南，为今后更多学者进行企业高质量发展研究提供了建议和指导。

本研究的指标选取基于团体标准《企业高质量发展评价指标》（T/CERDS 1—2021），参考王瑶（2021）、胡北明（2022）、张长江（2022）等人的文章，综合考虑旅游业的特性以及旅游上市公司数据的可获得性，遵循科学性、全面性、代表性和可操作性等原则，从经济效益、技术创新、价值管理、社会价值以及品牌认知五个层次构建了旅游上市公司高质量发展水平的评价指标体系，采用主成分分析法测度旅游企业发展质量，多角度、更全面、更深入地挖掘和探讨内部控制与旅游上市公司高质量发展之间的关系。各层级指标汇总如表4-4所示。

**表4-4 旅游上市公司高质量发展评价指标体系**

| 一级指标 | 二级指标 | 三级指标 | 指标说明 |
| --- | --- | --- | --- |
| 经济效益 | 盈利能力 | 每股收益 | $\frac{净利润}{总股数}$ |

续表

| 一级指标 | 二级指标 | 三级指标 | 指标说明 |
|---|---|---|---|
| 经济效益 | 盈利能力 | 主营业务利润率 | $\frac{主营业务利润}{主营业务收入}$ |
| | | 总资产报酬率 | $\frac{息税前利润}{平均资产总额}$ |
| | 营运能力 | 总资产周转率 | $\frac{营业收入}{平均资产总额}$ |
| | | 流动资产周转率 | $\frac{营业收入}{平均流动资产总额}$ |
| | 发展能力 | 总资产增长率 | $\frac{本年总资产增长额}{年初资产总额}$ |
| | | 营业收入增长率 | $\frac{本期营业收入增长额}{上期营业收入}$ |
| | | 资本积累率 | $\frac{当年所有者权益增长额}{年初所有者权益}$ |
| | 抗风险能力 | 流动比率 | $\frac{流动资产}{流动负债}$ |
| | | 股东权益比率 | $\frac{股东权益合计}{资产总额}$ |
| 技术创新 | 创新能力 | 无形资产净额 | ln(无形资产净额+1) |
| 价值管理 | 治理水平 | 独立董事比例 | $\frac{独立董事人数}{董事会总人数}$ |
| 社会价值 | 社会贡献 | 所得税占利润总额的比重 | $\frac{所得税}{利润总额}$ |
| 品牌认知 | 品牌价值 | 无形资产比率 | $\frac{无形资产净额}{总资产}$ |

(1)经济效益。

经济效益是旅游企业生产经营的生命线,是决定旅游企业能否存续的关键,也是旅游企业高质量发展之本。本研究从盈利能力、营运能力、发展能力和抗风险能力四个方面对旅游上市公司的经济价值创造能力进行了全面考量。

盈利是企业经营的主要目标,盈利能力是企业绩效观的反映。较强的盈利能力是旅游上市公司“追求高水平、高层次、高效率的经济价值创造”的前提条件。本研究选取每股收益、主营业务利润率、总资产报酬率来评估旅游上市公司的整体盈利能力，它是考核企业资产经营效益高低的重要标志。这些指标都是正向指标，也就是说比率越高，企业的盈利能力就越强，能为企业高质量发展提供的资金基础也就越雄厚，有益于旅游上市公司保持平稳和可持续发展。

营运能力指的是企业的经营能力，也是企业利用全部资产盈利的能力，体现了企业管理和使用经济资源的效率，为旅游上市公司的高质量发展提供了保障。有效的营运能力可以通过合理配置资源、促进企业规范化运作，特别是充分挖掘员工的潜力，最大限度地提升企业价值，为旅游上市公司的高质量发展做出贡献。企业资金周转越快，企业资本的流动性就越强，资产产生利润的速度就越快，反映出企业的经营水平较高。本研究将总资产周转率和流动资产周转率作为旅游上市公司营运能力的评价指标。

企业的成长性通过企业的发展能力体现出来，这是企业可持续发展的先决条件，强大的发展能力是企业持续增长、创造价值的根基。无论企业的经营目标是追求企业价值最大化，还是追求每股收益最大化，保证企业的持续发展是实现目标的前提。本研究选取总资产增长率、营业收入增长率和资本积累率作为旅游上市公司发展能力的评价指标，这些指标能够体现出旅游上市公司的经营状况及市场占有能力，是预测旅游上市公司经营业务扩展趋势的重要指标。

抗风险能力是指企业在市场环境恶化、宏观经济政策不确定以及产生不可抗力和产业发展周期性变化等条件下，保持正常生产经营以及维持长期发展所必备的基本能力。在当前的时代背景下，具备强大的风险抵御能力对于旅游企业实现高质量发展至关重要。因此，将企业的抗风险能力列为衡量企业发展质量的评价指标具有很强的现实意义。本研究选取流动比率和股东权益比率来衡量旅游上市公司的抗风险能力。企业的流动比率越高，说明企业资产的变现能力越强，短期偿债能力亦越强。

(2) 技术创新。

创新是引领发展的第一动力，创新能力对于保持旅游企业的核心竞争力至关重要。重视研发投入的旅游企业能够通过加大研发投资的力度来成功地促进其投资活动的开展，从而达到新技术投入和新产品创造的目的，进而为旅游消费者提供更加优质的服务。创新能力最终体现在无形资产的增加上，达到更高的价值创造水平是推动旅游上市公司高质量发展的动力。本研究选择无形资产净额作为旅游上市公司创新能力的评价指标。

(3) 价值管理。

企业内部的价值管理主要体现在企业治理水平方面,治理水平包含了企业的治理结构。治理结构是旅游上市公司的"神经系统",它能够决定企业的发展方向并且渗透企业价值创造的各个方面。良好的治理结构既有助于提升企业资源配置的有效性,又能增强企业自身抵御风险的能力,还可以保障企业实现高质量发展。基于此,本研究选取独立董事比例作为旅游上市公司治理结构的衡量指标,进而代表了旅游上市公司的治理水平。

(4) 社会价值。

为了实现企业的高质量发展,旅游上市公司既需要考量自身经济价值,也要向社会价值拓展,考虑到对各利益相关者的贡献大小。企业为社会做出的贡献可以体现在税收、环保、捐赠等方面,但环保、捐赠等方面的数据难以获取,会对最后评价结果产生影响,因此本研究选取所得税占利润总额的比重来体现旅游上市公司的社会贡献率。与其他利益相关者有关的指标可以从企业的经营状况中间接反映出来。

(5) 品牌认知。

20世纪80年代,大卫·艾克提出了"品牌价值"的概念。品牌认知度在品牌资产中占有举足轻重的地位,是反映消费者对于品牌内涵与价值的认知程度的指标。品牌认知反映了企业的竞争力,甚至是核心竞争力,尤其在大众消费市场上,各竞争对手所提供的产品与服务在质量上并没有太大的区别,此时,消费者往往以对品牌的熟悉程度为标准,确定其购买行为。品牌是旅游企业的无形资产,品牌认知集中反映了旅游品牌给消费者所带来的精神价值,如品质、档次、个性等。基于此,本研究参考Yimin Huang等(2019)的研究方法,选取无形资产比率来衡量旅游上市公司的品牌价值。旅游上市公司在发展过程中应建立起具有独特竞争优势的自主品牌,不断提高旅游产品和服务的价值,推动自身转型升级,从而实现高质量发展。

目前学术界在为指标赋权时,主要采用主观赋权法和客观赋权法。主观赋权法主要包含专家咨询法和层次分析法等,但各指标的权重需要由专家根据自己的经验和实际情况做出主观判断,带有极强的主观色彩,会对指标的构建带来一定程度的偏差。客观赋权法作为界定、评价企业竞争力的一种手段,弥补了主观赋权法的缺陷,其判断结果不依赖于人的主观判断,有着坚实的数学理论依据。常用的客观赋权法包括主成分分析法和熵值法。主成分分析法利用线性变换将多个指标降维为少数几个能够反映原始变量绝大部分信息的指标，这些综合指标之间互不相关，使原始信息得以简洁表达。本研究选取主成分分析法作为衡量指标占比的研究方法。

首先，本研究利用SPSS软件进行原始指标的降维筛选。先在因子分析上对其适用性做了检验，结果表明KMO值为0.535，采用Bartlett球形检验的显著性水平为0.000，低于显著性水平0.01，说明适用于主成分分析的结果是可信的。

其次，本研究对标准化指标进行了主成分分析，如表4-5所示，该表对主成分分析的总方差与部分主成分的特征值、对方差的贡献和对累积方差的贡献进行了解释。通过筛选特征值大于1的成分作为主成分，可以看到前五个主成分的方差累计贡献率为69.021%，体现了前五个主成分基本上囊括了全部指标所反映的绝大部分信息，基于这个原因，本研究选择F1—F5作为主成分。

**表4-5 标准化指标的主成分分析**

| 成分 | 初始特征值 | | | 提取载荷平方和 | | |
|---|---|---|---|---|---|---|
| | 总计 | 方差/(%) | 累积/(%) | 总计 | 方差/(%) | 累积/(%) |
| F1 | 2.804 | 20.032 | 20.032 | 2.804 | 20.032 | 20.032 |
| F2 | 2.179 | 15.567 | 35.599 | 2.179 | 15.567 | 35.599 |
| F3 | 1.814 | 12.958 | 48.557 | 1.814 | 12.958 | 48.557 |
| F4 | 1.589 | 11.352 | 59.909 | 1.589 | 11.352 | 59.909 |
| F5 | 1.276 | 9.112 | 69.021 | 1.276 | 9.112 | 69.021 |
| F6 | 0.998 | 7.131 | 76.152 | | | |
| F7 | 0.953 | 6.804 | 82.957 | | | |
| F8 | 0.707 | 5.052 | 88.009 | | | |
| F9 | 0.503 | 3.592 | 91.601 | | | |
| F10 | 0.394 | 2.812 | 94.413 | | | |
| F11 | 0.277 | 1.981 | 96.394 | | | |
| F12 | 0.199 | 1.418 | 97.812 | | | |
| F13 | 0.168 | 1.199 | 99.011 | | | |
| F14 | 0.139 | 0.989 | 100.000 | | | |

最后，基于主成分载荷矩阵计算结果进行分析，对F1—F5的主成分进行了一一表示，统计主成分得分，然后以各个主成分方差贡献率与累计方差贡献率之比为权重，将主成分得分进行加权求和，得出高质量发展水平(HQ)指标，计算公式如下：

$$HQ_{ij}=\sum_{j=1}^{n}X_{ij}'\times W_j \qquad 式(4\text{-}1)$$

该指标的大小综合反映了旅游上市公司2010—2020年的高质量发展水平。本研究将该指标作为下文实证分析的被解释变量，以衡量我国旅游上市公司高质量发展水平。

2. 解释变量

目前学术界有关内部控制指数的衡量标准尚未统一，一些国外学者依据COSO内部控制整合框架以及上市公司公开披露的内部控制报告来设计内部控制指数。例如，Doyleetal(2007)基于COSO内部控制整合框架，从战略、经营、报告和合规四个方面建立了企业内部控制风险管理指数。国内内部控制研究的发展较国外稍晚一些，各位学者基于不同的理论对内部控制展开研究，利用不同的方法设计了内部控制评价标准，主要分为以下三种。第一种围绕内部控制指标体系进行系列问卷设计，并分发给企业相关人员，以考核内部控制质量；第二种基于上市公司内部控制审计报告的结果，对内部控制质量进行评估；第三种以深圳市迪博公司公布的内部控制指数作为评价指标，迪博内部控制指数将内部控制审计报告中披露的相关信息、公司财务数据的各方面信息以及内部控制目标等影响因素结合起来，能够全面准确地量化内部控制的质量。越来越多的国内研究者采用第三种方法来衡量上市公司的内部控制质量，因此这种方法具有较高的认可度和权威性。

基于以上分析，同时考虑到避免内部控制指数为0的情况，本研究采用“迪博·中国上市公司内部控制指数”加1后取自然对数的方法来衡量旅游上市公司的内部控制质量(ICQ)。这一指数以企业内部控制合规、报告、资产安全、运营、战略五个主要目标实现情况为依据，能够综合地反映上市公司内部控制水平和风险管理能力(李瑛玫等，2019)。该指标数值越大，表明旅游上市公司的内部控制质量越高。

3. 调节变量

股权集中度是指企业股东因所持股份比例不同而表现出的股权集中或分散的程度，可以通过企业的股权集中度来判断企业的股权分布以及股东对企业的控制程度。股权集中度是企业治理中的一项重要指标，它影响着企业的决定，参考覃丽平(2020)、王建新(2022)等人的做法，本研究选取企业第一大股东持股比例(Top1)作为衡量旅游上市公司股权集中度的指标，该指标越大，表明企业股东的集权程度越高。在稳健性检验中采用企业前十大股东持股比例(Top10)进行检验。

4. 控制变量

本研究通过梳理内部控制、企业高质量发展相关文献，总结与借鉴伍中信(2022)、赵燕(2022)、常媛(2022)、周卫华(2022)等学者的做法，选取能够对旅游上市公司高质量发展产生显著影响的因素作为研究的控制变量，详情如下。

(1) 企业规模(Size)。不同规模的企业中能够用于企业高质量发展的资源不同，规模较大的企业中存在规模经济效应，可能会对内部控制与企业高质量发展产生影响。本研究选取旅游上市公司期末总资产的自然对数来衡量企业规模。

(2) 资本结构(Lev)。与权益融资相比，债务融资具有税收屏蔽的作用。因此，在企业经营状况良好时，财务杠杆比率越高，给企业带来的杠杆收益越多，企业业绩表现越好。相反，在企业经营状况不好时，财务杠杆比率越高，给企业带来的风险越大，企业业绩表现越差。鉴于此，本研究选取资产负债率来衡量旅游上市公司的资本结构，并将其作为影响企业高质量发展的控制变量。

(3) 管理费用率(Aci)，是指管理费用与主营业务收入的比率。管理费用率对企业的利润产生影响，继而成为影响企业发展质量的主要因素，体现着企业经营者的管理水平。倘若企业管理费率较高，表明企业的盈利被组织和管理成本吸收得太多，企业的管理者应加强对管理费用的控制，以全面提高企业的整体盈利能力，进而促进企业高质量发展。

(4) 产权性质(SOE)。许多研究者已经研究了上市公司所有权的性质与公司治理的有效性和内部控制水平的关系。研究表明：国有企业中可能存在股东控制权相对集中的局面，这样就会使企业内部控制的效果下降。相比之下，非国有企业的高管将个人的职业发展和薪酬与企业的发展联系在一起，这样就会造成控制权的集中，不仅不会损害企业的利益，相反，还有助于管理层更好地履行委托代理职责，并监督、推动内部控制在企业中的有效执行。本研究将产权性质这一虚拟变量作为影响企业高质量发展的控制变量，此外，还对企业(Company)和年份(Year)两个变量进行了控制。详细的变量定义如表4-6所示。

**表 4-6　相关变量的定义**

| 变量类型 | 变量名称及符号 | 变量定义/计算公式 |
| --- | --- | --- |
| 被解释变量 | 高质量发展水平(HQ) | 通过上述主成分分析法计算得出 |
| 解释变量 | 内部控制质量(ICQ) | 内部控制指数加1后取自然对数 |
| 调节变量 | 企业第一大股东持股比例(Top1) | — |
| 控制变量 | 企业规模(Size) | 年末总资产的自然对数 |
| | 资本结构(Lev) | $\frac{\text{总负债}}{\text{总资产}}$ |
| | 管理费用率(Aci) | $\frac{\text{管理费用}}{\text{营业(总)收入}}$ |
| | 产权性质(SOE) | 国有企业取值为1,否则为0 |
| | 企业(Company) | 企业固定效应 |
| | 年份(Year) | 年份固定效应 |

(三) 模型设计

为了检验中国旅游上市公司内部控制与高质量发展的关系,构建模型:

$$HQ_{it} = \alpha_0 + \alpha_1 ICQ_{it} + \alpha_2 Size_{it} + \alpha_3 Lev_{it} + \alpha_4 Aci_{it} + \alpha_5 SOE_{it} + \Sigma Company + \Sigma Year + \varepsilon_{it} \quad \text{模型(4-1)}$$

基于模型(4-1),以期进一步检验股权集中度水平能否影响旅游上市公司内部控制与高质量发展的关系。

依托温忠麟的调节效应模型,对自变量与调节变量进行中心化处理,增加二者交乘项,生成模型:

$$HQ_{it} = \alpha_0 + \alpha_1 ICQ_{it} + \alpha_2 Top1_{it} + \alpha_3 Size_{it} + \alpha_4 Lev_{it} + \alpha_5 Aci_{it} + \alpha_6 SOE_{it} + \Sigma Company + \Sigma Year + \varepsilon_{it} \quad \text{模型(4-2)}$$

$$HQ_{it} = \beta_0 + \beta_1 ICQ_{it} + \beta_2 Top1_{it} + \beta_3 ICQ_{it} \times Top1_{it} + \beta_4 Size_{it} + \beta_5 Lev_{it} + \beta_6 Aci_{it} + \beta_7 SOE_{it} + \Sigma Company + \Sigma Year + \varepsilon_{it} \quad \text{模型(4-3)}$$

若模型(4-3)的系数$\beta_3$显著为正,进而表明,旅游上市公司第一大股东持股比例越高,内部控制质量正向推动企业高质量发展的作用越强,调节效应显著;相反,调节效应不显著。其中,$\alpha_0$、$\beta_0$为截距项,$\alpha_1$—$\alpha_6$,$\beta_1$—$\beta_7$为各变量对应的系数,$\varepsilon$为误差项。

## 五、数据分析与实证检验

### (一) 描述性统计

在进行中国旅游上市公司内部控制与高质量发展关系研究之前,为了更清晰地看出各变量之间的整体分布情况,本研究对各变量进行了描述性统计,主要变量的描述性统计结果如表4-7所示。

**表4-7 主要变量的描述性统计结果**

| 变量名 | 样本量 | 均值 | 中位数 | 标准差 | 最小值 | 最大值 |
| --- | --- | --- | --- | --- | --- | --- |
| HQ | 311 | 0.275 | 0.275 | 0.044 | 0.132 | 0.431 |
| ICQ | 311 | 6.334 | 6.334 | 1.039 | 0 | 6.864 |
| Top1 | 311 | 0.356 | 0.356 | 0.144 | 0.116 | 0.893 |
| Size | 311 | 21.89 | 21.89 | 1.435 | 15.6 | 26.85 |
| Lev | 311 | 0.402 | 0.402 | 0.205 | 0.0249 | 1.282 |
| Aci | 311 | 0.165 | 0.165 | 0.127 | 0.0003 | 0.773 |
| SOE | 311 | 0.733 | 0.733 | 0.443 | 0 | 1 |

研究样本中高质量发展水平(HQ)最大值为0.431,最小值为0.132,说明研究样本的高质量发展水平整体差距不大。HQ的均值为0.275,标准差为0.044,整体离散程度较小,反映了研究样本的发展水平较均衡,总体水平中等。

在解释变量方面,内部控制质量(ICQ)的最大值为6.864,最小值为0,标准差为1.039,整体离散程度较大,说明研究样本内部控制水平总体上存在差距。ICQ为零,说明研究样本的内部控制存在重大缺陷。ICQ的均值为6.334,说明研究样本的内部控制水平总体较好,但仍存在较大的上升空间。我国近年来相继出台了各项企业内部控制法规,各类企业的内部控制制度得到了进一步的完善,内部控制质量有了很大的提升。

有关调节变量以及控制变量的描述性统计信息显示,企业第一大股东持股比例(Top1)的最大值为0.893,最小值为0.116,这表明研究样本中存在"一股独大"的现象。Top1的均值为0.356,反映出研究样本中第一大股东的平均持股比例为30%—40%,在合理的限度之内。企业规模(Size)最大值为26.85,最小值为15.6,均值为21.89,标准差为1.435,体现出研究样本的规模分

布相对均匀。资本结构(Lev)的最大值为1.282,最小值为0.0249,均值为0.402,这说明研究样本的资产负债率处于40%左右的合理水平范围内,同时从某种程度上体现研究样本对资本结构的合理调整相对重视。管理费用率(Aci)的最大值为0.773,最小值为0.0003,均值为0.165,这说明研究样本没有很有效地控制企业的管理费用率,并从侧面反映出旅游上市公司的治理水平不是很高,有较大的提升空间。产权性质(SOE)的均值为0.733,说明研究样本大多为国有企业。

(二)相关性分析

为了解释变量之间的相关性程度,本研究采用Pearson相关性分析的方法对各个变量进行了相关性分析,结果如表4-8所示。

**表4-8　主要变量的Pearson相关性分析结果**

| 变量 | HQ | ICQ | Top1 | Size | Lev | Aci | SOE |
|---|---|---|---|---|---|---|---|
| HQ | 1 | | | | | | |
| ICQ | 0.105** | 1 | | | | | |
| Top1 | 0.146*** | 0.172*** | 1 | | | | |
| Size | 0.03 | 0.229*** | 0.342*** | 1 | | | |
| Lev | −0.379*** | −0.271*** | −0.005 | 0.231*** | 1 | | |
| Aci | −0.242*** | −0.073 | −0.304*** | −0.187*** | 0.177*** | 1 | |
| SOE | 0.042 | 0.278*** | 0.150*** | 0.129** | −0.139*** | −0.065 | 1 |

(注:*、**、***分别表示在10%、5%和1%的水平上显著。)

根据表4-8的结果可以看出,内部控制质量(ICQ)与高质量发展水平(HQ)在5%的水平上呈正相关关系,且相关系数为0.105,这与上述所提出的假设1相符,即旅游上市公司内部控制质量越高,企业的高质量发展水平越高。企业第一大股东持股比例(Top1)与内部控制质量(ICQ)以及高质量发展水平(HQ)都在1%的水平上呈显著的正相关关系,说明在旅游上市公司中股权集中度较高的企业的内部控制质量对企业高质量发展的正向促进作用更大,进而验证了假设2。同时从表格中的数据可以看出,各变量间的相关系数小于等于0.6,这表明变量间并没有严重的多重共线性问题。

## (三)回归结果分析

研究样本内部控制与高质量发展回归分析如表4-9所示。

**表4-9 研究样本内部控制与高质量发展回归分析**

| 变量 | 模型(1) | 模型(2) | 模型(3) |
|---|---|---|---|
| | HQ | HQ | HQ |
| ICQ | 0.0057** | 0.0057** | 0.0163*** |
| | (2.24) | (2.39) | (3.07) |
| Top1 | | 0.0787*** | 0.0726*** |
| | | (3.15) | (2.89) |
| Interact | | | 0.0597** |
| | | | (2.14) |
| Size | −0.0044* | −0.0050** | −0.0059*** |
| | (−1.85) | (−2.20) | (−2.74) |
| Lev | −0.0036 | −0.014 | −0.0044 |
| | (−0.21) | (−0.82) | (−0.27) |
| Aci | −0.151*** | −0.147*** | −0.148*** |
| | (−7.00) | (−6.75) | (−6.86) |
| SOE | −0.0067 | −0.0013 | −0.0014 |
| | (−0.80) | (−0.18) | (−0.18) |
| Const | 0.363*** | 0.350*** | 0.301*** |
| | (6.49) | (6.34) | (5.04) |
| 企业固定效应 | 控制 | 控制 | 控制 |
| 时间固定效应 | 控制 | 控制 | 控制 |
| $N$ | 311 | 311 | 311 |
| $F$ | 31.22 | 31.63 | 32.84 |
| $R^2$ | 0.765 | 0.776 | 0.78 |

(注:括号中的值为$t$统计值。*、**、***分别表示在10%、5%和1%的水平上显著。)

表4-9的样本回归结果反映了内部控制质量与企业高质量发展之间的关系,以及股权集中度对二者关系的调节作用。结果显示,模型(1)内部控制质量的系数为0.0057,其对旅游上市公司的高质量发展有正向促进作用,且在

5%的水平上显著,假设1得到了验证,即旅游上市公司内部控制质量与高质量发展之间是显著的正相关关系。模型(2)是旅游上市公司内部控制质量、股权集中度以及高质量发展三者之间的回归分析,其中内部控制质量的回归系数为0.0057,且在5%的水平上显著,企业第一大股东持股比例的回归系数为正,且在1%的水平上显著,说明了在旅游上市公司中,股权集中度较高的公司的控股大股东之间可以相互制衡、相互监督,有利于公司的稳定发展。模型(3)为股权集中度在内部控制与企业高质量发展关系中的调节作用的回归分析,其中内部控制质量和股权集中度均在1%水平上正向显著,内部控制质量和股权集中度的交乘项系数为0.0597,在5%水平上正向显著,说明股权集中度能够正向促进内部控制与企业高质量发展之间的正相关关系,验证了假设2。对于旅游上市公司而言,股权集中度越高,强有力的内部控制对企业高质量发展的贡献就越大。

(四)结果稳健性检验

为了增强上述结果的可靠性,本研究采取不同的方法对模型进行稳健性检验。

1. 替换调节变量

借鉴窦欢和陆正飞(2016)、余江龙(2022)、唐曼萍(2022)等学者的研究,用企业前十大股东持股比例(Top10)替换Top1,对模型(1)、模型(2)、模型(3)进行回归检验,结果见表4-10。

**表4-10 替换调节变量的回归分析结果**

| 变量 | 模型(1) | 模型(2) | 模型(3) |
|---|---|---|---|
| | HQ | HQ | HQ |
| ICQ | 0.0057** | 0.0061*** | 0.0176*** |
| | (2.24) | (3.14) | (2.97) |
| Top10 | | 0.0906*** | 0.2270*** |
| | | (4.10) | (3.77) |
| Interact | | | 0.0228** |
| | | | −2.21 |
| Size | −0.0044* | −0.0076*** | −0.0088*** |
| | (−1.85) | (−3.27) | (−3.54) |

续表

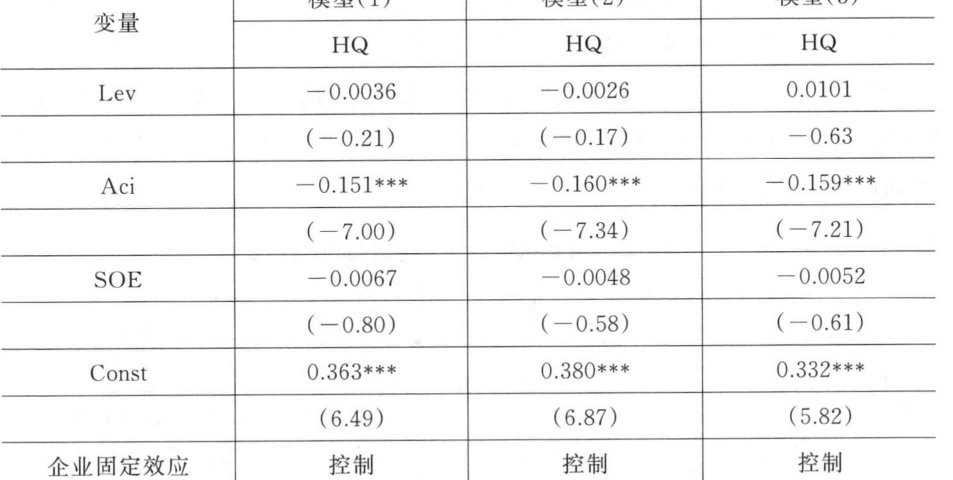

| 变量 | 模型(1) | 模型(2) | 模型(3) |
|---|---|---|---|
| | HQ | HQ | HQ |
| Lev | −0.0036 | −0.0026 | 0.0101 |
| | (−0.21) | (−0.17) | −0.63 |
| Aci | −0.151*** | −0.160*** | −0.159*** |
| | (−7.00) | (−7.34) | (−7.21) |
| SOE | −0.0067 | −0.0048 | −0.0052 |
| | (−0.80) | (−0.58) | (−0.61) |
| Const | 0.363*** | 0.380*** | 0.332*** |
| | (6.49) | (6.87) | (5.82) |
| 企业固定效应 | 控制 | 控制 | 控制 |
| 时间固定效应 | 控制 | 控制 | 控制 |
| $N$ | 311 | 311 | 311 |
| $F$ | 31.22 | 36.02 | 38.66 |
| $R^2$ | 0.765 | 0.784 | 0.787 |

(注:括号中的值为$t$统计值。*、**、***分别表示在10%、5%和1%的水平上显著。)

由上述稳健性检验结果可知,模型(1)中内部控制质量的系数为0.0057,且在5%水平上显著,假设1得到了验证,说明旅游上市公司的内部控制质量与企业的高质量发展之间具有显著的正相关关系。模型(2)和模型(3)中内部控制质量的回归系数均为正且在1%的水平上显著,企业前十大股东持股比例的回归系数均为正,且均在1%的水平上显著,表明股权集中度对企业的高质量发展具有显著的正向促进作用。内部控制质量与企业前十大股东持股比例的交乘项系数为0.0228,且在5%的水平上显著,表明了股权集中度能够正向调节内部控制与企业高质量发展之间的关系。稳健性检验结果与基准回归结果一致,验证了构建的旅游上市公司内部控制与高质量发展之间的关系模型的稳健性,同时说明了旅游上市公司的股权集中度越集中,有效的内部控制与企业的高质量发展之间的正相关关系越强。

2. 替换被解释变量

近年来,全要素生产率(TEP)因其信息的丰富性和全面性,已成为评估企业高质量发展水平的热门指标。考虑到这种情况,本研究参照刘立夫和杜金岷(2022)、王明益和石金明(2022)等人的做法,选取全要素生产率作为衡量企业发展质量的指标,替换前面衡量我国旅游上市公司高质量发展水平的综合性评价指标,进行稳健性检验。测量全要素生产率的方法大致有LP法、OP法、OLS法和ACF法,本研究参考Mariassunta Giannetti(2015)、许汉友等(2022)学者的做法,运用LP法对旅游上市公司的全要素生产率进行估计,具体回归分析结果见表4-11。

**表4-11　替换被解释变量的回归分析结果**

| 变量 | 模型(1) | 模型(2) | 模型(3) |
|---|---|---|---|
| | TFP | TFP | TFP |
| ICQ | 0.301*** | 0.300*** | 0.914*** |
| | (8.52) | (8.55) | (11.46) |
| Top1 | | 0.663* | 1.457*** |
| | | (1.89) | (4.48) |
| Interact | | | 3.647*** |
| | | | (8.36) |
| Size | 0.190*** | 0.196*** | 0.145*** |
| | (4.76) | (4.92) | (4.03) |
| Lev | −0.0499 | 0.0084 | 0.399* |
| | (−0.19) | (0.03) | (1.69) |
| Aci | −5.336*** | −5.339*** | −5.266*** |
| | (−13.90) | (−13.98) | (−15.50) |
| SOE | 0.444*** | 0.389*** | 0.390*** |
| | (3.40) | (2.92) | (3.29) |
| Const | 6.720*** | 6.823*** | 4.084*** |
| | (8.44) | (8.59) | (5.25) |
| 个体固定效应 | 控制 | 控制 | 控制 |
| 时间固定效应 | 控制 | 控制 | 控制 |
| $N$ | 311 | 311 | 311 |
| $F$ | 62.8 | 62.2 | 78.46 |
| $R^2$ | 0.92 | 0.921 | 0.938 |

(注:括号中的值为$t$统计值。*、**、***分别表示在10%、5%和1%的水平上显著。)

回归分析结果显示，模型(1)中内部控制质量的系数为0.301且在1%的水平上正向显著，这表明，检验结果仍然可以支持最初的假设1，即内部控制质量与企业高质量发展之间具有显著的正相关关系。

模型(2)和模型(3)进一步探讨了股权集中度对内部控制与企业高质量发展关系的影响，内部控制质量的回归系数均为正且在1%的水平上显著，模型(2)中股权集中度在10%的水平上显著正相关，模型(3)中二者的交互项系数为3.647且在1%的水平上显著正相关，验证了假设2。研究结果显示，股权集中度越高，企业高质量发展过程中内部控制的正向促进作用越显著，这符合基准回归的结果，对上述实证结果的稳健性进行了验证。

针对企业全要素生产率较低、企业服务质量有待提高等问题，我国旅游上市公司应该在历史发展的洪流中顺应发展形势，合理运用现有资源和技术，积极解决自身存在的问题，不断做大做强，保持高质量的可持续发展。

## 六、研究结论与展望

### （一）研究结论

本研究基于党的二十大报告中的关键词“高质量发展”，以资源基础理论、信号传递理论和利益相关者理论为基础，将研究视角定位于作为微观经济主体的旅游上市公司，关注旅游上市公司的高质量发展。选取2010—2020年的34家旅游上市公司为研究样本，综合考虑了旅游上市公司的经济效益、技术创新、价值管理、社会价值以及品牌认知五个一级维度，分别从盈利能力、营运能力、发展能力、抗风险能力、创新能力、治理水平、社会贡献以及品牌价值八个子维度出发，构建了旅游上市公司高质量发展水平的评价指标体系，通过回归分析，对内部控制质量、股权集中度以及企业高质量发展三者之间的关系进行检验，得出的主要结论如下。

旅游上市公司的内部控制质量与高质量发展之间有显著的正相关关系。内部控制作为一套组织整合和关键控制管理体系，是旅游企业实现高质量发展的核心动力机制。有效的内部控制有助于旅游上市公司实现日常经营有序进行、资产配置安全合理、风险防控能力明显增强等目标，从而提高生存发展能力，实现高质量发展。在以上分析的基础上，旅游上市公司应不断完善自身的内部控制体系建设，强化内部控制的执行力，从而实现可持续、高质量发展。

对于旅游上市公司而言，股权集中度增强了内部控制质量与企业高质量发展之间的正相关关系。相关回归分析结果表明,旅游上市公司的股权集中度越高,内部控制质量对企业的高质量发展的促进作用越强。这是因为旅游上市公司大多是股权集中度较高的国有控股或参股企业,而股权集中度较高的公司的控股大股东之间可以相互制衡、相互监督,这在一定程度上促进了企业内部控制体系的有效实施,有利于旅游上市公司的长期稳定发展。

### (二)旅游上市公司高质量发展实现路径

近年来,随着国家高质量发展战略的深入推进,越来越多的学者将研究的关注点放到了微观层面的企业高质量发展。作为旅游业的重要市场主体,旅游上市公司的发展质量不仅关乎行业的整体水平,更对国家经济复苏有显著影响。本研究积极探讨了中国旅游上市公司内部控制质量对高质量发展的重要影响作用,并基于企业内部股权集中度的调节作用视角,研究其对二者关系的影响。根据研究结论,从企业这一微观层面提出如下六点实现旅游上市公司高质量发展的对策建议。

#### 1. 完善内部管理机制,提高服务质量

旅游上市公司应根据中长期发展规划及战略以及时代背景下的旅游新需求及时调整企业的经营模式、组织方式、业务构成以及营销渠道。应结合实际不断优化企业的组织结构,提高自我管理水平,通过有效的制度约束,及时调整组织运营过程中存在的问题。同时应加强对旅游消费人群不同消费心理的了解,提供满足旅游消费者预期的产品,建立有效的高质量服务体系,提供高质量的旅游服务,以游客体验为旅游服务发展的核心,从而实现高质量发展。

#### 2. 抓好人才储备,营造良好创新氛围

任何企业的发展都与人才密不可分,对于旅游上市公司来说,企业员工是否具备专业素质与服务能力,是决定企业能否实现高质量发展的重要因素。专业技能强的人,能通过开发并执行有效的内部管理手段为企业的创新发展做出贡献,进而提高企业的发展质量。旅游业在发展之初,为了吸引游客,获得快速发展,使用降低行业经营标准的方式在短期内吸引了大量的从业人员。然而,进入该行业的门槛不高,员工专业水平参差不齐,导致旅游业的发展缺乏质量保障。针对这种情况,为了实现旅游上市公司的高质量发展,一方面可以以优厚的条件吸引具备相关专业能力的人才,大力推动人才引进,另一方面,要建立科学有效的晋升机制和员工激励机制,大力发掘企业内部人才。旅游上市公司应提升管理层和员工的整体认知水平,设立合理的考核激励机制,

可以引入核心员工持股激励计划，激发员工为企业做出价值贡献的积极性，进而提高企业的综合产出效率和利润水平，增强企业的市场竞争力。

3. 创新经营模式，凸显自身竞争优势

旅游上市公司作为旅游业的领军者，具有较强的资源优势。在当今时代背景下，旅游上市公司应全面创新、整合企业的各项资源，突出企业的竞争优势。除了依靠旅游地的自然资源创收，景区类旅游上市公司还需要提高内部控制的执行力，以经营模式的创新为重点，从而促进企业运营效率的提高，最大化企业价值；酒店和餐饮类旅游上市公司要提高生产要素的技术水平，注重企业管理方式和营销模式的创新，在改变单一的经营模式的同时提高服务质量；对于已上市的综合性旅游企业来说，由于涉及面广，核心业务繁多，需要重点培育核心竞争力，从而在激烈的市场竞争中崭露头角，实现可持续的高质量发展。

4. 注重科技应用，发展智能服务

科技改变了生活，渗透生活的方方面面。随着5G技术，以及人工智能等数字化技术的快速发展，科学技术已广泛应用于旅游业的各个环节。对个人旅游信息进行采集、分析和处理，离不开技术的应用。旅游上市公司应增强科研创新投入，大力发展人工智能，这不仅有助于企业适应新的旅游消费模式，减少了企业的管理成本，还有助于旅游业转型升级。旅游上市公司需要强化对大数据、人工智能、VR等技术的应用，通过智慧景区管理系统实现客流自动统计，积极推广“无接触餐厅”“自助入住”等智能化服务，全面提升游客体验的舒适度、便利性和满意度。旅游上市公司通过构建“科技＋旅游”的新发展模式，增加了企业各类服务的科技含量，提升了工作效率，减少了旅游消费的门槛，使游客获得更加舒适的旅游体验，进而促进了企业自身的高质量发展。

5. 丰富业务形态，增强抵御风险的韧性

旅游上市公司可以借助协同优势，实现多元化的积极转型，丰富经营活动形式，提高抗风险能力，进而推动行业多元化发展。主要依靠门票收入的景区类旅游上市公司可以摒弃“门票经济”的思维，树立全域旅游的观念，以流量带动产业发展，顺应时代发展潮流，实现从门票经济到产业经济的转变。酒店和餐饮类旅游上市公司要进行转型升级，可以通过开展外卖服务和商品销售业务来挽回疫情期间企业的亏损。同时，酒店和餐饮类旅游上市公司应增加经营业务的种类，企业经营范围的扩大和企业产业链的延长，一方面能够提高企业抵御风险的能力，另一方面还可以使企业经营效率得到提高。在“旅游＋互联网”融合发展的背景下，在线旅游已经成为一种旅游新潮流，旅游上市公司应发挥其竞争优势，发掘疫情后对旅游市场提出的新要求，不断开发旅游新产品，推进“旅游＋”和“＋旅游”，扩大企业发展空间，从而获得较大的经济附加值。

6. 积极承担社会责任，树立良好企业形象

虽然部分观点认为企业履行社会责任会产生一定的成本，但不可否认的是旅游企业作为对口碑以及游客满意度极敏感的企业，积极承担社会责任不仅有利于其在消费者心中树立良好的企业形象，还可以吸引各利益相关者的关注，这既能让旅游企业赢得投资者的资金支持，又能为上下游合作方提供互利共赢的良好合作环境。基于此，旅游上市公司的管理者应从战略高度重新审视企业的社会责任，将其从被动义务转化为主动选择，将社会责任的承担转化为一种差异化的企业优势资源，从而实现高质量发展。

（三）研究局限与展望

1. 研究局限

本研究论证了旅游上市公司内部控制质量与高质量发展之间的关系，实现了预期的目标，然而，受笔者专业水平所限，本研究在某些方面还存在不足之处。

在旅游上市公司高质量发展水平测度上，不同学者所采用的方法不尽相同，采用单一指标衡量企业的高质量发展水平可能不太全面，而综合考虑各种影响因素，建立对旅游上市公司高质量发展水平的评价指标体系也存在一定的难度。本研究吸取前人经验以及参考相关资料，从经济效益、技术创新、价值管理、社会价值以及品牌认知五个层面构建的旅游上市公司高质量发展水平的综合评价指标还有待其他学者进一步完善。

本研究的研究对象是旅游上市公司，受所在行业的特殊性影响，满足研究要求的A股旅游上市公司的数量有限，与其他行业同类研究的样本相比数量较少，可能对结果的显著性造成一定的影响。同时，2020年旅游上市公司的财务数据受极端事件影响严重，不具有研究的代表性，因此本研究所选取的财务数据截至2020年，无法完全涵盖所有的财务数据。此后其他学者可以在本研究的基础上展开进一步的研究。

2. 研究展望

本研究从五个维度挑选了不同的财务指标，构建了旅游上市公司高质量

发展水平评价指标体系,对34家旅游上市公司的发展质量进行了分析和测度,并有针对性地提出了应对措施。受研究条件限制,以下方面有待后续深入探讨。

受研究条件限制,在以下方面有待后续进一步完善。一方面,受疫情的影响,2021年旅游上市公司的财务数据分析不具有研究价值,2022年旅游上市公司的财务报告待2023年4月才会披露,因此相关数据未纳入研究范围。另一方面,因笔者的时间和能力有限,只选取了五个维度的评价指标来衡量旅游上市公司的高质量发展水平,但能够体现企业发展水平的指标众多,未来研究可考虑纳入更多维度的评价指标,以更全面评估旅游上市公司的发展质量。

## 第二节　数字化水平对旅游上市公司融资效率的影响

### 一、绪论

旅游业是我国战略性支柱产业,提升融资效率有助于提高竞争优势,实现可持续发展。随着数字技术的发展,国内旅游企业怎样抓住发展机遇、积极创新改革、实现由以往传统线下融资模式向线上线下融合融资模式转型,是摆在我国旅游企业面前的重要课题。旅游上市公司作为旅游业的典型代表,面对不确定的外部环境,如何利用自身的数字技术实现企业的融资效率的提升,是旅游业发展的关键议题。

本研究在整理相关文献并进行理论分析的基础上,结合旅游企业发展的实际情况,以沪深A股34家旅游上市公司2011—2019年的数据为研究对象,采用Python和DEA模型构建数字化水平指数和融资效率指数,并实证检验了数字化水平与融资效率之间的作用机制。研究结果显示:旅游上市公司的数字化水平能显著提升企业的融资效率。数字化水平作为旅游企业的竞争优势之一,有助于降低旅游企业的融资成本。对于旅游上市公司而言,融资约束和股权资本成本在数字化水平与企业融资效率之间发挥中介作用。旅游上市公司自身的内部控制水平正向强化了数字化水平对融资效率的提升作用。为验证结论的稳健性,本研究又通过替换被解释变量的方式验证了上述结论的可靠性。最后,结合研究结论,本研究从微观企业层面、中观金融机构层面和宏观政府层面提出了实现旅游上市公司通过提升数字化水平提高融资效率的对策建议。旅游企业应充分把握政策红利,积极开展数字化转型;积极制定合适

的提升数字化水平的实施方案;提升管理能力,优化资源配置。金融机构应加强对实现数字化转型的旅游企业的资金支持;加快提升自身数字化水平;实现创新型金融产品的供应。政府应落实相关补助政策,加大对积极推进数字化进程的旅游企业的支持;优化制度环境,助力旅游企业提升数字化水平;建立大数据监管体系。这些对策建议对提升旅游上市公司数字化水平和融资效率具有重要的参考价值。

（一）研究背景

大数据时代的来临使旅游企业面临着更多的内外部压力,数字化转型成为旅游企业创新的新动力,更是推动经济高质量发展的关键举措。数字经济不断发展,逐渐成为驱动中国经济转型升级的中坚力量之一,企业获取数据和分析信息的能力成为学界和业界关注的焦点。旅游企业作为旅游业的重要主体之一,应积极应对数字经济带来的挑战以及客户需求的变化,这是实施数字化转型战略的重要条件。这就要求旅游企业在企业系统和运营的数字化转型中投入大量资金,并通过提升数字化水平提高处理信息的能力,从而在有限的财务状况下缓解融资约束,提高融资效率。因此,综观宏观经济发展层面以及微观企业运营层面,提升数字化水平已成为企业实现可持续发展的战略选择,这也是推动整个产业转型升级的必由之路。

近年来,我国旅游企业面临着多重发展困境:一方面,市场竞争日益激烈,市场饱和度越来越高,另一方面,游客要求更加精准化。除此之外,旅游企业自身也存在着融资困难、缺乏创新活力等问题。在“内忧外患”的现实背景下,必须重塑竞争优势,培育未来发展新动能,应进一步深化投融资体制改革,切实发挥投资对稳增长的关键作用。融资效率是影响企业可持续发展的关键因素,长期以来,融资难一直是旅游企业发展的主要障碍。旅游企业的融资能力关系到资金能否在旅游企业内合理流动,能否在旅游企业发展各环节中发挥关键作用。旅游企业在发展中往往会受到信息不对称等因素的影响,因此非效率融资经常出现。这一问题能否尽快得到有效解决,不仅关系到旅游企业的健康发展,也直接影响到整个经济能否实现持续增长的目标(石华军等,2021)。数字化水平的提升有助于旅游企业精准获取信息,提升内部治理水平,实现资源合理配置,提高融资效率。在新一轮产业革命和科技革命的背景下,旅游企业应抓住数字化转型的重要机遇,通过拓宽融资渠道、提高融资效率来推动自身发展。因此,本研究以旅游上市公司为研究样本,在数字化研究视角下，探索数字化水平对旅游企业融资效率的影响，结合企业各项财务指标，判断其融资能力的变化情况，以期为企业制定未来融资决策和明确发展方向提供理论依据和实践指导。

（二）研究意义

首先，本研究从数字化水平出发，测算旅游上市公司的数字化水平；其次，通过构建旅游上市公司的融资效率评价体系测算出融资效率；最后，以旅游上市公司的融资效率为因变量，以数字化水平为影响因素建立因素间的逻辑关系，通过验证融资效率与数字化水平之间的相关关系，探究旅游上市公司通过实现数字化提高融资效率的路径。

1. 理论意义

一是丰富了企业数字化相关研究。现有关于企业数字化的研究集中在数字化水平提升带来企业价值的提升、创新能力的提高等方面，而关于数字化水平如何影响企业融资效率的研究则相对匮乏。本研究从数字化视角出发进行探讨，完善了企业数字化相关的研究内容。

二是拓展了旅游上市公司融资的相关研究。在已有研究的基础上，本研究从数字化水平出发，探究了数字化程度对旅游上市公司融资效率的影响机制和影响程度，拓宽了企业融资特别是旅游上市公司融资的研究视角和研究内容。

三是明确了数字化水平对旅游上市公司融资效率的影响机制。本研究基于融资约束、股权资本成本两个中介变量，检验了数字化水平对旅游上市公司融资效率的影响机制，加深了数字化水平赋能旅游企业发展的研究深度。

2. 现实意义

一是进一步明晰旅游上市公司的未来发展趋势和转型方向。随着数字中国建设的推进，企业也逐步进行数字化变革。近年来，旅游上市公司不断开展线上旅游活动，如“云旅游”“云观展”“云直播”等数字经济新业态，提升数字化水平已经成为旅游上市公司核心战略方向。

二是加强了旅游上市公司融资的可持续发展能力。旅游上市公司在传统融资工具的应用中，总体表现为轻资产运营模式或重资产运营模式，特别是在轻资产运营模式下，旅游上市公司融资存在途径选择有限和融资难、融资贵等问题。旅游上市公司需要深入分析当前宏观政策和金融改革措施，探索适合自身的融资优化策略以增强融资的可持续发展能力。

三是为我国旅游上市公司在新科技革命背景下的成长提供了参考依据。此前我国旅游上市公司绝大部分以线下营销为主，近年来随着新媒体技术的不断发展，旅游上市公司开始以“线下＋线上”模式进行营销。本研究通过检验数字化水平对旅游上市公司融资效率的影响机制，深化了数字化水平对旅游企业的赋能机制的研究，为我国旅游上市公司在新科技革命背景下的成长提供了参考依据。

### （三）研究内容与方法

#### 1.研究目的

为提升旅游上市公司的数字化水平，缓解旅游上市公司的融资难、融资贵的问题，推动建设数字中国，本研究探讨了数字化水平对旅游上市公司融资效率的影响机制。首先从企业融资效率和融资约束的内涵界定出发，分析数字化视角下旅游上市公司的发展现状；其次，采用文本分析法和python测度数字化水平，分析旅游上市公司数字化水平的特征；再次，利用相关计量模型实证检验数字化对旅游上市公司融资效率的提升效应；最后，在理论分析和实证研究的基础上总结重要结论，并从数字化视角出发提出提高旅游上市公司融资效率的相关政策启示。

#### 2.研究内容

在关于数字化水平对旅游上市公司融资效率的影响的研究中，各部分内容安排如下。

第一部分是绪论。从研究背景出发，着重提出所要聚焦的核心问题，进一步地对研究目的、研究内容、研究方法和整体框架予以介绍和说明，并总结概括出本研究的创新之处。

第二部分是理论基础与研究现状。对数字化水平对企业的融资效率的影响机制进行理论分析，介绍与评述国内外与本研究相关的文献资料以及研究动态。

第三部分是我国旅游上市公司现状分析。通过定性分析法探讨数字化发展现状、旅游上市公司发展现状，并总结出旅游上市公司的发展特征，指出其发展过程中存在的问题与不足。

第四部分是旅游上市公司数字化水平与融资效率评价。首先，立足于已有文献构建出数字化水平评价指标体系，基于DEA-BCC模型和数据分析计算出企业融资效率的衡量指标。其次，选取CSMAR数据库，以及巨潮资讯网、上海证券交易所、同花顺、东方财富、新浪财经等第三方网站作为数据来源，并对解释变量、被解释变量和控制变量进行了较为充分的说明。最后，构建了新的研究模型，并以此为基础进行相关研究。

第五部分是数字化水平对旅游上市公司融资效率的影响分析。主要通过中介效应模型、调节效应模型等分析工具实证检验2011—2019年数字化水平对旅游上市公司融资效率的提升效应的显著性，通过替换被解释变量的方式对结果进行了稳健性检验，证明了所进行研究的可靠性。

第六部分是研究结论与展望。首先，总结数字化影响旅游上市公司融资效率提升的理论分析和实证分析得到的主要结论；其次，提出结论中蕴含的政策启示，为旅游上市公司的发展提供可行的对策建议；最后，展望可进一步研究的方向。

3. 研究方法

采用文献研究法、文本数据挖掘与分析、投入产出分析法和实证分析法作为主要研究方法。

一是文献研究法。在知网、Web of Science等网站收集、阅读和分析大量国内外文献，对当前学术界有关数字化水平、企业融资效率，以及二者之间关系的文献按照一定逻辑进行梳理，了解数字化水平的发展历程、企业融资效率发展概况以及当前我国有关企业融资效率提升存在的缺口，进而找到研究的切入点。

二是文本数据挖掘与分析。主要通过Python对旅游上市公司企业年报和企业数字化相关政策报告进行数字化关键词的提取，并用Jieba进行云计算、人工智能、大数据、商业模式和区块链的分类，最后得到衡量数字化水平的指数。

三是投入产出分析法。从CSMAR数据库选取2011—2019年旅游上市公司的相关财务数据，运用DEAP 2.1和MAXDEAP 8.0从投入和产出两个角度去衡量旅游上市公司的融资效率，并对其进行测度。

四是实证分析法。从CSMAR数据库，以及巨潮资讯网、上海证券交易所、同花顺、东方财富、新浪财经等网站选取2011—2019年旅游上市公司的相关数据，并用Stata 16.0软件对数字化水平与融资效率之间的关系进行实证分析，包括描述性统计分析、相关性分析、多元回归分析等，并利用稳健性检验验证相关假设。

(四)研究思路

本研究严格按照"事物本质—定性评价—实证检验—规律结论与政策建议"的研究思路展开。

## 二、理论基础与研究现状

### (一)相关概念界定

1. 企业融资效率

目前,学术界对融资效率的研究存在多种视角。较具代表性的观点认为企业融资效率是企业用低成本的资金融到配置资源所需要的资金,并用资金提高资源利用率、实现企业价值的过程,这是从资源配置的角度对融资效率做出的界定。企业融资是融资方式和融资过程的结合。筹资者进行融资方式的选择,利用融资工具吸收社会资本,投资者对吸收的资本进行重新分配。这一过程既是资金的筹集与供给过程,也是资金的重新配给过程。分析金融工具的融资效率应该从该种金融工具融通资金的量以及融通资金的质两个方面进行,在综合两个方面效率状况的基础上,归纳出对企业融资效率的完整定义(高学哲,2005;卢宇荣等,2008)。

具体而言,融资效率包含两个方面的内容。其一,融资效率体现了企业是否以最低的交易成本获得资金,这取决于所选取的融资工具,企业在进行融资时需要衡量哪种融资工具产生的成本最低以及这种融资工具能否筹集足够的资金等问题。其二,企业融资效率体现了企业对资金的有效利用度,从企业自身角度而言,企业经营的项目是否获益直接体现了融资效率的高低,若是收益小于融资产生的成本,就意味着融资效率低下,因此,企业融资效率还包括资金的增值性(肖劲等,2004)。

2. 企业融资约束

融资约束表示企业内部自有资金不能满足企业投资所期望的资金数量(韩元亮等,2021),包括企业融资和投资中的资金受限、资金短缺等。企业融资主要有三个重要的渠道:企业内部留存收益、债务融资和股权融资。内部留存收益是指企业内部所保留的利润;债务融资是指向银行、贷款公司贷款,或者通过担保公司担保、融资租赁方式获得融资、发行债券等(程宗礼等,2014);股权融资是指通过出售、转让、稀释公司股权获得融资。股权融资借助股票市场实现资金的交易(韩琳,2011)。对于企业来说,内部保留利润为内源性融资,债务和股权为外源性融资。

由于金融市场具有不稳定性,并且市场环境并不完善,企业在吸引外部投资时往往面临着信息不对称问题:外部投资者不够了解企业将运营的项目,运营项目的经理可能会存在机会主义行为,利用信息优势谋取私利。外部投资者虽然能预料这种风险,但由于监督成本过高或者存在“搭便车”心理而难以有效地降低信息不对称程度,从而形成融资约束。融资约束是指企业对外融资时受到的限制,较高的融资约束表明企业难以向外界筹集资金,从而增加了融资成本,这容易使企业陷入财务危机。在企业通过技术并购实现业务转型的过程中,并购双方技术差距越大,则并购方可利用的技术知识资源越丰富(王维等,2021)。企业融资约束通常用KZ指数和SA指数衡量,指数越大表明融资约束越高。

3. 企业内部控制

关于内部控制的概念内涵,国外现行极具权威的界定出自COSO 1992年发布的《内部控制整合框架》(*Internal Control - Integrated Framework*)——内部控制是指企业全体员工共同参与的,以提高企业的经营效率为目标,确保企业财务报告的真实性和可靠性,以及企业遵循相关法律法规的合规性的过程。我国2008年发布的《企业内部控制基本规范》中,进一步明确了与国际接轨的内部控制定义,认为内部控制,是由企业董事会、监事会、经理层和全体员工实施的,旨在实现控制目标的过程。内部控制的目标是合理保证企业经营管理合法合规、资产安全、财务报告及相关信息真实完整,提高经营效率和效果,促进企业实现发展战略。

内部控制是企业抵御风险的重要手段,在某种程度上,可以帮助利益相关者监督管理者的行为,降低因委托代理产生的成本,提高企业经营绩效。有效的内部控制制度会促使风险管理制度更加完善。

### (二)理论基础

1. 数字经济增长理论

Tapscott在《数字经济》中首次提出数字经济由媒介、数字经济产出和基础载体投入三部分组成,认为信息通信和数字技术为数字经济提供强有力的支撑。Castells在研究数字经济过程中发现数字经济要实现发展必须为所有人提供一个互联网的连接,一方面,在数字经济提供连接之后要选出ICT的技术骨干把控技术接入端,另一方面,需要思考在市场中如何推陈出新,将新一代的数字技术植入市场产生经济效应。物联网生态的出现促进了不同要素的跨界流动,这些流动的要素为企业未来发展战略的变革提供支撑,当企业掌握先进的数字技术和前端的数字资源后,就能拥有可持续的竞争优势和源源不断的资源储备,进而有机会实现可持续发展,吸引更多的投资。18世纪亚当·斯密提出的经济增长理论是建立在一般方程和生产函数的基础之上的,找到一系列变量然后探讨这些变量通过函数关系如何影响经济增长的总量和效率。此研究从索洛的新古典增长模型出发,剖析数字经济的增长理论。宏观经济增长的索洛模型Y=AF(K,L),揭示资本增长率、劳动力增长率、人力资本和技术进步率等是实现经济增长的核心动力机制。数字经济时代下生产生活方式、价值创造模式发生深刻变革,数据作为一种新型生产要素被列入生产函数Y=AF(K,L,D)(陈晓红等,2022),数字技术与传统要素的融合重构了数字化生产要素体系,在数字技术三大定律的作用下进一步拓展规模报酬递增的假设范围和传统经济增长理论的边界。

企业的资源包括有形资源和无形资源,其中,无形资源被视为具有异质性和难以复制性等特征的资源。随着数字化的深入推进,互联网、大数据、云计算、人工智能等数字技术加速创新,日益成为改变世界竞争格局的重要力量。旅游企业要想在行业中拥有自己的一席之地,不被时代所淘汰,就需要与时俱进。根据数字经济增长理论,旅游企业获取有效竞争优势的方式是提高数字化水平,尽快掌握数字技术。企业的数字化水平越高,表示企业获取信息的速度更快,获取信息的成本更低,有利于企业之间实现信息的共享。当企业出现信息闭塞时,将难以适应外界变化,无法采取有效应对措施,可能会因为信息差错失融资机会,进而导致融资成本上升。我国旅游企业的发展严重依赖内部现金流,若没有足够的资金,企业在进行融资时会因为资产规模的有限性被拒绝,进而使得企业错失好的融资机会。数字化水平能够在很大程度上缓解企业因内部资金受到的约束所带来的融资问题,能够有效拓展融资渠道。

本研究从数字经济增长理论出发,探讨旅游上市公司数字化水平与融资效率之间的关系,并为提升数字化水平提供理论支持。

2. 资源基础理论

1984年Wernerfelt指出企业具有不同的有形和无形的资源,这些资源能够转化为企业独特的优势,无形资源在企业间是不可流动且难以复制的,这些独特的资源与能力是企业保持竞争优势的源泉。资源基础理论的基本思想是企业本身是资源的集合(王丽杰等,2020),不同企业拥有的资源不同,导致不同企业的竞争能力之间也存在着差异。资源基础论认为企业在任何一个时点上进行决策时，都会优先考虑其拥有的资源储备。

在数字经济时代的背景下，旅游业正加速推进数字化转型。旅游企业可以借助数字技术提升客户体验和企业效益。具体而言，旅游企业可以运用大数据进行市场分析和预测客户需求，并将其应用于制定企业决策和优化流程。通过对游客的偏好、旅游行程等数据进行分析，景区和酒店能够实现针对不同的游客提供相应的产品和服务，从而优化资源配置，提升自身的竞争力。

本研究从资源基础理论出发，分析旅游上市公司融资现状，探索缓解融资约束的有效路径，为解决旅游上市公司融资难题提供理论支撑。

3. 优序融资理论

优序融资理论是Myers和Majluf于1984年提出的。优序融资理论认为除了信息不对称，金融市场是完全竞争市场，并且在金融市场中企业优先考虑内部融资，其次是债权融资和股权融资。由于企业净现金流一般会发生变化，这就使得企业会避免通过减少股息为资本支出融资。如果企业需要外部融资，企业会优先选择发行安全性高的证券；如果企业内部需要的现金流大于其投资需求，多余现金将用于偿还债务。随着外部融资需求的增加，企业在选择融资工具时，会优先考虑安全的债务，其次考虑有风险的债务，股权融资是最优选择(李建栋，2023)。内部融资作为首选是因为企业进行融资时，可以将内部周转资金作为选择，不用涉及外在信息的获取以及众多程序的审批，这种方式降低了融资的成本。

随着互联网技术的快速发展，旅游企业的经营模式加速向线上转型，其融资模式得到创新。然而，由于旅游业的特殊性，旅游企业的融资难度大。尤其在酒店、景区及旅游交通等领域，企业需要大量的资金用于投资建设、经营发展和市场营销。旅游企业在进行融资时，还需要经过烦琐的审批程序。旅游业资产质量和流动性不如其他产业，融资机构对旅游企业的融资审批也较为谨慎。此外，旅游业明显的季节性特征和市场波动风险，进一步加剧了融资难度。

本研究从优序融资理论出发，分析旅游上市公司融资现状，为旅游上市公司降低股权资本成本和解决融资问题提供理论支持。

4. 委托代理理论

委托代理理论于20世纪30年代形成，随着市场经济的发展，委托人通过采取一定的措施促使代理人和委托人的利益同时达到最大化状态。当企业所有者存在着知识局限、时间局限时，会花费一定成本雇佣企业经营者，此时所有者掌握控制权，被雇佣者掌握经营权，企业产生委托代理关系。在企业经营中，委托人的目标是获取企业利润，保证企业可持续经营，而代理人目标在于获取自身经营报酬，当二者经营目标不一致时，企业股东和高管就会出现分歧，代理问题随之出现。

旅游上市公司不断发展，对数字技术的运用也更加精进。企业数字化水平的提高有助于利益相关者通过数字手段了解更多外部信息，保证内外获取的信息一致。这一方面可以实现企业的外部监督，另一方面可以防止企业代理人为保证自身利益而做出损害委托人利益的行为。

本研究从委托代理理论出发，探讨内部控制在数字化水平与融资效率之间发挥的作用，为旅游上市公司降低代理成本、实现融资效率的提升提供理论支持。

### （三）国外研究现状

#### 1. 企业数字化

国外对于数字化的研究开始较早，最早始于20世纪90年代的制造业领域。在世界经济不断变化的环境之下，国外学者们对于数字化的探讨多集中在以下几个方面。

(1) 关于数字化内涵的研究。

国外学术界对数字化的概念尚未形成统一定义，以下几种界定较具代表性。Freeman(1994)认为流行的数字化可以理解为围绕ICT驱动的技术革命的“新阶段”，因此他指出数字化是第五次技术革命的进行曲。Perez(2010)指出数字化是长期持续的ICT革命中的一个独特的技术经济范式。此前的ICT技术系统(如微处理器、个人电脑、软件和互联网)的每一次革新均标志着技术经济范式的转变，即新技术通过重塑行业结构与运作模式推动变革，这一持续演进的过程被称为“数字化”。Aboelmaged(2014)认为数字化转型因企业规模和行业属性而异，主要受知识储备、研发强度和技术资产等关键要素影响。Kaplan和Haenlein(2019)提出数字化引发了全球范围内经济结构和生产方式的根本性转变，是被专家、研究人员、政策制定者和企业家热烈讨论的一个复杂现象。

(2) 关于数字化过程和影响的研究。

国外学者们主要从以下三种不同视角出发展开研究。

第一种是从组织内部视角探索数字化对企业内部的影响。Gaglio等(2022)认为数字化的核心在于数字通信技术,因此他以南非中等收入国家的微型和小型企业(MSEs)为样本,探讨这些以技术为条件的创新对劳动生产率的影响。Manuel(2023)通过分离吸引和留住人才两个变量,验证了数字化引发的组织变革会对人才管理中的人才吸引与留存产生影响。

第二种是从数字技术视角评估数字化的成熟度。Zapata(2020)采用成熟度和准备程度工业4.0模型、普华永道成熟度模型和工业4.0成熟度评估框架等七个模型,评价数字化的适用性。Vladimir(2022)在评估运输业的数字化程度时,采用组织数字制造成熟度模型,帮助企业确定目前处于数字化发展的哪个阶段,并正确地构建向工业4.0过渡的战略。Jarosław(2022)利用Spearman和Kendall两种非参数检验方法来确定数字成熟度指数,并利用确定的数字成熟度指数衡量欧盟27个国家之间数字成熟度的差异性。

第三种是从差异化视角解析中小企业数字化的不同阶段和维度。Mourtzis等(2022)将数字化转型分为六个阶段:第一阶段,一切如常;第二阶段,目前和积极;第三阶段,形式化;第四阶段,战略;第五阶段,融合;第六阶段,创新和适应。还有部分学者研究了不同行业的数字化,如Diogo(2022)探索了零售业的数字化。

2. 企业融资效率

国外学者对融资效率的相关研究起步较早,研究内容多样。从研究方向上看,主要集中于企业融资理论研究、融资效率测度研究以及融资效率内外部影响因素研究三方面。

一是企业融资理论研究。国外所研究的企业融资理论涉及优序融资理论、权衡理论等。Modigliani和Miller(1963)从企业融资效益出发,提出了修正的MM理论并认为融资债权可以提升企业价值。Myers等(1984)从企业融资结构出发,认为企业进行融资时,首先应该考虑内源融资,其次是债权融资,最后是股权融资,并且在选择融资时要充分考虑交易成本的大小。

二是融资效率测度研究。国外学者主要采用DEA相关模型、企业调查报告对融资效率进行评价和分析。例如,Fare等(1998)通过Malmquist指数进行融资效率的评价,将Malmquist指数与DEA模型相结合,形成DEA-Malmquist动态模型。Min和Ahn(2017)利用DEA模型对美国公共交通系统进行效率评价后,引入Malmquist指数进一步评价它的生产效率,以弥补DEA模型评价的局限性。Amado等(2019)以葡萄牙城市为研究样本,以葡萄牙城市生活的质量为研究对象，采用DEA模型和Malmquist指数评价每座城市的生活质量，并以人口数量的增减为标准进行分组，得出生活质量的高低。Amowine等(2019)运用DEA模型判断非洲经济体动态能源效率的提升情况，以确定是否存在部分区域低效率的现象。Singh等(2021)以东盟地区的医疗系统为研究对象，根据DEA-Malmquist模型分析该系统效率的高低，并提出提升医疗系统效率的路径。Rakshit Bijoy(2023)根据世界银行企业调查报告对企业的融资效率进行测量。Lebovics和Hermes等(2023)采用DEA模型对越南微型机构的金融效率和社会效率进行了评价。

三是融资效率内外部影响因素研究。国外学者对融资效率影响因素的研究可划分为宏观和微观两个层面。

在宏观层面上，探究了外部的融资约束、网络关系以及政策环境对融资效率产生的影响。Cardone等(2005)指出融资约束会影响融资效率的提升，因此企业可以与金融机构进行合作，稳定彼此的融资和被融资关系，达到提高融资效率的目的。Ngoc等(2009)指出企业与银行的关系越稳定，则企业与银行之间信息的流动性越强，这样有利于银行在企业进行融资时，充分掌握其信息，从而有效提升双方的信任度。Lu等(2015)发现国家政策、外部经济状况和市场环境都会影响企业的融资效率，如国家能源发展战略、国家经济发展水平等都是影响节能环保企业融资效率的关键因素。

在微观层面上，把企业内部的代理成本和交易成本作为影响融资效率的因素。Stulz(1990)认为企业的管理层掌握的权力越大，企业的融资效率可能越低。Bo等(2013)认为节能环保企业可以通过实施绿色能源项目，更有效地识别潜在风险，从而预先降低生产成本，提升融资效率。Luis和Sarah(2018)认为企业若是在生产过程中降低能源的消耗，便会降低企业所花费的成本，进而提升企业的融资效率。

国外学者从不同角度对影响融资效率的因素进行了探究，这为本研究探讨融资效率的影响机制提供了参考，但现有研究所涉及的企业类型多集中于金融机构或能源企业等，缺乏对旅游企业的研究，这为本研究留下了一定的创新空间。

3. 数字化水平与企业融资效率

国外鲜有关于数字化与旅游企业融资效率的关系的研究，并且现有关于数字化与企业融资效率的关系的研究多集中于探索数字化对企业融资过程产生的影响，忽视了对融资结果产生的影响。Guo等(2016)指出区块链、大数据等数字技术可以避免企业在融资过程中产生道德风险和操作风险，并将有效提升企业的风险管控能力。Li(2018)、Yuan(2019)等运用大数据技术以及区块链去中心化、不可篡改、保护隐私等特性，为企业提供新的信用风险评估方法以及精细化服务，减少企业进行融资时与金融机构之间出现信息不对称的问题。Chod等(2019)认为数字技术可以有效提升企业获取融资数据的速度，加快企业进行业务识别和清算。Rachana(2023)指出电子商务式的融资会带动中小物流企业成长，企业借助信息技术能够解决融资方案中的隐藏中间环节及信息所有权不透明等问题。Kögel(2023)指出，数字金融虽在许多首席财务官的议程中占据重要位置，但仅有少数企业借助人工智能成功实现了财务职能的转变。同时，其研究指出人工智能能够彻底变革企业的财务规划和预测方式，促使财务职能发生根本性转变。

（四）国内研究现状

1. 企业数字化

相较国外而言，国内学术界对数字化的研究较晚，大约出现在21世纪初期，但相关研究取得了一定的进展和丰富的成果，主要包括以下几个方面。

(1) 数字化的内涵。

国内学者对数字化的界定并不统一，主要集中在数字技术视角。刘政等(2020)从微观视角出发，认为企业应用数字技术的过程即企业数字化，企业收集信息、处理数据以及应用数字技术辅助决策是企业数字化的核心。李滟等(2023)认为企业之所以进行数字化转型，是因为数字技术应用逐渐成为企业核心竞争力的关键要素，并且数字化转型的实现意味着能快速满足客户的需求，实现商业模式的创新、决策效率的提高。徐子尧等(2023)指出数字化转型通过管理效应改善企业信息披露质量，数字技术的运用可以帮助企业建立数据分享库，实现信息共享，优化企业的内部控制系统。苗春霞(2023)认为我国经济发展水平的进一步提升，需要数字化转型作为发展引擎，凭借先进的技术手段，激发企业的创造力，推动企业商业模式的变革和经营理念的创新。

(2) 数字化水平的衡量。

企业层面的数字化水平主要有三种衡量方式，分别是根据样本数据构建数字化水平评价指标体系，采用调查问卷的方式衡量数字化水平，通过对上市公司的年报进行文本分析来衡量数字化水平。

根据样本数据构建数字化水平评价指标体系。范合君等(2020)选取2015

年和2017年企业相关数据作为研究样本，通过生产数字化、消费数字化、流通数字化和政府数字化4个维度和23个二级指标，构建更为全面的数字化水平评价指标体系。吴婷等(2021)选取2014—2017年省级相关样本数据，从数字化使用能力、数字化营利能力、数字化引领能力和数字化创新能力4个维度出发，构建中国区域数字化能力评价指标体系，并对中国区域数字化能力进行评价。王和勇等(2022)针对我国制造业数字化转型面临的整体水平待提高、区域发展不均衡等问题，从效益提升、创新驱动和绿色发展3个维度构建区域制造业数字化转型评价指标体系，以熵值法作为衡量方法进行测度。

采用调查问卷的方式衡量数字化水平。尚处于起步阶段，相关研究还不成熟。张鹏等(2022)随机选取陕西省28家规模以上装备制造企业的调研数据作为研究样本，采用熵权TOPSIS法和因子分析法对数字化转型水平进行测度。谢卫红等(2023)基于创新价值链理论，以广东省107家制造企业为研究对象，运用因子分析方法构建制造企业数字化水平分析指标体系，并进一步利用FA-AHP组合赋权模型，对广东省制造企业数字化水平进行测度并分析发展的总体趋势。李小花(2023)以2007—2020年中国八大经济区为研究样本，使用熵权TOPSIS法测算产业数字化比较优势指数。

通过对上市公司的年报进行文本分析来衡量数字化水平。陈玉娇等(2022)基于数字化投资、数字化技术、业务模式转型三个维度，依据互联网、云计算、数字化、信息化等关键词在年报中的词频，测量数字化技术业务模式转型程度，并采用主成分分析法进行降维处理。易露霞等(2021)采用文本分析法(Textual Analysis)对上市企业年报文本中关于数字化转型的关键词进行识别、词频计数，得到了有关企业数字化转型的“文本强度”，并以此为代理变量。张文君(2022)收集和整理了2007—2017年的年报资料，并进行文本分析，得到了反映上市公司数字化转型程度的指数。

对比以上这三种方法，第一种构建评价指标体系的方法和第三种通过对企业年报进行文本分析的方法是目前学界在衡量企业数字化水平时应用较为广泛的方法，受到了众多学者的关注与认可。

(3) 数字化产生的影响。

现有研究主要探讨了数字化对企业创新、企业绩效、客户参与度、企业经营效率、企业出口等方面的影响。

在数字化对企业创新的影响方面，胡山和余泳泽(2022)从供给和需求的角度出发，认为数字经济通过缓解融资约束、加强产学研合作以及提高上下游有效衔接三个方面推动企业进行突破性创新。唐飞鹏(2023)探讨了税收征管数字化产生影响的主要中介路径是倒逼企业加大创新投入,而创新投入的生产率溢出存在“由负转正”的时滞变化过程。郭彤梅等(2023)基于动态能力理论,以2015—2020年国家级专精特新上市企业为研究对象,探究数字化转型与专精特新上市企业创新绩效的关系。孙献贞(2023)将数字化转型纳入包含有限知识溢出的扩展投入品种类模型中,分析数字化转型对企业技术创新的影响效应与作用机制,并进一步探讨政府补助所发挥的调节效应。

在数字化对企业绩效的影响方面,姜莉莉等(2022)指出,衰退企业实现绩效逆转的关键之一是战略选择,其中数字化战略具有重要影响。胡元林等(2023)在对数字化的内涵及其演化进行回顾的基础上,归纳了企业数字化的影响因素,分析了数字化对企业绩效的影响,以及其中的中介和调节机理。聂军(2023)认为企业社会责任表现水平越高,数字化对企业技术创新绩效的促进作用越明显。

在数字化对客户参与度的影响方面,杨水利等(2020)以中国200家先进制造业企业数据为样本,运用统计软件与基于偏最小二乘估计的结构方程模型,探究服务型制造对先进制造业企业绩效的影响。李纯青等(2022)基于利益相关者营销、自反与身份演化、螺旋等理论,系统探讨企业如何在消费旅程中针对数字化交互平台(DIP)产品提供定制和丰富的客户体验以增加客户投入,进而与其他参与者共同创造价值。李雷等(2023)立足于中国企业普遍存在大客户依赖的现实基础,从规模经济和范围经济两个方面探讨数字化转型影响大客户依赖的内在机理。

在数字化对企业运营效率的影响方面,戚聿东等(2020)指出在数字经济背景下,用户价值主导和替代式竞争是驱动企业管理变革的两大根本力量。陈剑围(2021)围绕数智化使能运营管理变革,将供应链生态系统定义为:围绕“数字—服务—产品包”,由供应链群落的各类主体关联互动而形成的生态系统。刘丹等(2023)用多时期网络DEA模型测算21家处于数字化转型过程中的零售上市企业的运营总效率、经营子过程与盈利子过程效率。

在数字化对企业出口的影响方面,易靖韬等(2021)基于世界银行2012年中国企业调查数据,研究发现数字化转型有助于企业扩大出口;企业创新能够正向调节数字化与出口的关系。戴翔等(2023)利用中国海关数据库与中国上市公司(A股)文献数据库匹配数据进行实证检验,发现企业数字化转型对出口具有显著的正向促进作用。孙文远(2023)基于出口贸易视角,通过拓展企

业产品异质性理论模型，结合使用2003—2013年中国A股上市公司数据和中国海关数据库的微观企业数据，在实证层面检验企业数字化对企业出口贸易的影响。

2. 企业融资效率

国内学者对融资效率的研究最早出现在21世纪初，主要集中在融资效率的概念内涵、融资效率测度、融资效率影响因素等方面。

(1) 关于融资效率概念内涵的研究。

主要从融资能力、融资效率评价以及成本与收益等角度对融资效率的概念内涵进行界定。

从融资能力的角度，王晨(2018)指出中小企业的融资效率指的是企业采用融资评价工具对融资在质和量上的效率问题进行评估判断研究，通过最终的研究结果分析中小企业的融资效率实际情况，进而对其进行综合评估。刘海虹(2000)指出企业融资效率是指企业融资能力的大小，企业融资低效率是我国经济运行的突出特征。

在融资效率评价方面，主要从融资成本以及融资资金是否实现其最大运用价值的角度进行评估。吴翌琳等(2021)认为融资效率是对企业创新投资和探索式创新投资所产生的影响，但在企业市场势力中，对探索式创新投资作用更强。王波等(2022)认为企业融资效率是指企业以最小成本获取且高效利用有限的资金，包括资金融入效率和资金使用效率。

从成本与收益的角度，张玉喜和赵丽丽(2015)指出企业社会资本能够在企业融资过程中降低信息不对称程度，减少借贷双方的交易成本，缓解企业的融资约束，拓宽企业融资渠道，提高企业融资效率。蓝图等(2020)从融资资源配置角度认为融资效率能够反映资金的筹集和配置效率，提高融资效率有助于优化企业资本结构，实现资金效用最大化。刘宇航等(2022)认为，根据优序融资理论，企业在取得资金时，不同的融资方式会产生不同的融资成本，目前普遍认为企业内源性融资的成本最低，其次是债权性融资，成本最高的是股权性融资。罗睿(2023)把企业的融资分为内部融资和外部融资，其中，外部融资又可以细化为股权融资和债券融资。

(2) 关于融资效率测度的研究。

国内学者主要运用数据包络分析法、Super-SBM模型和DEM-Malmquist模型分析融资效率。

在数据包络分析法方面，初立苹等(2013)采用投入导向型广义三阶段

DEA模型,对2007—2011年在中国境内经营的41家寿险公司的融资效率进行了测度和比较。吴阳芬等(2019)以我国新三板分层制度为基础,利用数据包络分析法对新三板创新层企业单独年份内的整体融资效率、分行业融资效率及上市前后融资效率进行静态分析和动态分析。

在Super-SBM模型方面,沈彦波(2023)基于50家科创型上市企业2017—2021年的融资数据,运用超效率SBM模型对其融资效率进行静态测算,采用Malmquist指数法从动态角度分析科创型企业融资效率变化,最后构建Tobit模型对融资效率的影响因素进行回归分析。曾刚(2018)对DEA模型应用加以拓展,充分发挥Super-SBM模型克服"松弛"变量误差和Malmquist模型能反映不同时间序列样本效率值变动的优势,选取2011—2016年沪深117家上市企业的4914个观察值,对京津冀战略性新兴产业融资效率进行静态和动态评价,利用Tobit模型回归分析影响融资效率的外部环境因素。曾刚(2019)充分利用Super-SBM模型精准测量融资效率值并排序的优势,结合上市公司数据计算高端装备制造企业的融资效率差异;利用Malmquist模型研究综合效率指数轨迹、技术效率轨迹和技术进步效率轨迹的动态变化。

在DEM-Malmquist模型方面,王海荣(2016)将资金筹集和配置利用纳入融资效率评价体系中,构建DEA模型对我国新能源汽车产业融资效率进行测度,并使用Tobit模型对新能源汽车产业融资效率影响因素进行分析。冯永琦等(2021)采用共同边界动态DDF-DEA模型,以全国中小企业股份转让系统中的105家科技类中小挂牌企业为样本,从地理区域、融资方式、产出方向等角度分析了中小挂牌企业科技金融投入产出效率的异质性差异。高若兰(2022)以51家主营业务为PPP项目的国有企业与民营企业为样本,运用DEM-Malmquist模型分别从整体、不同领域和不同地区的角度对比分析二者融资效率的异同。郝博等(2023)以2014—2021年多次参与PPP项目的44家上市公司为样本,采用DEM-Malmquist,评价债权融资、股权融资、内源融资三种融资方式下上市公司参与PPP项目的融资效率。

(3) 关于融资效率影响因素的研究。

国内学者对融资效率影响因素研究非常丰富,包括内部影响因素和外部影响因素。内部影响因素以股东权益、企业的三大财务能力以及企业内部的治理情况为主,外部影响因素以政策变化为主。

在内部影响因素上,黄辉(2009)从融资成本和融资风险两方面对企业融资效率进行了定量测度,并以我国A股上市公司的面板数据实证分析了企业

特征因素对融资方式、资本结构、融资效率以及企业价值的影响，指出虽然任何一种融资方式都有其利弊，但各种融资方式在不同条件下对企业融资效率的作用并不相同。张海君(2017)以我国2007—2014年A股主板上市公司为研究样本，实证检验了内部控制对企业融资效率的影响，以及法治环境、司法公正与效率、合法权益保护与内部控制对企业融资效率的交互影响，指出内部控制对企业融资效率的影响存在显著的替代效应。张兰花(2022)基于山西省科技型中小企业问卷数据和城市截面数据，从企业的融资结构和融资效率角度研究了资源型省份融资特征对科技型中小企业成长的影响。

在外部影响因素上，薛瑞等(2016)结合产权性质分析产业政策在不同产权性质企业中的差异化实施效果，发现受产业政策激励的企业的融资效率显著高于未受产业政策激励的企业。宋云星等(2020)指出经济政策不确定性的加剧会显著抑制我国民营企业融资效率的提升，宏观层面扩张性货币政策的实施有助于抵御经济政策不确定性给企业融资效率带来的负面冲击。黄飞鸣等(2021)认为联合授信机制的实施可以规范和约束企业的多头融资和过度融资行为，防控金融风险，提高社会资金使用效率，并表明固定资产比例高的企业更倾向于不实施联合授信机制。伍光明(2021)认为经济政策的不确定性能够在微观层面影响企业的投融资决策行为，较高的经济政策不确定性会增加外部投资者与企业之间潜在的信息不对称程度，外部投资者对企业未来经营成果的预测变得更加困难，因此会更为理性且谨慎地做出投资决策。曾雄旺(2021)选取67家农业上市公司评价其2015—2019年的融资效率，并通过分析环境因素对政府补助冗余的影响，进一步研究政府补助对融资效率的影响效应。

3.数字化水平与企业融资效率

国内鲜有对于数字化和旅游企业融资效率相关关系的研究，研究样本多集中在金融企业、高新技术企业上，研究数字化对融资效率的作用机理主要集中在融资约束、信息不对称上。

在金融企业方面，郑晓佳等(2023)以2007—2019年中国沪深A股上市企业为样本，检验企业数字化转型对股权资本成本的影响机制，实证结果表明：企业进行数字化转型显著降低了股权资本成本；在财务压力更大、信息复杂程度更高、治理水平更低的企业中，数字化转型降低股权资本成本的效应更显著。

在高新技术企业方面，周兰等(2023)基于文本挖掘技术测度企业数字化水平,发现企业数字化对融资约束具有缓解效应,这一缓解效应主要通过降低信息不对称、减少代理问题来实现。文雯(2023)指出数字化转型显著加剧了企业投融资期限错配程度,即数字化转型助长了企业的“短贷长投”倾向。王立明(2023)认为创新资源配置会显著加剧企业融资约束,但该加剧作用在高新技术企业中并不显著;并指出价值链数字化会显著缓解企业融资约束,价值链数字化能够显著抑制创新资源配置对企业融资约束的加剧作用。江映霞(2023)发现数字普惠金融对企业创新存在显著的正向影响,数字普惠金融主要通过缓解融资约束来促进企业创新。

基于以上研究可以看出,国内有关数字化水平对企业融资效率的影响的研究主要集中在大样本量的全国范围内的企业方面,缺乏以旅游企业为研究样本,探讨数字化水平对旅游企业融资效率产生的影响的研究。这也反映出针对该主题的研究存在巨大的探索空间。

（五）研究述评

本研究从数字化、融资效率以及数字化与旅游企业融资效率关系三个方面对国内外学者的研究成果进行了文献梳理,通过归纳概括发现:

在数字化研究方面,国内外研究之间存在一定差异,也有着一定的共同点。国内外学者对数字化的研究多集中于以下方面:一是关于数字化的概念研究,国外对数字化研究的开始时间较早且其关注点多集中于实践层面;国内对数字化的研究稍晚,更倾向于结合我国现状,从数字化过程中的数字技术应用视角将数字化的相关理论与实际应用相结合进行研究。二是针对数字化的影响研究,国内外学者都对数字化的阶段进行了研究,但其研究视角不同,国外学者主要探讨了如何衡量数字化水平的问题;国内学者主要研究了数字化的驱动因素。国内外相关研究的共同点在于,国内外学者都认同数字化会促进企业创新,改变商业模式和组织结构,提升企业竞争力和业绩。

国内外学者对融资效率的研究主要集中于企业融资理论、融资效率测度和融资效率的内外部影响因素等方面。虽然国内外学者在融资效率研究方面获得了大量的成果,但对融资效率的概念界定尚未达成一致。从其他角度对融资效率进行研究有助于丰富企业融资的研究成果。从融资效率的研究对象上看,现有关于旅游企业融资效率的研究相对匮乏,数字化对于旅游企业融资效率的影响机制尚不明确。从融资效率内外部影响因素上看,现有研究多集中在政策、融资成本等因素上,缺乏全面的研究,此外,现有研究所涉及的企业

类型多集中于金融机构或能源企业等，缺乏对旅游企业的研究。

在数字化水平与旅游企业融资效率关系方面，现有的数字化与旅游企业融资效率关系研究具有以下局限性：其一，国内外从微观企业数字化角度直接分析旅游企业融资效率的文献屈指可数，大多集中在分析数字化对其他行业的经济效应上，且关于旅游企业的融资效率的实证研究较少。其二，探索数字化影响旅游企业融资效率提升的机制研究相对单一，宏观层面的研究多聚焦于数字技术作为生产要素嵌入生产函数、简化企业融资流程等共性影响，尚未对微观层面旅游企业的融资路径机制进行解释，并且未对数字化通过缓解融资约束提升融资效率进行集中探讨分析。

综上所述，学术界对数字化、企业融资的研究颇多，但是鲜有研究从数字化角度探讨旅游企业融资效率的提升。同时，旅游行业作为我国现代服务业的支柱产业之一，目前以旅游企业为研究样本展开的研究还相对较少，因此该领域的研究具有广阔的发展空间。

### （六）理论分析与假设提出

#### 1. 数字化水平与旅游企业融资效率

融资效率体现了企业用最低的成本获取资金实现最大效益的能力。数字化水平的提高不仅能帮助企业降低成本，增强债务融资和股权融资能力，还能提升企业的决策效率，为企业创造更大经济效益，从而增加企业内源性融资机会。

(1) 企业能够运用数字平台降低企业的各种交易成本从而实现融资效率的提升。

其一，数字平台的建立能帮助企业降低信息交易成本。当企业实现数字化转型时，就可以打造信息平台，增强自身与外界的交互性（吕佳煜等，2023），提高信息的透明度，降低企业与资金供应方的信息不对称性，便于资金供应方了解企业融资的动机和资金的偿还能力。信息不对称是影响资金供应方决策的基础性要素，在企业存在同样融资需求的情形下，资金供应方更可能优先将更多的资金以更低的利率提供给信息透明度较高的企业，信息透明度较低的企业要想获得资金则需付出更高的融资成本（李志军等，2011）。

其二，企业运用数字技术能够降低生产交易成本。提升数字化水平意味着实现生产流程的数字化和自动化。当企业运用数字技术去解决烦琐的、重复性的工作时，将会提升企业生产经营和管理决策的效率，避免企业在生产环节花费大量资金，降低生产经营的交易成本，使得企业可以利用更多的留存资金去满足自身的融资需求，提升融资效率（杨烨军等，2023）。

（2）企业可以运用大数据提高资金的利用率从而实现融资效率的提升。

其一，大数据的应用可以强化外界对企业的监督。随着企业数字化水平的提升，其运营信息更加透明，从而会吸引更多外部利益相关者的关注。此时，外界投资者会利用大数据获取企业信息，同时企业的经营和管理行为会变得更加透明（罗雅兰，2018），有助于外界更好地监督企业管理层因自利而产生的投机行为，确保企业获得的资金能够得到合理的配置，进而提升融资效率。

其二，数字化水平的提升可以转变企业的商业模式，提高企业的决策能力。企业数字化水平的提升有助于推动商业模式的创新，实现以数字系统为中心的决策分析，判断各种决策可能产生的风险，选择最优决策，从而实现资金利用率的提升。正确的战略选择有助于企业获取更多的融资机会，实现效益的最大化，进而提升融资效率。

综上所述，提出以下假设。

H1：旅游企业提升数字化水平有助于提高融资效率。

2. 融资约束的中介效应

融资约束是指企业拥有很多投资机会，但无法获得最优资本进行项目的投资建设，进而使得企业的融资需求得不到满足。提升数字化水平既可以缓解企业的融资约束，又可以提升企业的融资效率。

其一，根据资源基础理论，数据本身就是一种生产要素，当企业提升数字化水平后，企业在资本市场拥有更大的价值，这有助于增强企业自身的吸引力。从内源性融资方面来看，当旅游企业提升数字化水平后，企业会利用数字技术精准获取资本市场的需求，根据需求调整自己的经营计划，在内源性融资有限的情况下实现资金利用效率的最大化（许林等，2023）。从外源性融资方面来看，数字化水平得到提升后，企业会通过数字平台强化网络交易的规范性，将网络交易信用转化成商业信用，披露更多的年报信息，以便于更好地采用众筹、P2P 等方式进行融资，这能够为企业赢得更多的融资机会，降低了企业融资的难度，缓解了融资约束，提升了融资效率。

其二，对于数字化水平高的旅游企业而言，其数字技术的信息捕捉和分析能力更强，这有助于企业通过大数据快速识别市场变化，动态调整创新策略与目标，整合零散的信息和资源，优化供、需两端的衔接，充分发挥“乘数”创造效应，实现跨界资源的深度融合。企业可以通过优化资源配置来缓解融资约束

（魏昀妍等，2024），进而提升经营绩效和融资效率。

综上所述，提出以下假设。

H2：融资约束在数字化水平与融资效率之间发挥中介作用。

3. 股权资本成本的中介效应

股权资本成本用于衡量企业投资所取得的收益率。股权融资是旅游上市公司融资的渠道之一，降低股权融资的成本有助于提高资本市场的融资效率，更好地促进经济健康发展。企业在提升数字化水平的过程中，可以通过降低股权资本成本提高融资效率。

其一，企业进行数字化转型可以降低企业经营的风险。一方面，掌握数字技术的旅游企业能够精准获取游客需求，进行个性化定制及营销，从而降低产品设计的成本和生产风险，创新商业模式，提高营销能力。另一方面，数字技术可以帮助旅游企业获取外部信息，辅助管理者制定决策和防范风险，提高经营效率，保障盈利的稳定性，这不仅降低了投资者对企业盈利波动的敏感度，还能有效降低股权资本成本（张雪梅等，2023），保障了股权融资的稳定性，提高了融资效率。

其二，企业提升数字化水平可以吸引外部关注，降低信息不对称，进而降低股权资本成本，提高融资效率。旅游企业进行数字化转型符合当代经济发展新趋势，这不仅会吸引更多外部投资者的关注，也会吸引媒体的关注。受到更多关注的旅游企业有机会获得更多的投资者，了解不同投资者所掌握的信息，降低投资者获取的信息与企业获取的信息的不一致性，同时还可以增加股票的流动性（刘粮等，2022），降低股权资本成本，从而降低融资成本，提升融资效率。

综上所述，提出以下假设。

H3：股权资本成本在数字化水平与融资效率之间发挥中介作用。

4. 内部控制的调节效应

旅游企业的融资活动不可避免地受到内部控制的影响，旅游企业需要提升内部控制的水平以应对融资活动产生的成本。当内部控制水平较高时，意味着旅游企业的披露会计信息质量高、委托代理成本低，这会影响旅游企业数字化水平与融资效率之间的关系（王福君等，2023）。

其一，高水平的内部控制会促进数字化水平对融资效率的提升产生积极作用。数字化水平高的旅游企业能够接触更多的核心资源，而内部控制作为一种改善企业治理结构和组织结构的手段，其水平越高越能够加强企业各部门之间的有效沟通，提高资源配置的效率，实现资金的合理利用（许家婧，2023），强化数字化水平对融资效率产生的影响。

其二，高水平的内部控制可以帮助旅游企业完善信息披露，降低信息收集者利用数字技术收集信息产生的信息使用成本（吴津钰等，2023），从而为旅游企业更好地融资创造条件，加速融资效率的提升。同时，完善的内部控制使得企业内部管理制度更加透明（姜长丰，2024），监督制度更加完善，旅游企业在利用数字技术进行监测和反馈时可以全面了解管理层采取的行动，掌握融资项目的实时情况，避免做出不理智的决策，从而解决资金利用不当的问题，提升融资的效率。因此，内部控制水平越高，数字化水平对融资效率的提升作用越明显。简言之，高水平的内部控制使得数字化水平与融资效率之间的关系更为紧密，扩大了数字技术的适用范围，提升了资金的使用效率，从而强化了数字化水平对融资效率的积极影响。

综上所述，提出以下假设。

H4：内部控制在数字化水平与融资效率关系之间发挥正向调节作用。

相关理论模型如图4-1所示。

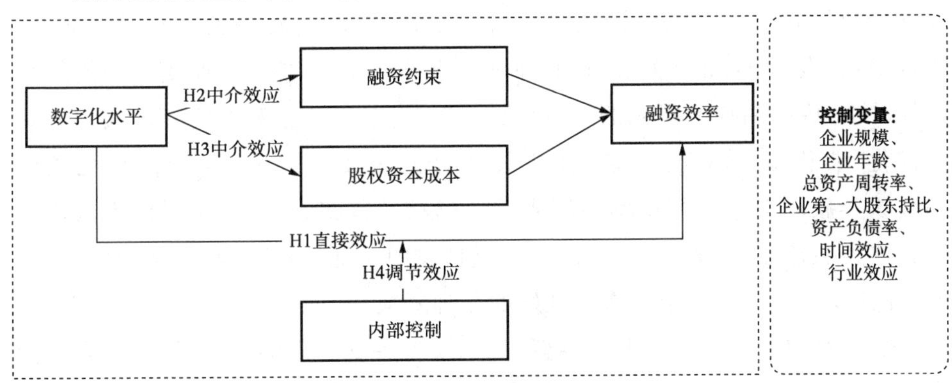


**图4-1　理论模型**

## 三、我国旅游上市公司现状分析

### （一）我国旅游上市公司基本情况及总体特征

1. 基本情况

当前，学术界关于旅游上市公司的界定标准多样，本研究依据证监会出台的相关分类标准，以学术界相关文献为指引，将旅游上市公司定义为在中国境内公开上市并在证券市场上融资，以旅游活动为营业收入主要来源，或以辅助旅游活动开展经营活动为主营业务的上市公司。旅游上市公司的业务范围主要包括旅游区管理、旅游出行、食宿、游览、旅行社、旅游电子平台服务、旅游商品销售、旅游信息咨询服务等(杨皓泽,2021)。由于沪深A股上市公司持续经营时间长、风险管理能力较强,因此,本研究主要的分析样本是沪深A股旅游上市公司,剔除B股、创业板、ST股(因其经营发生过重大变化)和上市未满3年的公司,其后所剩的分析样本数为34家。数据来源为CSMAR数据库,以及巨潮资讯网、上海证券交易所、同花顺、东方财富、新浪财经等第三方网站。本研究根据经营范围的不同,将旅游上市公司分为景区类旅游上市公司、酒店和餐饮类旅游上市公司、综合类旅游上市公司、交通运输类旅游上市公司。

景区类旅游上市公司如张家界、峨眉山A、桂林旅游、黄山旅游等,这类旅游上市公司以自然景观资源作为优势进行发展,对当地自然资源有着很强的依赖性,并且具备比较完善的基础设施,一般也不会出现游客猛增或猛落的情况(戴学锋,2000)。相较于其他类型的旅游上市公司,这类旅游上市公司的收益比较稳定,净资产收益率较高。

酒店和餐饮类旅游上市公司在旅游板块占比较大,其竞争力主要受外部环境变化影响。因为旅游酒店业本身属于特殊行业,几乎包含旅游吸引、交通、设施和服务、包价服务、活动和辅助性服务六要素,能够满足消费者绝大部分的需求,旅游酒店业提供的产品主要表现为服务,而这种“产品”的实现方式多样化,涉及多个环节,在内容上极具灵活性(王璐等,2008)。代表性的酒店和餐饮类旅游上市公司如华天酒店、西安旅游、首旅酒店等,主要以提供住宿和餐饮为主营业务,大多经历过资产重组,集中了优势资产,具备地理位置佳、档次高等特点,在经营中形成了良好的品牌效应。

综合类旅游上市公司业务经营广泛,没有特别突出的经营优势,但通常会有完整的产业链,形成以归核类的战略为主、以多元化经营为辅的综合性经营,这是这类旅游上市公司收益良好的原因之一。归核类战略是指综合类旅游上市公司有明确的转型方向,如华侨城推行“旅游+房地产”,中青旅涉足高科技等;多元化经营是指这类旅游上市公司会逐步涉及住宿餐饮、会展服务、景区运营、交通服务等业务,并形成了完整的旅游产业链。在我国旅游业不断发展过程中,这类旅游上市公司比例逐渐扩大。

交通运输类旅游上市公司在旅游业发展中扮演着重要角色。交通运输已经不再是传统概念上保证旅游出行的一种条件,它本身已经成为旅游基础设施体系中的主要组合,支撑着旅游经济的发展,同时旅游的交通线路决定着游客的空间流向和流量。这类旅游上市公司为游客提供了游览过程中连接其他各类旅游资源的服务，其主要收入来源既包含了游客为到达旅游目的地而乘坐的交通工具，也包含了景区内部的摆渡车、索道等二次消费的交通工具。



2. 总体特征

旅游上市公司地域分布广泛、上市时间较为集中。本研究所选取的旅游上市公司样本共分布在全国14个省（自治区、直辖市），其中排名位列前二的省（自治区、直辖市）分别是北京和上海。北京共有9家上市旅游公司，约占样本总数的26%；上海市有5家上市旅游公司，约占样本总数的15%。从区域分布上看，七大区域都有分布。其中东北地区1家，华北地区9家，华东地区10家，华中地区3家，华南地区4家，西南地区4家，西北地区3家。旅游上市公司主要集中经济发达的地区（如北京等），以及旅游资源丰富的地区（如四川、云南、陕西等）。从上市时间上看，呈现出2000年前集中上市，这可能是由于1993年旅游企业涉及股票融资等问题，各方面的资本运营知识准备充分。

旅游上市公司总体数量较小，但结构较为合理。旅游业具有综合性，涉及范围较广，虽然酒店餐饮、旅游景区和旅行社等都属于旅游业，但不同类型的旅游企业的经营目标不同。截至2020年，剔除B股、创业板、ST股（因其经营发生过重大变化）和上市未满3年的公司，其后所剩的分析样本数为34家。其中综合类旅游上市公司13家，景区类旅游上市公司9家，酒店和餐饮类旅游上市公司10家，交通运输类旅游上市公司2家。

### （二）我国旅游上市公司数字化发展现状

1. 旅游上市公司数字化进程

首先是信息化探索时期。1981年，中国国际旅行社引进PRIME550型超级小型计算机系统，并将其应用于旅游财务管理、旅行团数据的整理和旅游数据的统计等，标志着我国旅游企业数字化的萌芽。此阶段由于数字技术薄弱，旅游上市公司如锦江饭店才开始进行数字技术的尝试。此时的数字技术尝试的动力源于国家旅游信息化的政策和实践。1994年是我国内地互联网诞生的"网络元年"，我国旅游信息化建设开始全面发展，并建立起国家、省（自治区、直辖市）、重点旅游城市、旅游企业四级计算网络。伴随着互联网的快速发展，我国旅游企业开始尝试与OTA平台进行合作，探索新的商业模式。

其次是数字化启动阶段。2011年，全国旅游工作会议提出，"要抓住三网融合快速推进、移动互联网快速发展等机遇，推动旅游业广泛运用现代信息技术，以信息化带动旅游业向现代服务业转变”，“鼓励和支持旅游部门和旅游企业开展网络营销、网上预订、网上支付，发展在线旅游业务”，“选择一批有条件的旅游城市，开展‘智慧旅游城市’试点”。政府部门出台了相关的政策和举措，并制定了相关行业标准，以支持旅游业的数字化发展。

最后是数字化发展阶段。2016年印发的《“十三五”国家科技创新规划》中指出，“加强文化遗产保护传承和公共文化、体育健身等公共服务关键技术研究，培育教育、文化、体育、旅游等城市创新发展新业态，推动历史文脉延续和人文城市建设”。2019年10月，数字文旅融合创新发展大会的召开标志着中国的数字文旅时代的到来。

2. 旅游上市公司数字化水平测度

企业数字化发展水平主要体现在企业数字化转型的过程中。旅游上市公司的数字化水平一方面要体现对文旅资源的数字转化应用，将有效的资源转变为数字资产，借助人工智能、大数据等数字技术开发新产品，为游客提供更好的体验，另一方面要体现自身基础设施的完善。数字化时代，数字经济的发展推动旅游企业进一步变革，旅游企业应完善自身数字交易体系，在5G、大数据等方面的基础设施建设的基础上完善自身数字旅游体验中心，建设数字化的产业园区和发展平台，从而实现数据要素的跨部门流动和数据资源的跨企业共享，推动旅游企业实现数字化转型。现有关于旅游企业数字化的研究主要从宏观层面衡量整个行业的数字化水平，从微观层面衡量旅游企业数字化水平的相关研究相对较少。现有研究主要采用问卷调查法和文本分析法两种方法进行衡量，而采用问卷调查法可能会存在真实性无法验证的问题。鉴于上述情况，本研究基于数字化转型的科学内涵，借鉴戚聿东等(2020)的数字化转型理论框架，系统考虑数字化转型的技术内涵，选择人工智能、区块链、云计算、大数据、商业模式五大数字化核心模块，对旅游上市公司数字化程度进行测算检验。

3. 旅游上市公司数字化面临的问题

当前旅游上市公司在数字化转型的过程中存在着资源和信息共享不充分、数字技术应用与业务融合不充分等问题。伴随着数字经济时代的来临，传统旅游企业渴望通过提高数字化水平实现自身转型，促使旅游业涌现大批数字化项目，这让更多的旅游企业意识到数字化转型的重要性。但旅游业属于劳动密集型产业，旅游企业如果自身资金和科技储备不足，即使投入数字化项目，也可能会导致转型失败。

首先是业务和技术融合不充分。旅游企业的数字化主要是通过运用人工智能、大数据、AR等数字技术开发旅游产品，以此吸引游客进行消费。目前旅游上市公司在旅游场景中运用数字技术时未能与产品有效结合，过分强调数字技术的投入，忽略了旅游产品本身存在的核心竞争力，导致技术与实际业务需求脱节。

其次是多业务板块信息共享困难。旅游上市公司可分为景区类、酒店和餐饮类及综合类等，大部分旅游上市公司涉及两种及两种以上的业务，各个业务板块之间的运营模式和运作方式存在着差别，所获取的数据资源的种类也不同，所在业务板块的管理系统之间相互独立，这就导致旅游上市公司要想统筹所有业务板块的内部资源，实现各个业务部门之间的信息和数据共享存在一定困难。

再次是融资难、资金需求大。对于旅游企业而言，提升数字化水平是一个长期的过程，存在着周期长、资金需求大且回报难以预期等问题。如果旅游企业前期基础薄弱，其对外界投资者的吸引力就较弱，进行数字化转型时就难以筹备更多的资金。大部分旅游企业利润较薄，加上疫情使得旅游企业遭受重创，行业复苏缓慢，此时推进数字化转型可能会加剧成本压力，影响短期收益。

最后是数字化人才缺口大。企业数字化转型的趋势明显，对于数字化人才的需求呈爆炸式增长。旅游上市公司不仅需要擅长数字技术的人才，也需要掌握旅游业整体发展状况的人才。在数字化落地过程中，这类人才严重缺乏导致技术应用与业务运营难以深度融合，进而制约了转型进程。

### （三）旅游上市公司融资现状分析

中国文化和旅游行业资金来源广泛，旅游行业融资的资金来源分为内源性融资和外源性融资。探讨旅游上市公司的融资能力有助于推动旅游企业可持续发展，同时，了解旅游上市公司的融资现状对于探究其融资效率具有重要意义。本研究借鉴邱强等（2020）、沙宇蕾等（2020）的研究思路，基于CSMAR数据库，以及网易财经和新浪财经等第三方网站，剔除财务状况异常以及数据部分缺失的旅游上市公司，将剩余的34家旅游上市公司作为研究样本，根据优序融资理论，从内源性融资、债权性融资、股权性融资三种融资方式出发，对旅游上市公司的融资现状进行探析。

#### 1. 内源性融资

内源性融资是企业在发展过程中通过留存收益和折旧满足自身资金需

求，不会产生融资费用或外部融资利息，是企业融资的首选方式。企业的留存收益主要由盈余公积和未分配利润构成。研究发现，2011—2015年旅游上市公司盈余公积、留存收益和未分配利润都维持在较高水平，平均内部融资总额约2.02亿元，说明内部资金储备相对较多，可能是由于旅游上市公司在"十一五"期间取得突破性进展，使得旅游业规模不断扩大，"十二五"期间旅游上市公司发展基础扎实，自身经营状况也不断变好，内源性融资能力也有所提高。2016—2019年旅游上市公司的内源性融资能力降低，盈余公积、留存收益和未分配利润逐渐下降，维持在1.98亿元，可能是由于2016年印发的《中华人民共和国国民经济和社会发展第十三个五年规划纲要》中指出"大力发展旅游业，深入实施旅游业提质增效工程，加快海南国际旅游岛建设，支持发展生态旅游、文化旅游、休闲旅游、山地旅游等"，使得企业将投入大量内部资金用于改革，降低了留存收益。从内源性融资能力来看，由于旅游上市公司正处于数字化转型阶段，仍需要留存更多内部资金以满足部分融资需求。

2. 债权性融资

债权性融资与内源性融资相反，需要企业承担外部的融资费用和融资利息，这是一种通过举债有偿获得外部资金的融资方式，能反映企业融资结构的变动情况和资金利用情况。流动比率、速动比率、资产负债率及流动负债比率是反映企业债权性融资情况的主要指标。

流动比率可以反映企业流动资产的短期偿债能力。研究发现，2011—2015年流动比率呈逐年上升的趋势，说明旅游上市公司的流动资产的短期偿债能力在持续增强；2016—2019年呈逐渐下降趋势，说明旅游上市公司的流动资产的短期偿债能力在持续减弱。

速动比率可以反映企业速动资产的短期偿债能力。研究发现，2011—2015年速动比率呈逐年上升的趋势，说明旅游上市公司的速动资产的变现能力在逐渐增强，资金链较为充裕；2016—2019年呈逐渐下降趋势，说明旅游上市公司的速动资产的变现能力在逐渐减弱，资金链较为紧张。

资产负债率可以反映企业的长期偿债能力。研究发现，2011—2019年资产负债率维持在0.42左右，表明此阶段旅游上市公司的偿债能力强，财务风险相对较小，经营状况较为稳健，举债经营可能会获得好的收益。

总体而言，旅游企业应维持较好的经营状况，保持债务结构的合理。

3. 股权性融资

股权性融资是指企业外源性融资的主要方式之一，包括增发募集资金、转增股本等方式。股权性融资同样不需要偿还融资利息，是指企业通过出让部分股权引入新股东，并让新股东获得参与利润分配的权利。这种融资方式会造成原有股权结构变动，加大企业控制权分散的风险。相对于转增资本，增发募集资金占股权融资的比例较大。研究发现，2011—2019年增发募集资金呈不断上升趋势，说明旅游上市公司在此阶段需要引进大量的优质资金。2011—2012年转增股本迅速上升，2012—2019年仅2014年的转增股本较为明显。总体而言，旅游上市公司股权性融资能力不稳定。



## 四、旅游上市公司数字化水平与融资效率评价

### （一）旅游上市公司数字化水平评价

1. 测算方法

本研究主要使用文本挖掘分析。Python是高层次的解释性、交互式、面向对象的脚本语言，使用Python编写的程序代码具有较好的可读性，结构化的代码编写风格也使得程序开发和维护更具高效性和可维护性。随着Python相关技术和代码库的不断完善，数据挖掘技术已然与Python融为不可分割的一个整体。Python及其代码库为用户提供了强大的科学计算能力，再加上不断开发出的支持各项数据挖掘技术的代码库，使Python成为数据挖掘中极为热门的工具语言之一（刘熠，2018）。

本研究首先使用Python爬取巨潮资讯网沪深交易所A股的旅游上市公司PDF版本的年报，后将PDF版本的年报转为文字代码，提取所有文本内容，利用Jieba获取年报词典，并设置特殊关键词以供后续词频统计。其次，结合最新数字化相关政策报告，锁定企业数字化的特征词，形成高频关键词词典。最后，选择并运用关键词构建企业数字化水平的指数进行分析。

2. 数据来源

考虑到旅游企业的可持续经营性以及旅游企业的变化速度较快，本研究的样本期限选定为2011—2019年，对2011年后上市和2020年前已经退市的企业予以删除，最终选定34家旅游上市公司9年的相关数据作为研究样本。数据来源为CSMAR数据库，以及巨潮资讯网、上海证券交易所、同花顺、东方财富、新浪财经等第三方网站。

3. 关键词选取和指标构建

在选择旅游企业数字化水平特征词时，本研究参考已有学者的研究，借鉴

戚聿东等(2019)和赵宸宇(2023)评价企业数字化的方法,选取云计算、人工智能、大数据、商业模式、区块链五个关键词。进一步,选定《文化和旅游部关于推动在线旅游市场高质量发展的意见》《中小企业数字化转型发展报告(2023年)》,以及CSMAR数据库中的企业数字化转型相关特征词作为高频关键词词典,如表4-12所示,将统计到的五个关键词的词频加总,为剔除极端值影响,采用取对数方式处理,以此作为衡量企业数字化水平的指标,即数字化水平的总指数;各关键词的词频加总后形成数字化水平的分项指数。

**表4-12　数字化水平特征词**

| 指标名称 | 关键词 | 高频关键词词典 |
|---|---|---|
| 数字化水平 | 云计算 | 内存计算、云计算、流计算、图计算、物联网、多方安全计算、类脑计算、绿色计算、认知计算、融合架构、亿级并发、EB级存储、信息物理系统 |
| | 人工智能 | 人工智能、商业智能、图像理解、投资决策辅助系统、智能数据分析、智能机器人、机器学习、深度学习、语义搜索、生物识别技术、人脸识别、语音识别、身份验证、自动驾驶、自然语言处理 |
| | 大数据 | 大数据、数据挖掘、文本挖掘、数据可视化、异构数据、征信、增强现实、混合现实、虚拟现实 |
| | 商业模式 | 手机钱包、条码支付、NFC支付、智能设备、智能车间、智能终端产品、智能能源、网联、智能节能环保、智慧物流、智能客服、智能家居、智能投资咨询、智慧文旅、智慧电力系统、数字控制、数字零售、无人零售、互联网金融、数字金融、金融科技、新零售、B2B、B2C、C2B、C2C、C2M、线上对线下(O2O)、线上零售、电子商务、公众号、微信小程序、应用程序(App)、直播、微博、移动电商(M2M)、预售、在线办公、无人配送 |
| | 区块链 | 数字货币、智能合约、分布式计算、去中心化、比特币、联盟链、差分隐私技术、共识机制 |

4. 旅游上市公司数字化水平结果分析

结合沪深A股旅游上市公司年报文本的高频词词频的挖掘统计测算(见表4-13),本研究统计了云计算、人工智能、大数据、商业模式和区块链各层面出现多次的关键词。

表 4-13 高频关键词出现频次测算结果

| 关键词 | 高频关键词词典 | 数量 |
|---|---|---|
| 云计算 | 物联网 | 50 |
| 人工智能 | 语音识别 | 18 |
| 大数据 | 虚拟现实 | 5 |
| 商业模式 | 预售 | 19 |
| | B2B | 2 |
| | C2C | 3 |
| | 直播 | 19 |
| | 微博 | 12 |
| | 公众号 | 8 |
| | 电子商务 | 436 |
| | 新零售 | 19 |
| | 互联网金融 | 3 |
| 区块链 | 分布式计算 | 4 |

在云计算层面，景区类旅游上市公司(如黄山旅游等)以及酒店和餐饮类旅游上市公司(如锦江酒店等)对“物联网”这一关键词使用得最为频繁。旅游企业将物联网引入智能酒店和智能导游，在游客入住酒店时，通过物联网实现智能房间的打造，为游客提供智能服务。在游览过程中，通过物联网实时提供定位信息，防止游客走丢，同时实现游客信息化管理，推动智慧旅游的建设。

在人工智能层面，“语音识别”这一关键词运用广泛。这种类型的数字化主要体现在景区类旅游上市公司中，如黄山旅游。此项智能技术通常被旅游上市公司用于查询旅游信息，包括为游客提供语音识别和语音导航。这种方式不仅便于游客及时获取信息，也便于旅游上市公司提高服务质量。

在大数据层面，“虚拟现实”这一关键词出现频次最为突出。据词频搜索统计，“虚拟现实”在综合类旅游上市公司(如中青旅等)以及酒店和餐饮类旅游上市公司(如锦江饭店、金陵饭店等)中使用广泛。虚拟现实技术的核心在于让游客仿佛身临其境，旅游上市公司可以利用虚拟现实技术增强景点的吸引力。此外,旅游上市公司会将虚拟现实技术应用于宣传,让游客在出行前提前了解目的地的概况,从而有效提升企业自身的知名度。

在商业模式层面,“电子商务”这一关键词出现的频次高达436次,远高于其他关键词,这说明旅游上市公司对商业模式的创新主要体现在电子商务上。电子商务近年来成为主要的经营方式,在景区类、综合类、酒店和餐饮类、交通运输类旅游上市公司中均有涉及,如中青旅、首旅酒店、黄山旅游、新国脉、神州高铁等。这些旅游上市公司的电子商务主要以旅游信息库和电子商务银行为基础,利用电子网络手段进行营销。旅游上市公司通过电子商务平台公开旅游产品的相关价格,为游客提供旅游咨询服务,此外,在整个旅行结束后,旅游上市公司通过电子商务平台收集反馈意见。此外,“B2B”“C2C”“直播”“微博”“公众号”“新零售”和“互联网金融”这些高频关键词出现频次数也位居前列,说明旅游上市公司正在形成以电商为中心的营销战略,积极提升对数字技术的应用。

在区块链层面,高频关键词仅为“分布式计算”,这项数字技术的运用出现在酒店和餐饮类旅游上市公司(如金陵饭店等)中。说明旅游企业对区块链相关技术的运用不足,只是将分布式计算用于对游客数据的分析,以创造出符合游客需求的旅游产品,其他区块链相关技术还未广泛运用于经营活动中。

企业的数字化通常体现为通过数字技术赋能实现主营业务的增长,通过商业模式的创新增加企业的价值,以及借助数字平台实现智能化运营(韩佳平等,2022)。

综上,景区类旅游上市公司以及酒店和餐饮类旅游上市公司通常以数字技术为核心提升数字化水平,这些旅游上市公司通常需要具备完备的基础设施,要想保证给游客提供良好的服务,就需要以数字技术作为支撑,合理归集游客需求,实现自动化、智能化的服务。综合类旅游上市公司和交通运输类旅游上市公司以商业模式为核心,通过建立多样化的数字平台,实现数字化水平的提升。其中,综合类旅游上市公司注重发展战略,主要依靠多元化的经营实现盈利;交通运输类旅游上市公司起着连接作用,这些旅游上市公司需要积极实现传统模式的转变,建立起新的经营优势。

根据关键词选择规则,指数越大,代表该水平越高。如果该指数为0,则表示该企业还没有进行数字化(龙帼琼,2022)。2011—2019年关键词描述性统计结果见表4-14。

表 4-14　2011—2019 年关键词描述性统计结果

| 关键词 | 均值 | 标准差 | 中位数 | 最小值 | 最大值 |
| --- | --- | --- | --- | --- | --- |
| 数字化水平 | 1.834 | 0.215 | 1.869 | 1.544 | 2.107 |
| 人工智能 | 1.085 | 0.191 | 1.079 | 0.778 | 1.342 |
| 云计算 | 1.078 | 0.215 | 1.114 | 0.778 | 1.398 |
| 大数据 | 1.178 | 0.161 | 1.204 | 0.954 | 1.415 |
| 区块链 | 1.157 | 0.230 | 1.176 | 0.778 | 1.398 |
| 商业模式 | 1.143 | 0.315 | 1.255 | 0.699 | 1.477 |

2011—2019 年，我国沪深 A 股旅游上市公司的数字化水平最大值为 2.107，最小值为 1.544，说明我国旅游上市公司的数字化水平整体参差不齐，这是因为在数字化转型过程中，旅游上市公司大多侧重于发展人工智能、云计算、大数据、区块链和商业模式中的一种，忽视了其他数字技术的运用。数字化水平均值为 1.834，标准差为 0.215，说明我国旅游上市公司的数字化水平存在较大的上升空间，这可能是由于部分旅游上市公司仍然采取传统商业模式，考虑到创新变革可能会产生较大风险，未能对数字化转型予以重视。

从大数据这一层面看，其中位数为 1.204，大于人工智能、云计算和区块链，这意味着大部分旅游上市公司充分重视对大数据的运用。大数据的标准差为 0.161，说明我国旅游上市公司对大数据的使用程度大致一致，这些企业可能为精准满足游客需求，利用大数据进行搜索信息，同时将大数据运用于生产经营的各个环节，以便提升经营效率。

从商业模式这一层面看，其中位数为 1.255，在所有板块中数值最大，这代表我国旅游上市公司都在积极进行创新，实现商业模式的变革。此外，商业模式的标准差的数值在所有板块中最大，为 0.315，究其原因，我国旅游上市公司还是以传统的营业模式为主，部分旅游上市公司积极实现数字化转型，部分旅游上市公司采用线上线下相结合的模式，这导致不同旅游上市公司商业模式变革的进度不同，同时，这种现象也与旅游上市公司比较注重运用微博、直播等电子商务的方式进行营销有关，像 NFC 支付、智慧终端产品和智慧文旅等数字化应用在生产经营环节尚未普及。

2011—2019 年数字化水平的总指数及分项指数见表 4-15。我国旅游上市公司均已开始提升数字化水平，总指数从 2011 年的 1.544 发展为 2019 年的 2.107，上升幅度较大，且呈现逐年递增之势，表明这 9 年旅游业提升数字化水平的速度加快，这主要得益于这些年政策的科学指引和数字技术的日趋成熟。已经开展数字化转型的旅游上市公司在商业模式转变方面变化最快，人工智能、大数据和区块链技术的转变紧随其后，云计算转变速度稍缓，指数由2011年的0.954上升到2019年的1.342，上升幅度很小，仅为41%。区块链指数在2018年和2019年都为1.398，说明区块链技术发展并未得到升级，其原因可能是区块链的吞吐量低，且能耗大，旅游上市公司需花费大量时间成本和资金成本去升级区块链，并且区块链技术在旅游上市公司中运用的范围较小，且隐私性较强，这也使得旅游上市公司升级区块链技术的难度较大。目前我国旅游上市公司正在形成以商业模式转型为支撑的，人工智能和大数据技术赋能的数字化转型之路，2019年数字化水平总指数为2.107（大于2），而同年的云计算、人工智能、大数据、区块链和商业模式的指数均小于2，说明旅游上市公司的数字化水平还有上升的空间。

**表4-15　2011—2019年数字化水平的总指数及分项指数**

| 年份 | 数字化水平 | 云计算 | 人工智能 | 大数据 | 区块链 | 商业模式 |
|---|---|---|---|---|---|---|
| 2011年 | 1.544 | 0.954 | 0.778 | 0.954 | 0.778 | 0.699 |
| 2012年 | 1.556 | 0.778 | 0.845 | 1.000 | 0.903 | 0.699 |
| 2013年 | 1.643 | 0.903 | 0.903 | 1.041 | 1.000 | 0.845 |
| 2014年 | 1.778 | 1.041 | 1.000 | 1.114 | 1.079 | 1.146 |
| 2015年 | 1.869 | 1.079 | 1.114 | 1.204 | 1.176 | 1.255 |
| 2016年 | 1.940 | 1.114 | 1.146 | 1.230 | 1.322 | 1.342 |
| 2017年 | 1.991 | 1.230 | 1.176 | 1.279 | 1.362 | 1.380 |
| 2018年 | 2.076 | 1.322 | 1.342 | 1.362 | 1.398 | 1.447 |
| 2019年 | 2.107 | 1.342 | 1.398 | 1.415 | 1.398 | 1.477 |

### （二）旅游上市公司融资效率评价

1. 评价方法

一是DEA模型。DEA模型又称“数据包络分析法”，是查恩斯等人于1978年提出的一个线性规划模型，主要用于帮助企业管理者减少无效决策的情况。超效率DEA模型，主要用于进一步区分决策单元的有效程度，其核心思想是将被评价的决策单元从参考集中剔除，以其他决策单元构成的技术前沿面评价自身效率，此时有效决策单元的超效率值通常会大于1，因此，可以对有效决策单元进行效率区分(蒋铁军等,2023)。

本研究根据DEA相关模型的适用条件,采用原始的投入产出数据进行初始效率评价,选择投入导向的BCC模型,假定规模报酬可变。BCC模型可将计算出来的技术效率(TE)分解为规模效率(SE)和纯技术效率(PTE)(张赤东等,2024)。

$$\min \theta - \varepsilon(\hat{e}^T S^- + e^T S^+) \quad \text{式(4-2)}$$

$$\text{s.t.}\begin{cases} \sum_{j=1}^{n} \boldsymbol{X}_i \lambda_j + S^- = \theta \boldsymbol{X}_0 \\ \sum_{j=1}^{n} \boldsymbol{Y}_i \lambda_j - S^+ = \boldsymbol{Y}_0 \\ \lambda_j \geqslant 0, S^-、S^+ \geqslant 0 \end{cases} \quad \text{式(4-3)}$$

$j=1,2,\cdots,n$,表示决策单元;$\boldsymbol{X}$和$\boldsymbol{Y}$分别是投入、产出向量的技术效率,指一个生产单元的生产过程达到本行业技术水平的程度。在该线性规划问题中,若$\theta=1$,$S^+=S^-=0$,则为有效的;若$\theta=1$,$S^+\neq 0$或$S^-\neq 0$,则弱有效;若$\theta<1$,则非有效。

二是Malmquist指数模型。DEA模型反映的是不同企业在某个固定时点上的效率值,具有截面数据特征,属于静态评价。因此,本研究采用Malmquist指数探究旅游上市公司融资效率的变化态势。Malmquist生产率指数于1982年由Caves等提出,Färe等人对其进行了进一步拓展(周广澜等,2022)。Malmquist指数受技术效率和技术进步共同作用,因此又可以分解为技术效率变动指数(Effch)和技术变动指数(Techch),其中技术效率变动指数可进一步分解为纯技术效率指数(Pech)和规模效率指数(Sech)。纯技术效率指数可以用来判别企业在资源配置过程中是否存在浪费,规模效率指数可以衡量企业的资源投入产出是否形成规模效益(刘晶晶,2020)。Malmquist指数可以表达为

$$\text{TFPCH} = \text{Effch} \times \text{Techch} = \text{Pech} \times \text{Sech} \times \text{Techch} \quad \text{式(4-4)}$$

2. 数据来源及处理

由于Malmquist模型要求具有5年以上的面板数据,考虑到旅游上市公司财务数据的可利用性,本研究选取2011—2019年的数据进行分析。考虑到数据的可获得性,本研究利用CSMAR数据库的财务数据进行测算。在剔除财务状况异常以及数据部分缺失的旅游上市公司后,本研究以34家旅游上市公司为研究对象。

由于DEA模型要求投入指标及产出指标均为非负数，而选取的部分指标数值可能存在负数情况。因此，为使评价结果更为准确，有必要对投入、产出数据进行无量纲处理。无量纲处理旨在将数据划属到[0,1]区间：

$$x'_{ij}=0.1+0.9\times\frac{x_{ij}-\min_i(x_{ij})}{\max_i(x_{ij})-\min_i(x_{ij})} \qquad 式(4\text{-}5)$$

其中，$x'_{ij}$表示无量纲后处理的数值；$x_{ij}$为第$i$家企业、第$j$个指标数值；$\min_i(x_{ij})$表示在$i$家企业中，第$j$个指标的最小值；$\max_i(x_{ij})$表示在$i$家企业中，第$j$个指标的最大值。

3. 评价指标体系构建

合理构建评价指标是运用数据包络分析法有效计算旅游上市公司融资效率的前提与基础。本研究根据现有文献对旅游上市公司融资效率的测量研究，考虑旅游上市公司自身融资情况，从投入和产出两方面对融资情况进行评价。旅游上市公司在形成融资结构的过程中需要付出一定的成本，因此需要对这些成本进行衡量，并结合企业当前的盈利状况进行分析。在分析时，既要考虑盈利性和盈利的稳定性，也要考察企业的成长性，以评估企业未来的可持续发展能力。基于此，本研究同时采用了静态指标和动态指标进行评估，具体如表4-16所示。

**表4-16　融资效率评价指标体系**

| 一级指标 | 二级指标 | 三级指标 | 衡量标准 |
| --- | --- | --- | --- |
| 融资效率 | 投入性指标 | 企业资产规模 | 资产总额取对数 |
| | | 融资成本 | 利息支出取对数 |
| | | 融资结构 | 企业留存收益率 |
| | | | 负债比率 |
| | | 公司经营状况 | 总资产周转率 |
| | | | 每股收益 |
| | 产出性指标 | 盈利性能力 | 净资产利润率 |
| | | | 总资产收益率 |
| | | 发展阶段 | 主营业务收入增长率 |
| | | 经营效益 | 净利润增长率 |

在投入性指标方面。一是企业资产规模，是指企业所拥有的或控制的现有的总资产额或固定资产额。随着旅游上市公司的发展，其资产规模会不断增加。规模大的旅游上市公司更为稳定，具有较低的预期破产成本，可以承受较高的负债水平并且可以分散风险，更容易吸引融资机构和投资者。二是利息支出，是指企业向贷款机构支付的利息费用。旅游上市公司在向银行或其他金融机构获取贷款后，需要按照约定的利率支付费用。利息支出越高，意味着旅游上市公司的融资成本越高。三是企业留存收益，包括盈余公积和未分配利润，是企业从以前实现的利润中提取或形成的内部积累。企业的留存收益属于企业的内部积累，根据优序融资理论，企业选择融资时最先采取内源性融资的方式，留存收益便是内源性融资的来源之一。四是负债比率，用来表示负债占全部资金的比重，能够反映企业偿付债务本金和支付债务利息的能力。旅游上市公司的负债比率越高，意味着债务风险越大，这会影响债权人对旅游上市公司的信用评级，从而导致融资成本增加；如果负债比率过低，可能会使得旅游上市公司缺乏担保财产，融资受到限制。五是总资产周转率，在一定时期内用来衡量资产投资规模和销售水平之间的配比情况，其能综合反映资金流动性的强弱，若没有足够的资金储备，可能会影响企业获得融资的能力。

在产出性指标方面。一是每股收益，是指企业股东持有一股普通股所能享受的企业净利润。融资作为旅游上市公司财务的重要组成内容，通常通过融资方式和融资结构的变化影响企业的投资决策，最终影响企业价值的实现程度以及每股收益的高低。二是净资产利润率，通常反映所有者权益所获得的报酬水平。净资产利润率越高，说明企业的盈利能力越强，在获得融资之后具备较强的还债能力，融资风险相对较小。三是总资产收益率，是衡量企业盈利能力和资产使用效率的指标，也是决定企业是否应该举债经营的重要依据。总资产收益率同时也反映了企业的经营效果，经营效果越好，融资成本越低。四是主营业务收入增长率，在一定时期内，可以用于衡量企业此阶段产品的生命周期，判断企业的发展阶段。主营业务收入的增长与融资能力之间是相互作用的，当主营业务收入增长时，企业的融资能力也会提升。五是净利润增长率，是企业用于衡量经营效益的重要指标，也是综合衡量企业资产运营与管理业绩、成长能力和发展能力的重要指标。净利润增长率越高，表明企业的经营能力越强，意味着企业不需要依赖更多的融资来支持经营活动，融资能力相对较强。

4. 旅游上市公司融资效率结果分析

本研究采用产出导向型的DEA-BCC模型，将数据导入DEAP 2.1软件中，得到2011—2019年旅游上市公司融资效率的变动情况以及现状。在测算融资效率时，将DEA模型测度的融资效率值划分成四个等级，划分标准如表4-17所示。

**表4-17　融资效率区间分布**

| 效率区间分布 | $0<H<0.5$ | $0.5\leqslant H<0.8$ | $0.8\leqslant H<1$ | $H=1$ |
|---|---|---|---|---|
| 效率等级 | 低效率 | 较低效率 | 较高效率 | 最佳效率 |

当$H=1$时，表示最佳效率状态，即技术水平和经营规模都处于较高水平；当$0.8\leqslant H<1$时，表示效率较优，但需要进行适当调整。当$0.5\leqslant H<0.8$时，表示较低效率，属于无效状态，需要进一步提高。当$0<H<0.5$时，表示低效率且处于无效状态，需要大幅度提升技术水平、经营规模的投入和产出资源利用效果。

首先是旅游上市公司融资效率静态分析。2011—2019年旅游上市公司融资效率静态分析结果如表4-18所示。

**表4-18　2011—2019年旅游上市公司融资效率静态分析结果**

| 效率 | | 年份/年 | | | | | | | | |
|---|---|---|---|---|---|---|---|---|---|---|
| | | 2011 | 2012 | 2013 | 2014 | 2015 | 2016 | 2017 | 2018 | 2019 |
| 综合技术效率 | 最佳效率数/家 | 12 | 13 | 8 | 11 | 10 | 13 | 10 | 7 | 11 |
| | 最佳效率占比/(%) | 0.364 | 0.394 | 0.235 | 0.324 | 0.294 | 0.382 | 0.294 | 0.206 | 0.324 |
| | 较高效率数/家 | 19 | 17 | 19 | 20 | 20 | 16 | 17 | 23 | 20 |
| | 较高效率占比/(%) | 0.576 | 0.515 | 0.559 | 0.588 | 0.588 | 0.471 | 0.500 | 0.676 | 0.588 |
| | 较低效率数/家 | 1 | 3 | 6 | 2 | 4 | 5 | 5 | 2 | 3 |
| | 较低效率占比/(%) | 0.030 | 0.091 | 0.176 | 0.059 | 0.118 | 0.147 | 0.147 | 0.059 | 0.088 |
| | 低效率数/家 | 1 | 0 | 1 | 1 | 0 | 0 | 2 | 2 | 0 |
| | 低效率占比/(%) | 0.030 | 0 | 0.029 | 0.029 | 0 | 0 | 0.059 | 0.059 | 0 |
| | 均值 | 0.968 | 0.976 | 0.955 | 0.965 | 0.963 | 0.968 | 0.960 | 0.960 | 0.965 |

续表

| 效率 | | 年份/年 | | | | | | | | |
|---|---|---|---|---|---|---|---|---|---|---|
| | | 2011 | 2012 | 2013 | 2014 | 2015 | 2016 | 2017 | 2018 | 2019 |
| 纯技术效率 | 最佳效率数/家 | 12 | 13 | 10 | 12 | 12 | 13 | 14 | 14 | 14 |
| | 最佳效率占比/(%) | 0.364 | 0.394 | 0.294 | 0.353 | 0.353 | 0.382 | 0.412 | 0.412 | 0.412 |
| | 较高效率数/家 | 19 | 16 | 17 | 21 | 20 | 15 | 12 | 17 | 17 |
| | 较高效率占比/(%) | 0.576 | 0.485 | 0.500 | 0.618 | 0.588 | 0.441 | 0.353 | 0.500 | 0.500 |
| | 较低效率数/家 | 1 | 4 | 7 | 1 | 2 | 6 | 6 | 1 | 3 |
| | 较低效率占比/(%) | 0.030 | 0.121 | 0.206 | 0.029 | 0.059 | 0.176 | 0.176 | 0.029 | 0.088 |
| | 低效率数/家 | 1 | 0 | 0 | 0 | 0 | 0 | 2 | 2 | 0 |
| | 低效率占比/(%) | 0.030 | 0 | 0 | 0 | 0 | 0 | 0.059 | 0.059 | 0 |
| | 均值 | 0.968 | 0.972 | 0.968 | 0.975 | 0.973 | 0.971 | 0.963 | 0.969 | 0.981 |
| 规模效率 | 最佳效率数/家 | 12 | 15 | 11 | 13 | 8 | 12 | 11 | 16 | 13 |
| | 最佳效率占比/(%) | 0.364 | 0.455 | 0.324 | 0.382 | 0.235 | 0.353 | 0.324 | 0.471 | 0.382 |
| | 较高效率数/家 | 21 | 18 | 22 | 20 | 26 | 22 | 23 | 17 | 21 |
| | 较高效率占比/(%) | 0.636 | 0.545 | 0.647 | 0.588 | 0.765 | 0.647 | 0.676 | 0.500 | 0.618 |
| | 较低效率数/家 | 0 | 0 | 1 | 1 | 0 | 0 | 0 | 1 | 0 |
| | 较低效率占比/(%) | 0 | 0 | 0.029 | 0.029 | 0 | 0 | 0 | 0.029 | 0 |
| | 低效率数/家 | 0 | 0 | 0 | 0 | 0 | 0 | 0 | 0 | 0 |
| | 低效率占比/(%) | 0 | 0 | 0 | 0 | 0 | 0 | 0 | 0 | 0 |
| | 均值 | 0.997 | 0.997 | 0.987 | 0.989 | 0.990 | 0.996 | 0.991 | 0.987 | 0.993 |

在综合技术效率方面,2011—2019年,最佳效率数、较高效率数和较低效率数均呈波动状态,较低效率数变化较为明显,低效率数变化不大且占比较小。总体而言,最佳效率和较高效率占很大比重,低效率占比较小。此外,2011—2019年较高效率数、较低效率数整体上处于上升趋势,最佳效率数、最

低效率数整体上呈下降趋势,原因可能在于伴随经济的不断发展,旅游上市公司的规模也在不断变化,而旅游业属于劳动密集型产业,产生的投入可能大于产出,造成运营的不稳定,融资效率的变化呈波动趋势。综合技术效率均值维持在0.9至1之间,说明旅游上市公司融资效率并未达到最优状态。

在纯技术效率方面,2011—2019年,最佳效率数呈上升的趋势,较高效率数和较低效率数波动较大,低效率数有小幅度波动。总体而言,最佳效率和较高效率占很大比重,低效率占比较小。2011—2019年最佳效率数、较低效率数整体呈上升趋势,较高效率数、低效率数整体处于下降趋势,原因可能在于在国家数字化政策的不断影响下,旅游上市公司可能会扩大融资规模,但数字技术产生的风险较大,缺乏科学的运营使得纯技术效率未达最佳水平。纯技术效率均值维持在0.9至1之间,说明旅游上市公司融资效率并未达到最优状态,还需要提高技术。

在规模效率方面,2011—2019年,最佳效率数和较高效率数呈上升的趋势,较低效率数略微幅度波动,低效率数无明显波动。总体而言,最佳效率和较高效率占很大比重,较低效率和低效率占比较小,原因可能在于旅游上市公司的不断发展在满足了市场需求的同时,也提升了产出的效率。规模效率均值维持在0.9至1之间,说明旅游上市公司融资效率并未达到最优状态,还需要不断优化投入产出配置。

其次是旅游上市公司融资效率的动态分析。为进一步测算出旅游上市公司融资效率的变化情况,本研究采用Malmquist动态模型,借用DEAP 2.1软件进行测算。2011—2019年旅游上市公司的Malmquist指数分析结果如表4-19所示。

**表4-19　2011—2019年旅游上市公司的Malmquist指数分析结果**

| 时期 | 综合技术效率变动指数 | 技术进步变动指数 | 纯技术效率变动指数 | 规模效率变动指数 | Malmquist指数 |
|---|---|---|---|---|---|
| 2011—2012年 | 0.998 | 0.984 | 0.997 | 1.001 | 0.982 |
| 2012—2013年 | 0.900 | 1.048 | 0.997 | 0.994 | 1.038 |
| 2013—2014年 | 1.010 | 0.985 | 1.008 | 1.002 | 0.996 |
| 2014—2015年 | 1.000 | 1.061 | 0.998 | 1.002 | 1.061 |
| 2015—2016年 | 1.004 | 0.965 | 0.998 | 1.007 | 0.969 |

| 时期 | 综合技术效率变动指数 | 技术进步变动指数 | 纯技术效率变动指数 | 规模效率变动指数 | Malmquist指数 |
| --- | --- | --- | --- | --- | --- |
| 2016—2017年 | 0.990 | 1.048 | 0.997 | 0.994 | 1.038 |
| 2017—2018年 | 1.001 | 0.976 | 1.005 | 0.996 | 0.976 |
| 2018—2019年 | 1.017 | 0.911 | 1.010 | 1.007 | 0.926 |
| 均值 | 0.990 | 0.997 | 1.001 | 1.000 | 0.998 |

从总体上看，2011—2019年，Malmquist指数变化起伏不断。其中，2011—2012年该指数为0.982（小于1），表明该阶段融资效率并未达到最佳，同时该阶段的技术进步变动指数与Malmquist指数的变化保持一致，表明此阶段技术进步变动指数抑制了旅游上市公司融资效率的提升。2012—2013年、2014—2015年，以及2016—2017年的Malmquist指数分别为1.038、1.061和1.038，都大于1，表明这三个阶段旅游上市公司的融资效率均处于最佳有效。2013—2014年、2015—2016年，以及2018—2019年这三阶段Malmquist指数分别为0.996、0.969和0.926，均小于1，表明融资效率未达最佳有效，同时这三个阶段的技术进步变动指数也小于1，表明这三个阶段融资效率未达最佳有效的原因仍然是受技术进步变动指数影响。2017—2018年的Malmquist指数为0.976，技术进步变动指数和规模效率变动指数分别为0.976和0.996，均小于1，表明此阶段的融资效率较低是由技术进步变动指数和规模效率变动指数共同引起的。从均值上看，Malmquist指数的均值为0.998（小于1），说明2011—2019年旅游上市公司的融资效率总体上呈非效率状态。综上，技术和规模是影响2011—2019年旅游上市公司融资效率变化的主要因素。

## 五、数字化水平对旅游上市公司融资效率的影响分析

### （一）样本选取

本研究基于旅游业的数字化的进程，选择2011—2019年中国旅游上市公司为研究样本，研究起始年份选定2011年，是因为该年为旅游业数字化的启动年，截止年份选定2019年，是为避免疫情对旅游上市公司产生的影响。旅游上市公司是指在沪深两市挂牌交易，主营业务与旅游相关（如酒店、餐饮、旅

行社、景区等),而且旅游相关业务收入(之和)在主营业务收入中占比最大的上市公司(王彩萍等,2020)。本研究参考证监会发布的《上市公司行业分类指引》和相关文献,选取主营业务与旅游相关的上市公司作为研究样本,其中,有些样本公司有可能变换经营业务,导致旅游业务不再是其主导经营业务,则剔除这类公司在相应年度的观测值;若一些上市公司通过多元化扩张开始进入旅游业,则将相应年度的观测值纳入总量。同时,为确保旅游上市公司样本选择的全面性,本研究参考了较权威的财经数据网站同花顺中的板块分类,并借鉴了旅游财经媒体新旅界的报道作为样本补充,在样本饱和度得到证实之后,对研究样本进行了如下处理:排除样本期内退市、ST及*ST的上市公司;去除缺失数据严重的上市公司;排除样本期内主营业务发生变更的上市公司;剔除在旅游行业经营时间不足3年的上市公司,最终选定34家旅游上市公司作为研究样本。

### (二)变量定义

#### 1.被解释变量

融资效率(FE)。目前学术界有关融资效率的衡量标准尚未统一,在融资效率测度的相关研究中,国内学者主要运用企业调查报告和DEM相关模型分析融资效率。企业调查报告具有一定的主观性,而数据包络分析法可以在一定程度上避免赋值的主观性,能够充分反映企业在不同阶段融资的有效或者非有效,实现动态和静态融资效率的测算,成为分析企业融资现状的良好工具。因此,本研究结合上文运用DEA模型计算出的融资效率,参考唐帅等(2014)、谢闪闪等(2019)的研究,对被解释变量,即因变量纯技术效率(FE)进行实证分析,以衡量我国旅游上市公司融资效率所处的水平。

#### 2.解释变量

数字化水平(DIG)。目前学术界衡量数字化水平的方法主要分为以下三类:问卷调查法、主成分分析法和文本分析法。对比这三种方法,第二种和第三种在学界应用较为广泛,受到了众多学者的关注与支持。问卷调查法和主成分分析法在选取指标过程中会受到主观的影响,而文本分析法可直接根据数据中的高频词汇以及国家政策中提及的数字化关键词进行客观统计,避免了主观偏差。因此,本研究综合考虑了数据的可得性和方法的客观性,借鉴吴非等(2021)的研究,采用文本分析法,运用关键词词频数取对数所得到的综合指数对数字化水平进行衡量。

3. 中介变量

融资约束(SA)。国内外研究在衡量融资约束这一变量时，主要利用KZ指数、FC指数或SA指数。KZ指数反映企业在不同金融市场下获取资本的难易程度，更偏向于衡量金融市场中企业的竞争程度；FC指数在计算过程中需要取绝对值，不能全面反映资产负债表中真实的数据；SA指数能结合多维度的财务指标综合反映企业融资约束。因此，本研究借鉴Hadlock和Pierce(2010)的研究，选用SA指数衡量融资约束，其计算公式为

$$SA = -0.737 \times Size + 0.043 \times Size^2 - 0.04 \times Age \qquad 式(4\text{-}6)$$

其中，Size指企业规模，用企业的总资产取自然对数；Age为企业年龄，即企业的成立年限。

股权资本成本(R)。股权资本成本能够反映企业在进行融资时，投资者所要求的回报率。结合股权资本成本有助于旅游企业做出是否进行股权性融资的决策。股权资本成本计算方法分为事前股权资本成本计算与事后股权资本成本计算。本研究参考高锦萍(2022)等学者的研究，采用事前股权资本成本测度的PEG模型衡量股权资本成本，其计算公式为

$$R = \sqrt{\frac{eps_2 - eps_1}{p_0}} \qquad 式(4\text{-}7)$$

4. 调节变量

内部控制(IC)。旅游企业的融资活动不可避免地会受到内部控制的影响，旅游企业需要通过提升内部控制的水平来应对融资活动产生的成本。国内研究在衡量内部控制水平时多采用迪博指数。因此，本研究借鉴朱丹等(2018)的衡量方法，以迪博公司发布的内部控制指数为指标，为保证数据的可比性，将内部控制指数除以100进行处理。

5. 控制变量

本研究通过梳理数字化、旅游企业融资效率相关文献，总结与借鉴花俊国等(2022)、苑泽明等(2022)学者的做法，选取能够对旅游上市公司融资效率产生显著影响的因素作为研究的控制变量，详情如下。

企业规模(Size)。不同规模的企业在融资时所需的资金量不同，规模较大的企业需要资金可能会更多，并且规模较大的企业的融资途径较多。此外，规模较大的企业能够形成规模经济效应，可能会对数字化水平和融资效率产生影响。因此，本研究采用旅游上市公司期末总资产的自然对数来衡量企业规模。

企业年龄(Age)。企业年龄越大,表明企业存续时间越长。

总资产周转率(TAT)。总资产周转率用于评价企业资产经营质量,反映企业资产投入产出的流转速度。该指标越大,代表企业的销售能力越强。

企业第一大股东持股比例(Top1)。股权集中度是指企业股东因所持股份比例不同而表现出的股权集中或分散的程度。研究者可以通过企业的股权集中度来了解该企业的股权分布以及股东对企业的控制程度。股权集中度是企业治理中的一项重要指标,影响着企业的决定。本研究选取企业第一大股东持股比例作为衡量旅游上市公司股权集中度的指标,该指标越大,表明企业股东的集权程度越高。

资产负债率(Alr)。与权益融资相比,债务融资具有税收屏蔽的作用,因此,在企业经营状况良好时,财务杠杆比率越高,给企业带来的杠杆收益越多,企业业绩表现更好;相反,在企业经营状况不好时,财务杠杆比率越高,给企业带来的风险越大,企业业绩表现更差。鉴于此,本研究将资产负债率作为影响旅游企业融资效率的控制变量,用以衡量企业的资本结构。

此外,本研究还对企业(Company)和年份(Year)两个变量进行了控制。

相关变量解释具体如表4-20所示。

**表4-20 相关变量解释**

| 变量类型 | 变量名称及符号 | 变量定义/计算公式 |
|---|---|---|
| 因变量 | 融资效率(FE) | 通过上述数据包络分析法计算得出 |
| 自变量 | 数字化水平(DIG) | 通过关键词词频数取对数得出 |
| 中介变量 | 融资约束(Sa) | — |
| | 股权资本成本(R) | 通过PEG模型算出 |
| 调节变量 | 内部控制(IC) | $\frac{\text{迪博指数}}{100}$ |
| | 企业规模(Size) | — |
| | 企业年龄(Age) | — |
| | 总资产周转率(TAT) | $\frac{\text{营业收入净额}}{\text{平均资产总额}}$ |
| 控制变量 | 企业第一大股东持股比例(Top1) | — |
| | 资产负债率(Alr) | $\frac{\text{负债总额}}{\text{资产总额}}\times 100\%$ |

| 变量类型 | 变量名称及符号 | 变量定义/计算公式 |
|---|---|---|
| 控制变量 | 企业固定效应(Company) | |
| | 年份固定效应(Year) | |

(三)模型设计

为验证假设1,检验中国旅游上市公司数字化水平与融资效率之间的关系,构建模型:

$$FE_{it}=\alpha_0+\alpha_1 DIG_{it}+\alpha_2 Size_{it}+\alpha_3 Age_{it}+\alpha_4 TAT_{it}+\alpha_5 Top1_{it}+\alpha_6 Alr1_{it}+\Sigma Company+\Sigma Year+\varepsilon_{it} \quad \text{模型(4-4)}$$

基于模型(4-4),以期进一步检验融资约束和股权资本成本是否影响旅游上市公司数字化水平与融资效率的关系,验证假设2和假设3。依托温忠麟(2005)的中介效应模型,生成模型(4-5)至模型(4-11)。若模型(4-4)至模型(4-9)中的相关系数$\alpha_1$、$\beta_1$、$\gamma_1$、$\gamma_2$显著,进而表明,融资约束和股权资本成本中介效应完全成立。

$$FE_{it}=\alpha_0+\alpha_1 DIG_{it}+\alpha_2 Size_{it}+\alpha_3 Age_{it}+\alpha_4 TAT_{it}+\alpha_5 Top1_{it}+\alpha_6 Alr1_{it}+\Sigma Company+\Sigma Year+\varepsilon_{it} \quad \text{模型(4-5)}$$

$$SA_{it}=\beta_0+\beta_1 DIG_{it}+\beta_2 Size_{it}+\beta_3 Age_{it}+\beta_4 TAT_{it}+\beta_5 Top1_{it}+\beta_6 Alr1_{it}+\Sigma Company+\Sigma Year+\varepsilon_{it} \quad \text{模型(4-6)}$$

$$FE_{it}=\gamma_0+\gamma_1 DIG_{it}+\gamma_2 SA_{it}+\gamma_3 Size_{it}+\gamma_4 Age_{it}+\gamma_5 TAT_{it}+\gamma_6 Top1_{it}+\gamma_7 Alr1_{it}+\Sigma Company+\Sigma Year+\varepsilon_{it} \quad \text{模型(4-7)}$$

$$FE_{it}=\alpha_0+\alpha_1 DIG_{it}+\alpha_2 Size_{it}+\alpha_3 Age_{it}+\alpha_4 TAT_{it}+\alpha_5 Top1_{it}+\alpha_6 Alr1_{it}+\Sigma Company+\Sigma Year+\varepsilon_{it} \quad \text{模型(4-8)}$$

$$R_{it}=\beta_0+\beta_1 DIG_{it}+\beta_2 Size_{it}+\beta_3 Age_{it}+\beta_4 TAT_{it}+\beta_5 Top1_{it}+\beta_6 Alr1_{it}+\Sigma Company+\Sigma Year+\varepsilon_{it} \quad \text{模型(4-9)}$$

$$FE_{it}=\gamma_0+\gamma_1 DIG_{it}+\gamma_2 R_{it}+\gamma_3 Size_{it}+\gamma_4 Age_{it}+\gamma_5 TAT_{it}+\gamma_6 Top1_{it}+\gamma_7 Alr1_{it}+\Sigma Company+\Sigma Year+\varepsilon_{it} \quad \text{模型(4-10)}$$

基于模型(4-4),进一步研究内部控制是否影响旅游上市公司的数字化水平,以及内部控制与融资效率的关系,验证假设4,建立模型:

$$FE_{it}=\beta_0+\beta_1 DIG_{it}+\beta_2 IC_{it}+\beta_3 DIG_{it}\times IC_{it}+\beta_4 Size_{it}+\beta_5 Age_{it}+\beta_6 TAT_{it}+\beta_7 Top1_{it}+\beta_8 Alr1_{it}+\Sigma Company+\Sigma Year+\varepsilon_{it} \quad \text{模型(4-11)}$$

其中，$\beta_0$为截距项，$\beta_1$—$\beta_8$为各变量对应的系数，$\varepsilon$为误差项。

（四）实证分析

1. 描述性统计

在进行中国旅游上市公司数字化水平与融资效率关系研究之前，为了更清晰地看出各变量之间的整体分布情况，本研究对各变量进行了描述性统计，主要变量的描述性统计结果如表4-21所示。

**表4-21　主要变量的描述性统计结果**

| 变量名 | 均值 | 标准差 | 中位数 | 最小值 | 最大值 |
|---|---|---|---|---|---|
| FE | 1.083 | 0.232 | 1.603 | 0.773 | 2.021 |
| DIG | 1.834 | 0.215 | 1.869 | 1.545 | 2.107 |
| Sa | −0.036 | 0.002 | −0.036 | −0.046 | −0.029 |
| R | 0.087 | 0.041 | 0.816 | 0.013 | 0.277 |
| IC | 6.733 | 0.754 | 6.698 | 4.200 | 9.566 |
| Age | 20.247 | 4.537 | 18.000 | 7.000 | 30.000 |
| TAT | 0.635 | 0.697 | 0.687 | 0.095 | 4.823 |
| Top1 | 30.798 | 6.314 | 22.700 | 20.640 | 39.776 |
| TDR | 44.852 | 19.689 | 128.189 | 8.971 | 89.883 |
| Size | 21.877 | 1.136 | 75.444 | 20.213 | 24.661 |

2011—2019年，研究样本的融资效率（FE）的最大值为2.021，最小值为0.773，说明研究样本的融资效率整体上差距较大；均值为1.083，标准差为0.232，整体离散程度较小，反映了研究样本的发展水平较为均衡，总体水平中等。

有关解释变量的描述性统计信息显示，数字化水平（DIG）的最大值为2.107，最小值为1.544；标准差为0.215，整体离散程度较大，说明研究样本数字化水平总体上存在差距；均值为1.834，说明研究样本的数字化水平参差不齐，仍存在较大的上升空间。这可能是由于部分旅游上市公司仍然采取传统商业模式，考虑到创新变革可能会产生较大风险，未能对数字化转型予以重视。

有关中介变量、调节变量和控制变量的描述性统计信息显示，研究样本的融资约束（SA）的最大值为−0.029，最小值为−0.046，均值为−0.036，其绝对值都接近于零，总体而言表明研究样本面临的融资约束较大。股权资本成本

(R)的最大值为0.277,最小值为0.013,说明研究样本的融资成本不断变化。内部控制(IC)的最大值9.566,最小4.200,代表研究样本的内部控制水平高低不一。总资产周转率(TAT)的最大值为4.823,最小值为0.095,均值为0.635,说明研究样本的资产流动性不是很强,侧面反映出研究样本的销售能力有所下降。企业第一大股东持股比例(Top1)的最大值为39.776,最小值为20.640,均值为30.798,反映出研究样本的第一大股东持股比例为30%—40%,在合理的限度之内。资产负债率(TDR)的最大值为89.883,最小值为8.971,说明研究样本对于资本结构合理性的调整不一致,但均值为44.852,说明研究样本的资产负债率处于40%左右的合理水平范围内,同时在某种程度上体现出研究样本对资本结构的合理调整相对重视。企业规模(Size)最大值为24.661,最小值为20.213,均值为21.877,标准差为1.136,体现出研究样本的规模分布相对均匀。

2. 相关性分析

为了解释变量之间的相关性程度,本研究采用Pearson相关性分析的方法对各个变量进行了相关性分析,结果如表4-22所示。数字化水平(DIG)与融资效率(FE)在1%的水平上呈正相关关系,且相关系数为0.1528,这与上述所提出的假设1方向一致,即旅游上市公司的数字化水平越高,企业的融资效率就越高。此外,各变量间的相关系数小于等于0.6,这表明变量间并没有严重的多重共线性问题。

**表4-22　主要变量间的相关性分析结果**

| | FE | DIG | Size | Age | Top1 | TAT | TDR |
|---|---|---|---|---|---|---|---|
| FE | 1 | | | | | | |
| DIG | 0.1528*** | 1 | | | | | |
| Size | −0.0092 | 0.0218*** | 1 | | | | |
| Age | −0.0431 | −0.036 | 0.0759*** | 1 | | | |
| Top1 | 0.0465 | −0.0837 | 0.1310* | −0.0711 | 1 | | |
| TAT | 0.0017 | −0.0864 | 0.0105 | −0.0524 | 0.0067** | 1 | |
| TDR | −0.0735 | 0.3001*** | 0.0695 | −0.0641 | −0.0393 | 0.2213*** | 1 |

(注:*、**、***分别表示在10%、5%和1%的水平上显著。)

3. 回归结果分析

旅游上市公司数字化水平与企业融资效率的回归分析结果如表4-23所示。模型(1)是数字化水平与融资效率之间的单变量回归,未加入控制变量、控制年份、行业效应,回归系数为0.1333,在1%的水平上显著;模型(2)和模型(3)基于逐步回归思想逐渐加入控制变量、控制年份、行业效应,回归系数分别为0.1678和0.1791,在1%的水平上显著。结果均显示数字化水平对融资效率具有显著的正向影响,即假设1成立。该结果表明:数字化水平越高,越有利于旅游上市公司降低交易成本,促进融资效率的提升。

**表4-23 旅游上市公司数字化水平与企业融资效率的回归分析结果**

| 变量 | 模型(1)FE | 模型(2)FE | 模型(3)FE |
|---|---|---|---|
| DIG | 0.1333*** | 0.1678*** | 0.1791*** |
| | (2.6818) | (3.1676) | (3.5146) |
| Size | | −0.0172 | −0.011 |
| | | (−1.2144) | (−0.8241) |
| Age | | −0.0061 | −0.0028 |
| | | (−1.4928) | (−0.8578) |
| Top1 | | 0.0005 | 0.0015 |
| | | (0.1746) | (0.5079) |
| TAT | | 0.0276 | 0.025 |
| | | (1.2527) | (1.1496) |
| TDR | | 0.0019*** | 0.0018*** |
| | | (4.856) | (4.7545) |
| Const | 1.0309*** | 1.5442*** | 1.3316*** |
| | (38.2871) | (4.5307) | (4.3719) |
| Year | No | No | Yes |
| Company | No | No | Yes |
| $N$ | 303 | 303 | 303 |
| $F$ | 7.1921 | 2.6834 | 5.4473 |
| $R^2$ | 0.0233 | 0.0772 | 0.0934 |

(注:括号中的值为$t$统计值。*、**、***分别表示在10%、5%和1%的水平上显著。)

融资约束的中介效应的回归结果见表4-24。模型(1)FE显示了加入融资约束这一中介变量时数字化水平与融资效率之间的关系。根据中介效应三步检验法,模型(2)FE验证了融资约束与数字化水平之间的关系,其回归系数为-0.04345,在10%的水平上显著,结果显示:数字化水平的提高可以缓解融资约束。模型(3)FE将数字化水平和融资约束都加入回归模型,回归系数分别为0.1636和-0.0443,均在1%的水平上显著,且模型(2)数字化水平对融资约束的回归系数与模型(3)融资约束对融资效率的回归系数的乘积,与模型(3)数字化对融资效率的回归系数同号,因此部分中介效应存在,即假设2得到验证。该结果表明在数字化水平较高的旅游上市公司中,资源配置效率更高,促使融资约束得到缓解,降低融资成本,促进融资效率的提升。

**表4-24 融资约束的中介效应的回归结果**

| 变量 | 模型(1)FE | 模型(2)SA | 模型(3)FE |
|---|---|---|---|
| DIG | 0.1678*** | -0.0435* | 0.1636*** |
| | (3.1676) | (-1.7133) | (3.1564) |
| SA | | | -0.0443*** |
| | | | (-3.7216) |
| Size | -0.0172 | 2.9900*** | 0.1164*** |
| | (-1.2144) | (45.9177) | (3.0251) |
| Age | -0.0061 | -0.0397** | -0.0078* |
| | (-1.4928) | (-2.4955) | (-1.9319) |
| Top1 | 0.0005 | -0.0174 | 0 |
| | (0.1746) | (-1.2061) | (-0.0165) |
| TAT | 0.0276 | -0.6730*** | -0.0018 |
| | (1.2527) | (-6.3880) | (-0.0772) |
| TDR | 0.0019*** | -0.0211*** | 0.0010** |
| | (4.856) | (-11.1349) | (2.2317) |
| Const | 1.5442*** | -26.6402*** | 0.3106*** |
| | (4.5307) | (-17.9045) | (0.6607) |
| Year | Yes | Yes | Yes |
| Company | Yes | Yes | Yes |

续表

| 变量 | 模型(1)FE | 模型(2)SA | 模型(3)FE |
|---|---|---|---|
| $N$ | 303 | 303 | 303 |
| $F$ | 2.6834 | 313.9929 | 3.494 |
| $R^2$ | 0.0772 | 0.8813 | 0.1635 |

（注：括号中的值为$t$统计值。*、**、***分别表示在10%、5%和1%的水平上显著。）

股权资本成本的中介效应的回归结果如表4-25所示。模型(1)FE显示了加入股权资本成本这一中介变量时数字化水平与融资效率之间的关系。根据中介效应三步检验法，模型(2)SA验证股权资本成本与数字化水平之间的关系，其回归系数为−0.0195，在1%的水平上显著，结果显示：数字化水平的提高可以降低股权资本成本。模型(3)FE将数字化水平和股权资本成本都加入回归模型，回归系数分别为0.1584和0.0020，均在1%的水平上显著，且模型(2)SA中数字化水平对股权资本成本的回归系数与模型(3)FE中股权资本成本对融资效率的回归系数的乘积，与模型(3)FE中数字化对融资效率的回归系数同号，因此部分中介效应存在，即假设3得到验证。该结果表明数字化水平较高的旅游上市公司能够吸引更多外部投资者，降低信息不对称程度，促使股权资本成本得到降低，提高经营绩效，促进融资效率的提升。

**表4-25　股权资本成本的中介效应的回归结果**

| 变量 | 模型(1) FE | 模型(2)R | 模型(3)FE |
|---|---|---|---|
| DIG | 0.1678*** | −0.0195*** | 0.1584*** |
| | (3.1676) | (−2.6566) | (3.0637) |
| R | | | 0.0020** |
| | | | (−2.0295) |
| Size | −0.0172 | 0.0140*** | −0.0117 |
| | (−1.2144) | (7.1478) | (−0.8831) |
| Age | −0.0061 | 0.0008 | −0.0026 |
| | (−1.4928) | (1.3541) | (−0.7975) |
| Top1 | 0.0005 | 0 | 0.0015 |
| | (0.1746) | (0.0618) | (0.5142) |
| TAT | 0.0276 | −0.0068** | 0.0147 |

续表

| 变量 | 模型(1) FE | 模型(2)R | 模型(3)FE |
|---|---|---|---|
| | (1.2527) | (−2.2351) | (0.6619) |
| TDR | 0.0019*** | 0 | 0.0018*** |
| | (4.856) | (−0.2686) | (4.7158) |
| Const | 1.5442*** | 0.2166** | 1.3383*** |
| | (4.5307) | (−4.5853) | (4.4167) |
| Year | Yes | Yes | Yes |
| Company | Yes | Yes | Yes |
| $N$ | 303 | 303 | 303 |
| $F$ | 2.6834 | 7.5977 | 5.3316 |
| $R^2$ | 0.0772 | 0.2842 | 0.1267 |

（注：括号中的值为$t$统计值。*、**、***分别表示在10%、5%和1%的水平上显著。）

内部控制的调节效应的回归结果如表4-26所示。模型(2)R显示数字化水平与融资效率的回归系数为0.1002，在5%的水平上显著，同时内部控制与数字化水平交互项回归系数为0.0001，在1%的水平上显著。结果显示，内部控制与数字化水平的交互对融资效率具有显著的正向影响，即假设4成立。该结果表明：随着内部控制水平的提高，数字化水平对融资效率的促进作用显著提高。同时，从图4-2中可看出，对于更高的内部控制水平而言，数字化水平对融资效率的提升作用更加明显，即高水平的内部控制会强化数字化水平对融资效率的提升作用。

**表4-26　内部控制的调节效应的回归结果**

| 变量 | 模型(1)FE | 模型(2)FE |
|---|---|---|
| DIG | 0.1678*** | 0.1002** |
| | (3.1676) | (1.9961) |
| IC | | 0.0003*** |
| | | (−4.0158) |
| IC×DIG | | 0.0001*** |
| | | (2.6935) |
| Size | −0.0172 | 0.0079 |

续表

| 变量 | 模型(1)FE | 模型(2)FE |
|---|---|---|
| | (−1.2144) | (0.5412) |
| Age | −0.0061 | 0.0013 |
| | (−1.4928) | (0.3115) |
| Top1 | 0.0005 | −0.0001 |
| | (0.1746) | (−0.0194) |
| TAT | 0.0276 | 0.0185*** |
| | (1.2527) | (5.3389) |
| TDR | −0.0059** | −0.0075*** |
| | (−2.2888) | (−3.0123) |
| Const | 1.5442*** | 1.2201*** |
| | (4.5307) | (3.5435) |
| Year | Yes | Yes |
| Company | Yes | Yes |
| $N$ | 303 | 303 |
| $F$ | 2.6834 | 5.1252 |
| $R^2$ | 0.0772 | 0.2341 |

(注:括号中的值为$t$统计值。*、**、***分别表示在10%、5%和1%的水平上显著。)

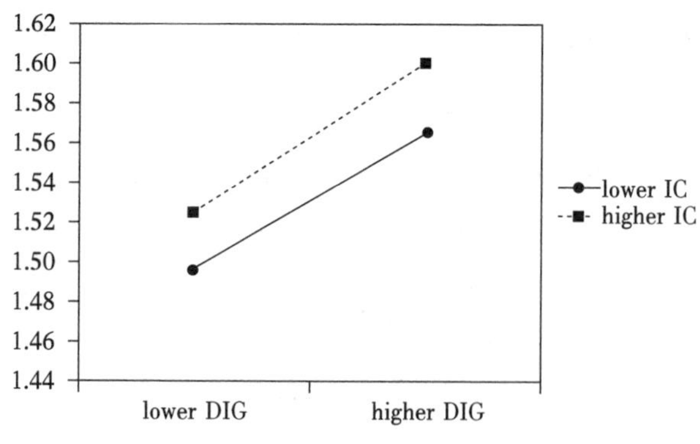


**图4-2　内部控制的调节效应**

4. 结果稳健性检验

为了增强上述结果的可靠性,本研究采取不同的方法对模型进行稳健性检验。

替换被解释变量。近年来，全要素生产率(TEP)因其信息的丰富性和全面性，已成为评估企业融资效率的热门指标。考虑到这种情况，本研究参照王明益和石金明(2022)等学者的做法，选取全要素生产率作为衡量企业融资效率的指标，替换前面衡量研究样本融资效率的指标，进行稳健性检验，具体回归结果见表4-27。

**表4-27　稳健性检验的回归结果**

| 变量 | 模型(1) FE | 模型(2) SA | 模型(3) FE | 模型(4) R | 模型(5) FE | 模型(6) FE |
|---|---|---|---|---|---|---|
| DIG | 0.3131* | −0.4295* | 0.3089* | −0.0221*** | 0.0054* | 0.0052* |
| | (1.7228) | (−1.8632) | (1.6999) | (−2.9091) | (1.7501) | (1.7053) |
| SA | | | −0.044* | | | |
| | | | (−1.0543) | | | |
| R | | | | | −0.0014** | |
| | | | | | (−2.2940) | |
| IC | | | | | | 0.0002*** |
| | | | | | | (2.8444) |
| IC×DIG | | | | | | 0.0004*** |
| | | | | | | (−2.6641) |
| Size | 0.0186 | 2.7988*** | 0.1512 | 0.0080*** | −0.0168* | −0.0134 |
| | (0.3822) | (44.0295) | (1.1212) | (3.8374) | (−1.7954) | (−1.4168) |
| Age | −0.0237* | −0.0470*** | −0.0253* | −0.0010* | 0.0051** | 0.0042 |
| | (−1.6773) | (−3. 1976) | (−1.7849) | (−1.9669) | (1.9933) | (1.5435) |
| Top1 | −0.0023 | −0.0049 | −0.0029 | −0.0002 | 0.0032* | 0.003 |
| | (−0.2205) | (−0.3617) | (−0.2754) | (−0.4377) | (1.7236) | (1.5946) |
| TAT | −0.0269 | 0.1560*** | −0.0561 | −0.0019*** | −0.0011 | −0.0014 |
| | (−0.3559) | (−9.8235) | (−0.6968) | (−3.6038) | (−0.4828) | (−0.6244) |
| TDR | 0.0011 | −0.004 | 0.0001 | 0.0002*** | 0.0001 | 0.0001 |
| | (0.7672) | (−1.6446) | (0.0909) | (2.9087) | (0.268) | (0.2869) |
| Const | 0.8358*** | −23.0295*** | −0.0168* | 0.0033** | 0.9992*** | 0.8358*** |
| | (3.7815) | (−16.1060) | (−1.8944) | (2.0801) | (4.5258) | (3.7815) |
| Year | Yes | Yes | Yes | Yes | Yes | Yes |
| Company | Yes | Yes | Yes | Yes | Yes | Yes |

续表

| 变量 | 模型(1) FE | 模型(2) SA | 模型(3) FE | 模型(4) R | 模型(5) FE | 模型(6) FE |
|---|---|---|---|---|---|---|
| $N$ | 303 | 303 | 303 | 303 | 303 | 303 |
| $F$ | 0.9633 | 370.9933 | 0.9729 | 7.9416 | 1.7851 | 2.1146 |
| $R^2$ | 0.0479 | 0.898 | 0.0516 | 0.1586 | 0.0905 | 0.1117 |

（注：括号中的值为$t$统计值。*、**、***分别表示在10%、5%和1%的水平上显著。）

回归结果显示，模型(1)中数字化水平的回归系数为0.3131且在10%的水平上显著，这表明，检验结果仍然可以支持最初的假设1，即数字化水平对融资效率具有显著的正向影响。模型(2)、模型(3)、模型(4)和模型(5)进一步探讨了融资约束、股权资本成本对数字化水平与融资效率关系的影响，模型(3)和模型(5)中数字化水平的回归系数分为0.3089和0.0054，均为正且在10%的水平上显著，验证了假设2和假设3。模型(6)中数字化水平的回归系数为0.0052，交互项的回归系数为0.0004，分别在10%和1%的水平上显著。图4-3显示的是替换被解释变量后内部控制的调节效应，均表明随着内部控制水平的提高，数字化水平对融资效率的促进作用显著增强，进一步验证了假设4。

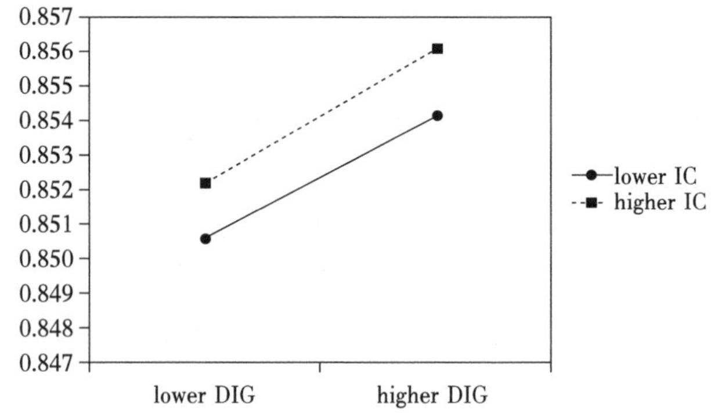


**图4-3　替换被解释变量后内部控制的调节效应**

## 六、研究结论与展望

### （一）研究结论

本研究基于党的二十大报告中的关键词“融资”，以数字经济增长理论、资源基础理论、优序融资理论和委托代理理论为基础，将研究视角定位于作为微观经济主体——旅游企业，关注旅游上市公司在数字化水平影响下的融资效率。选取2011—2019年的34家旅游上市公司为研究样本,选取云计算、人工智能、大数据、区块链和商业模式五个关键词,作为数字化水平的衡量指数,并通过回归分析,对数字化水平、融资约束、股权资本成本、内部控制与融资效率之间的关系进行检验,得出的主要结论如下。

一是旅游上市公司的数字化水平与融资效率之间呈显著的正相关关系。大数据、人工智能、云计算等技术的不断运用,为旅游上市公司带来新的发展模式。数字化转型已成为旅游上市公司减少资源错配、实现资源优化配置的重要手段之一,对旅游上市公司的融资效率产生一定影响。可以运用数字平台,完成在线交易,实现企业和游客的"零距离"对话,这有助于外部投资者减少中间环节,直接了解企业信息,降低与企业的交易成本。数字技术有助于旅游上市公司更好地开发产品,创新商业模式,提升经济效益。一方面,数字化水平的提升有助于营造良好的营商环境。旅游上市公司通过实现数字化转型,利用数字技术加强对外部环境的感知,提升自身的组织敏感度,从而更好地了解市场发展态势,把握市场需求,扩大市场份额,提升经济效益,实现融资效率的提升。另一方面,旅游上市公司可以更好地吸收外部资源,形成以智能化、自动化为核心的创新型商业模式,打造竞争优势,吸引更多的外部投资者,进而实现融资效率的提升。

二是旅游上市公司的融资约束在数字化水平与融资效率之间起中介作用。相关回归结果表明,旅游上市公司的融资约束在得到缓解后,数字化水平对旅游上市公司的融资效率的促进作用变强。具体而言:一方面,数字化水平的提升会促进旅游上市公司形成良好竞争优势。旅游上市公司可以利用数字技术在市场上掌握更多资源,这种资源反过来也会促进企业的技术创新。在数字化时代,市场交易和监督机制更加透明,利用数字技术以更低的信息获取成本得到更多的融资信息,促进旅游上市公司在更合理的范围内获得融资,为企业进一步的创新提供资金来源,有利于实现融资的可持续性和稳定性。另一方面,旅游上市公司大多采用的是传统的融资模式,但数字化带来的融资约束缓解显著提升了企业外部的信用以及内部的稳定性。数字化水平的提升增强了旅游上市公司的信息透明度,通过完善信息披露机制,企业信用评级得到改善,促进了交易的规范化和公开化,有效降低了信息不对称程度。旅游上市公司提升数字化水平后能够实现精准的数据分析,防止内部员工因私利而采取篡改数据的行为。旅游上市公司还可以利用数字技术提升资源利用率,增强企业内部的稳定性,通过优化流通企业内外部的资源配置关系,提升自身资源配置效能，降低融资成本，提升融资效率。

三是对于旅游上市公司而言，企业自身的股权资本成本的降低能有效强化数字化水平与企业融资效率之间的正相关关系。在生产环节上，数字化转型使企业可以加强对生产环节的过程控制，除了实现生产自动化、智能化，还能缩短供应链条，帮助企业去中介化，实现与供应端直接对接，提高生产效率。在产品设计上，数字技术能够帮助企业深度挖掘客户需求，实现供给与需求的精准匹配，降低创新设计的风险。在营销环节上，企业可以利用数字技术对接消费者终端，提供精准营销服务，从而在市场竞争中获得优势地位，这不仅使得企业获取外界信息更加方便快捷，还降低了企业各方面的交易成本，提升了企业的融资效率。在决策环节上，数字化打破了部门间的信息壁垒，有助于企业处理信息。管理层还可以借助信息决策系统提高决策的准确性，减少失误，增强应对风险的能力。通过上述环节的数字化升级，旅游上市公司实现了经营质量的全面提升。这种提升既降低了股权资本成本，又显著提高了融资效率，最终强化了数字化与融资效率之间的正向关系。

四是在旅游上市公司数字化转型对融资效率的影响中，内部控制起到正向调节作用。内部控制是企业抵御风险的重要手段之一，在某种程度上，可以帮助利益相关者监督管理者的行为，降低因委托代理产生的成本，提高企业经营绩效。有效的内部控制制度会促使风险管理制度更加完善，当企业面临技术不确定风险时，能帮助企业从财务能力上减少损失；当企业实现创新优势时，会释放出良好的信号，拓宽融资渠道，缓解融资约束，提升融资效率。高质量的内部控制还会提高旅游上市公司的治理质量，帮助企业管理层利用数字技术做出科学的决策，缓解代理方面的问题。内部控制的完善意味着降低了外部投资者获取信息的成本，通过加强外界对企业的监督，约束了企业内部的行为，降低了内部人员代理的风险，减少了监督成本。此外，高质量的内部控制能优化企业资金管理，从而降低融资成本，提高融资效率。综上，内部控制可以强化数字化水平对融资效率的提升作用。

融资困境长期制约着我国文化旅游产业的规模化发展，成为行业健康发展的关键阻碍因素。本研究积极地探讨了中国旅游上市公司数字化水平对企业融资效率的影响机制，重点考察了企业融资约束、股权资本成本的中介作用，以及内部控制的调节作用。根据上述研究结论，本研究从微观、中观和宏观层面提出如下提升旅游上市公司数字化水平和融资效率的对策建议。

1. 微观企业层面

第一,把握政策红利,实现数字技术赋能。当前我国大力推进企业实施数字化转型战略,并给予企业一定的政策支持。具体而言,景区类旅游上市公司以及酒店和餐饮类旅游上市公司应继续克服人工智能、云计算、区块链等方面的技术难题,将原有的数字技术使用范围扩大,搭建数字旅游管理平台,健全游客信息反馈制度,为旅游企业提供服务提供数据支撑。同时,综合类旅游上市公司和交通运输类旅游上市公司要积极引入人工智能、云计算和区块链等数字技术,加强物联网、智能数据分析、语音识别和虚拟现实等技术的使用强度。运用数字技术采集游客相关数据并对游客进行画像,掌握游客的行为偏好,打造出个性化定制和精准化营销的发展战略,实现经营效益的提升,激发数字化改善融资的潜力。

第二,创新商业模式,实现数字化有效转型。景区类旅游上市公司以及酒店和餐饮类旅游上市公司要突破传统思维,对未来的升级路线进行规划,为有效实现创新升级提供保障,包括丰富数字化的使用场景、发挥数字化的顶层设计作用,以大数据驱动新的商业形态,实现流程再造。综合类旅游上市公司以及酒店和餐饮类旅游上市公司在创新商业模式后,要深入挖掘游客与企业的交互价值,创造以消费者为导向的新型旅游业态。同时,应加强数字技术对内部控制的监督,完善内部控制体系,促进企业自身价值与商业价值的相互转化,缓解融资难、融资贵的问题。

第三,提升管理能力,实现资源合理配置。旅游上市公司应根据自身的特点对内部的资源进行整合,实现“科技+金融”的融合,积极依靠科技创新实现企业转型升级。在建立良好的竞争优势,实现技术创新的同时,完善内部控制制度,促进企业治理结构更加流程化、透明化,以此提高企业的信誉,在融资时减少因审批资格不符或审批条件不充分而带来的融资难的问题,缓解融资约束,从而更好地吸引优质资金的投入。应加强自身管理能力,通过提升企业价值来获得市场认可,这是旅游上市公司实现融资效率提升的重要手段。

2. 中观金融机构层面

第一,加强对实现数字化转型的旅游上市公司的资金支持。金融机构是旅游上市公司的融资渠道之一,它可以通过提升与旅游上市公司的信息沟通度,降低旅游上市公司获取融资信息的成本。应发挥股权资本市场的孵化作用,支持实现数字化转型的旅游上市公司优先获得股权融资。或为旅游上市公司提供一种综合性的新型融资方案,直接提供贴息,鼓励旅游上市公司直

接融资。

第二，加快提升自身数字化水平。一方面，金融机构要明确自身的数字化目标，革新传统经营理念与技术平台。通过构建以数据资产为核心的管理模式，实现数据资产与旅游上市公司的直接对接，打破企业与金融机构之间的信息壁垒，为企业获取融资提供便利。建立数字科技平台，实现从前台的数字客服到中台的数据分析再到后台的数据运营一体化的数字架构。另一方面，紧盯旅游上市公司的资金需求，对旅游上市公司进行划圈分层，针对不同的旅游上市公司提供不同的融资方式。此外，金融机构还可以利用数字技术实现供需精准匹配，丰富营销手段，帮助旅游上市公司实现融资方式的多样化。

第三，实现创新型金融产品的供应。除了维持传统金融产品供应，金融机构应凭借数字化、系统化的信息创新金融产品，利用数字技术对金融产品进行市场细分，实现个性化的定制。同时，搭建良好的金融平台，利用数字技术促进银企深入合作。当下"互联网＋供应链金融"业务模式处于蓬勃发展阶段，金融机构作为核心参与者之一，应积极促进市场主体与服务机构的系统对接，简化融资流程，提升旅游上市公司对金融机构的信赖度。

*3. 宏观政府层面*

第一，吸引数字化人才，加大对积极推进数字化进程的旅游上市公司的支持。一方面，政府应为旅游上市公司的数字化建设提供资金支持，鼓励数字化进程较快的旅游上市公司带动数字化进程较慢的旅游上市公司，通过落实补助政策助力企业实现创新。另一方面，除了提供资金支持，政府还可以提供基础设施和人才支持。在基础设施建设上，鼓励规模较大的城市进行金融科技基础设施建设，夯实旅游上市公司数字化转型的基础条件。在人才支持上，通过优惠政策吸引数字化人才，完善人才引进体系，为旅游上市公司提升数字化水平提供后备军。

第二，优化制度环境，助力旅游上市公司提升数字化水平。相关政府部门应根据旅游上市公司数字化水平的高低，出台针对性的政策，保证政策与问题的适配性，优化营商和融资环境，并对旅游上市公司数字化的进程进行追踪，预防部分旅游上市公司为实现数字化转型而采取危害融资市场的不正当竞争行为，维持良好的市场秩序。同时，对享受政策支持的旅游上市公司，应当公示完整的优惠内容、执行标准和实施流程，保证政策执行的透明度，为旅游上市公司提升数字化水平和融资效率营造良好的生态环境。

第三，建立大数据监管体系。在数字化时代的背景下，信息复杂，旅游上市公司从外界获取的信息不一定都是正确的，此时若市场上存在寡头垄断和完全垄断，则容易造成不正当竞争，不利于开展融资活动。因此，政府应建立大数据监管体系，对市场主体的行为进行实时监测，把控市场交易的关键环节，防止投机行为的发生，促进企业提升经营绩效。



（二）研究局限与展望

笔者在对旅游上市公司数字化水平和融资效率进行研究时，发现马欣欣学者（2022）对数字化转型和流通企业融资效率的影响有一定的研究，她利用Python提取包括设施数字化、资源数字化、要素数字化与业务数字化四大板块的样本流通企业年报价值数据，形成数字化转型虚拟变量；依据投资报酬率与加权资本成本之比衡量流通企业的融资效率；利用Python对企业年报中人工智能、云计算、大数据、商业模式和区块链四个关键词进行提取，依据DEA模型计算出的技术效率衡量融资效率，论证了旅游上市公司数字化水平与企业融资效率之间的关系，实现了预期的目标。然而笔者专业水平有限，在某些方面还存在差距，具体如下。

首先，不同学者针对旅游上市公司数字化水平所采用的衡量方法不尽相同，依据关键词词频数得出的综合指数对旅游上市公司的数字化水平进行衡量可能不太全面，而综合考虑各种影响因素来建立对旅游上市公司的衡量指标也存在一定的难度。同时，尽管当前对于旅游上市公司数字化水平的研究总体框架比较完整，但是数字化水平的评价标准多元，学界尚未形成统一的评价标准。基于云计算、人工智能、大数据、区块链和商业模式五个层面构建的衡量旅游上市公司数字化水平的综合评价指标，其科学性和完整性有待后续研究验证。此外，很多学者在进行旅游上市公司数字化水平分析时，并未考虑区域因素对数字化水平产生的影响，仅从旅游上市公司本身出发进行分析，建议后续研究可对此进行着重探讨。

其次，不同学者针对旅游上市公司融资效率所采用的衡量方法不尽相同，采用DEA-Malmquist模型得出的指数对旅游企业的融资效率进行判断可能不太全面，此后学者可采用三阶段的DEA模型、超效率模型等对旅游上市公司的融资效率进行衡量。

最后，我国为促进数字中国建设，出台了许多实现数字化转型的政策，同时，为解决企业融资难、融资贵的问题也实施了一些办法。此后研究可以将政策实施时间作为节点，探讨政策前后旅游上市公司数字化水平和融资效率的不同。

此外，本研究的研究对象是旅游上市公司，受所在行业特殊性的影响，满足研究要求的A股旅游上市公司数量有限，样本量较其他行业同类研究偏少，可能对结果的显著性造成一定的影响，建议其他学者可以在本研究的基础上展开进一步的研究。

# 第五章
# 新疆旅游高质量发展数智创新案例

## 第一节　新疆维吾尔自治区博物馆

### 一、基本情况

#### （一）博物馆简介

新疆维吾尔自治区博物馆，位于乌鲁木齐市西北路，是新疆文物收藏和科研中心，也是国家一级博物馆。作为新疆地区极具代表性的博物馆之一，它承载着丰富的考古内涵，展示着多元的民族文化风貌。新疆维吾尔自治区博物馆5个常设展览中，有3个基本陈列，2个主题展览。3个基本陈列分别是“逝者越千年——古代干尸陈列馆”“新疆历史文物展”“瀚海珍衣——新疆古代服饰精品展”；2个主题展览分别是“‘共有的家园’——铸牢中华民族共同体意识”“‘永远跟党走’——庆祝中国共产党成立100周年新疆革命文物展”。新疆维吾尔自治区博物馆馆藏包括服饰、彩绘泥俑、纺织品、纸张、皮革、木器、陶器、玉器、金属器、石器、瓷器、干尸等64592件（套），其中珍贵文物2581件（套），包括禁止出国（境）展览文物“五星出东方利中国”等。

新疆维吾尔自治区博物馆2007年由国家文物局批准为可移动文物修复一级资质单位，2008年7月由国家文物局批准为可移动文物技术保护设计乙级资质单位，并建有“纺织品文物保护国家文物局重点科研基地新疆工作站”

和“纸质文物保护国家文物局重点科研基地新疆工作站”。新疆维吾尔自治区博物馆历时3年进行了5个文物保护修复项目,修复来自喀什地区、哈密市等地的纺织品文物67件(套)、金属文物31件(套)、彩绘泥塑文物20件(套),其中国家一级文物14件(套)。新疆维吾尔自治区博物馆在史前文化、丝绸之路古代文明、石窟艺术、古尸、彩陶、纺织品等方面进行探索和研究,出版了《新疆出土文物》《新疆考古三十年》《吐鲁番出土文书》《新疆文物考古新收获》《回鹘文契约文书》《新疆彩陶》等著作。

### (二)发展历程

1959年,新疆维吾尔自治区博物馆的前身农业展览馆正式成立,最初办公地点在新疆印刷厂内。

1962年,新疆维吾尔自治区博物馆迁至乌鲁木齐市西北路,改为博物馆并对外开放。

1963年10月1日,新疆维吾尔自治区博物馆正式开馆。

2005年9月20日,新疆维吾尔自治区博物馆新馆建成并对外开放。

2008年5月18日,新疆维吾尔自治区博物馆被国家文物局列入首批国家一级博物馆。

2022年5月18日,新疆维吾尔自治区博物馆二期场馆建成投用,新疆维吾尔自治区博物馆迈入“双馆时代”。

2023年6月2日,中国国家博物馆和新疆维吾尔自治区文化和旅游厅共同设立的“国博厅”在新疆维吾尔自治区博物馆揭牌。作为“国博厅”首展,“吉金铸史——青铜器里的古代中国”展览旨在充分发挥中国国家博物馆青铜器藏品时间跨度长、门类丰富、器型多样、规模庞大的优势,共展出国家博物馆馆藏青铜器160余件(组),其中一级品34件,包括象纹铙、作册般甗、天亡簋、泾伯卣、六年琱生簋、师酉簋等重器。

2023年7月28日,新疆维吾尔自治区博物馆“故宫厅”揭牌。这是故宫博物院首次在院外常设举办精品展览的专业展厅。当日,举行“盛世琳琅——故宫博物院藏清代宫廷玉器展”首展开幕式。

### (三)主要职能

新疆维吾尔自治区博物馆工作职能包括以下方面。

(1)承担历史文物和文献征集、收藏保管、陈列展览、科学研究、馆藏文物修复、馆藏文物资料档案管理等工作。

(2) 开展国家二级、三级文物藏品的鉴定、评估、认定等工作。

(3) 为全区各级各类革命纪念馆、博物馆开展科技化、信息化等工作提供技术指导。

(四) 机构设置及人员情况

新疆维吾尔自治区博物馆无下属预算单位,下设12个处室,分别是办公室、后勤科、保卫科、研究室、陈列部、保管部、考古部、技术部、文创部、社教部、资料信息中心以及基建办。

(五) 客户细分

新疆维吾尔自治区博物馆客户细分表见表5-1。

**表5-1 新疆维吾尔自治区博物馆客户细分表**

| 年龄 | 教育背景 | 文化背景 | 兴趣偏好 | 家庭结构 | 访问目的 | 性别 |
|---|---|---|---|---|---|---|
| 儿童与青少年 | 学历教育 | 本地居民 | 艺术爱好者 | 家庭游客 | 教育学习 | 男 |
| 成年人 | 成人继续教育 | 外地游客 | 历史爱好者 | 单人游客 | 休闲娱乐 | 女 |
| 老年人 | | | 自然爱好者 | | 专业研究 | |

1. 年龄

儿童与青少年。针对这类群体,博物馆可以提供互动性强、寓教于乐的展览和活动,如儿童探索区、科学实验展等。

成年人。成年人可能对历史、文化、艺术等更有兴趣,针对这类群体,博物馆可以策划专题展览、讲座和研讨会等。

老年人。博物馆可以针对老年人的身体条件和兴趣特点,提供一些轻松、休闲的展览和活动,如历史回顾展、养生讲座等。

2. 教育背景

学历教育。针对中小学生和大学生,博物馆可以提供学术性、知识性的展览和活动,如历史文物展、考古发现展等。

成人继续教育。针对成年人,博物馆可以提供继续教育课程,如文化艺术鉴赏、历史研究等。

3. 文化背景

本地居民。本地居民与本地历史和文化有着深厚的情感联系,针对这类群体,博物馆可以提供关于新疆历史、民俗、艺术等方面的展览和活动。

外地游客。外地游客可能对新疆的独特风情和文化感兴趣，针对这类群体，博物馆可以策划展示新疆独特文化元素的展览和活动。

4. 兴趣偏好

艺术爱好者。针对这类群体，博物馆可以提供专门的美术、摄影、书法等方面的展览和活动。

历史爱好者。针对这类群体，博物馆可以提供关于新疆历史、考古、民族史等的专题展览和讲座。

自然爱好者。针对这类群体，博物馆可以提供展示新疆自然风光、动植物等内容的展览和活动。

5. 家庭结构

家庭游客。针对这类群体，博物馆可以提供适合全家人参与的互动展览和活动，如亲子工作坊、家庭探险日等。

单人游客。针对单人游客，博物馆可以提供供个人探索的空间和机会，如个人导览设备、自助参观线路等。

6. 访问目的

教育学习。针对学生、教师等群体，博物馆可以提供以教育、学习为主要目的的活动。

休闲娱乐。针对寻求放松和娱乐的游客，博物馆可以提供文化体验活动、互动游戏等。

专业研究。针对历史、艺术、考古等领域的专业研究人员，博物馆可以提供学术资源和研究支持。

细致的客户细分有助于新疆维吾尔自治区博物馆更加精准地了解不同群体的需求和兴趣，从而策划出更具吸引力的展览和活动，提升观众的满意度和忠诚度。同时，新疆维吾尔自治区博物馆也可以根据不同的客户群体制定不同的市场营销策略，提升品牌知名度和影响力。

### （六）核心竞争力

新疆维吾尔自治区博物馆核心竞争力的具体内容见表5-2。

1. 丰富的历史文化资源

新疆是中国多元文化的重要交汇地，拥有悠久的历史和独特的民族文化。新疆维吾尔自治区博物馆通过收藏、保护和展示这些珍贵的历史文物和民族文化遗产，成为展示新疆乃至中国多元一体文化的重要窗口。

**表5-2 新疆维吾尔自治区博物馆核心竞争力一览表**

| 核心竞争力 | 内涵 |
| --- | --- |
| 丰富的历史文化资源 | 悠久的历史和独特的民族文化 |
| 专业学术研究能力 | 专业的学术研究团队 |
| 先进科技的应用 | 注重科技投入,积极引进和应用先进的科技手段 |
| 紧密的社区合作与全面的教育功能 | 积极与当地社区、学校和教育机构合作,开展丰富多彩的教育活动和社区文化项目 |
| 优秀的服务团队 | 拥有一支热情、专业、高效的服务团队,能够为观众提供优质的服务和体验 |

2.专业学术研究能力

新疆维吾尔自治区博物馆拥有一支专业的学术研究团队,能够对新疆的历史文化进行深入研究,挖掘其内在价值。这种学术研究能力不仅为该馆的展览等活动提供了学术支撑,也为公众提供了高质量的文化教育。

3.先进科技的应用

新疆维吾尔自治区博物馆注重科技投入,通过积极引进和应用先进的科技手段,如VR、AR等,提升展览的互动性和观众的参观体验。先进科技的应用使该馆的展示方式更加现代化,吸引了许多年轻观众。

4.紧密的社区合作与全面的教育功能

新疆维吾尔自治区博物馆积极与当地社区、学校和教育机构合作,开展丰富多彩的教育活动和社区文化项目。这些活动不仅丰富了该馆的服务内容,也增进了公众对新疆历史文化的认知。

5.优秀的服务团队

新疆维吾尔自治区博物馆拥有一支热情、专业、高效的服务团队,能够为观众提供优质的服务和体验。无论是展览策划、活动策划还是观众服务,都能够体现出该馆的专业素养和服务意识。

综上所述,新疆维吾尔自治区博物馆的核心竞争力在于其丰富的历史文化资源、专业学术研究能力、先进科技的应用、紧密的社区合作与全面的教育功能以及优秀的服务团队。这些核心竞争力共同构成了该馆的独特优势和品牌形象,使其在新疆乃至全国的文化事业中占据重要地位。

### (七)收入来源

新疆维吾尔自治区博物馆的收入来源主要包括以下几个方面。

1. 政府拨款

作为自治区级的综合性博物馆，新疆维吾尔自治区博物馆的主要经费来源之一是政府拨款。政府会根据该馆的运营需求和发展规划，提供必要的经费支持，用于该馆的日常运营、展览策划、文物保护、学术研究等方面。

2. 社会捐赠

社会捐赠也是新疆维吾尔自治区博物馆的一个重要收入来源。许多企业和个人出于对文化事业的热爱和支持，会向博物馆捐赠资金或文物。这些捐赠可以用于博物馆的展览策划、文物保护、学术研究等方面，推动博物馆事业的发展。

3. 文创产品销售

2017年，新疆维吾尔自治区博物馆入选首批154家文化文物单位和文化创意产品开发试点单位，自2017年开发文创产品以来，该馆推出十大类超600种文创产品，包括“五星”系列、“唐小驹”系列、“潮虎想象”系列等，形式包括日用品、文具、乡村特产等。2021年推出“虎纹金牌”雪糕、语音讲解棒棒糖等可食用文创产品。除了在本馆内，新疆维吾尔自治区博物馆还在乌鲁木齐市商业中心举办跨界文创展；与新疆多个景区合作，举办带文物元素的“绮梦疆湖”主题秀；与八路军驻新疆办事处纪念馆、昌吉回族自治州博物馆等单位共同研发文创产品等。

4. 合作项目与赞助

新疆维吾尔自治区博物馆还会与其他机构、企业或个人合作，开展各种合作项目或赞助活动，获得相应的收入。这些合作项目可能包括展览合作、教育项目合作、学术研究合作等，可以为该馆带来更多的资源和资金支持。

（八）关键业务

新疆维吾尔自治区博物馆的关键业务主要包括以下几个方面。

1. 文物收藏与保护

作为自治区级博物馆，新疆维吾尔自治区博物馆的核心业务之一是收藏和保护文物。这包括接收、鉴定、登记、分类、修复和保护各种历史文物，以确保它们的完整性和历史价值得以传承。

2. 展览策划与展示

新疆维吾尔自治区博物馆通过策划和组织各种展览，向公众展示新疆丰富的历史文化和自然遗产。这包括定期更新和策划新的展览，以及与其他博物馆或机构合作引进临时展览。展览内容涵盖历史、艺术、考古、民俗等多个领域，旨在增进公众对新疆文化的认识和了解。

3. 教育与研究

新疆维吾尔自治区博物馆致力于通过教育和研究活动，增进公众对历史和文化的认知。这包括为学校和教育机构提供教育资源、组织讲座和研讨会、开展公共教育活动等。同时，该馆也积极开展学术研究，推动对新疆历史文化的深入研究和理解。

4. 文创产品开发与销售

为了丰富公众的文化体验，新疆维吾尔自治区博物馆积极开发文创产品，如纪念品、艺术品等。这些产品融入新疆的历史文化元素，通过设计创新和市场推广，成为该馆的重要收入来源之一。同时，文创产品的销售也有助于推广该馆的品牌形象和特色。

5. 社区合作与公众参与

新疆维吾尔自治区博物馆注重与当地社区和公众的互动与合作，通过策划社区活动、志愿者项目、公众参与计划等，提升公众的参与度和归属感。

综上所述，新疆维吾尔自治区博物馆的关键业务包括文物收藏与保护、展览策划与展示、教育与研究、文创产品开发与销售以及社区合作与公众参与。这些业务共同构成了该馆的核心工作，旨在传承和弘扬新疆的历史文化，提升公众的文化素养和参与度。

### （九）市场布局

新疆维吾尔自治区博物馆的市场布局具体见表5-3。

**表5-3 新疆维吾尔自治区博物馆市场布局一览表**

| | |
|---|---|
| 定位与目标受众 | 面向广大公众；<br>目标受众包括当地居民、学生、教师，以及对新疆历史文化感兴趣的国内外游客 |
| 展览内容与形式 | 策划和组织多样化的展览；<br>注重运用现代科技手段提升展览的互动性和趣味性 |
| 市场推广与合作 | 与旅游机构、学校、社区等合作；<br>通过社交媒体、官方网站等渠道发布展览信息和活动预告；<br>举办特色活动，如讲座、研讨会、工作坊等 |

续表

| | |
|---|---|
| 定位与目标受众 | 面向广大公众；<br>目标受众包括当地居民、学生、教师，以及对新疆历史文化感兴趣的国内外游客 |
| 线上线下融合 | 通过官方网站、社交媒体等渠道提供线上展览和虚拟导览服务；<br>开展线下活动，如导览服务、专题讲座等 |

1. 定位与目标受众

新疆维吾尔自治区博物馆作为自治区级的综合性博物馆，其市场主要面向广大公众，特别是对本地历史、文化和艺术感兴趣的群体。目标受众包括当地居民、学生、教师，以及对新疆历史文化感兴趣的国内外游客。

2. 展览内容与形式

新疆维吾尔自治区博物馆的展览内容与形式是其市场布局的重要组成部分。该馆通过策划和组织多样化的展览，包括历史文物展、民族民俗展、艺术展览等，吸引不同类型的观众。同时，该馆还注重运用现代科技手段，如VR、AR等，提升展览的互动性和趣味性，以吸引更多年轻观众。

3. 市场推广与合作

为了扩大市场影响力，新疆维吾尔自治区博物馆积极开展市场推广与合作活动。这包括与旅游机构、学校、社区等合作，共同推广该馆的展览和活动；通过社交媒体、官方网站等渠道发布展览信息和活动预告，提高公众关注度；举办特色活动，如讲座、研讨会、工作坊等，吸引专业人士和爱好者参与。

4. 线上线下融合

新疆维吾尔自治区博物馆也注重线上线下融合的市场布局。该馆通过官方网站、社交媒体等渠道提供线上展览和虚拟导览服务，让观众可以在线上浏览和了解展览内容。同时，该馆还开展线下活动，如导览服务、专题讲座等，为观众提供更加丰富和深入的文化体验。

## 二、数字化路径

新疆维吾尔自治区博物馆在数字化运营方面采取了多种策略，以适应现代科技的发展和观众的需求变化。新疆维吾尔自治区博物馆数字化运营路径见图5-1。

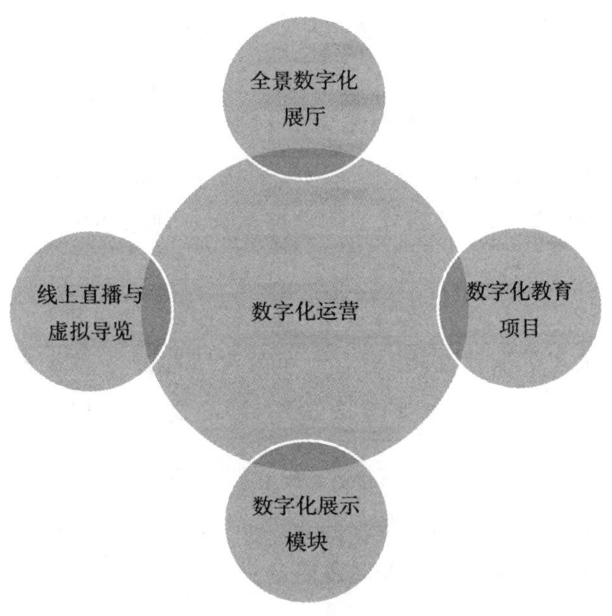


**图5-1 新疆维吾尔自治区博物馆数字化运营路径图**

（一）数字化运营路径

1. 全景数字化展厅

新疆维吾尔自治区博物馆在全疆范围内率先建成了全景数字化展厅，利用数字技术将展览内容以全景的形式呈现给观众。观众可以通过交互设备自由浏览展览，增强了参观的灵活性和互动性。

2. 数字化展示模块

针对遗址类文物，新疆维吾尔自治区博物馆开发了数字化展示模块，通过航拍视角梳理丝绸之路的历史发展脉络，全景还原克孜尔尕哈烽燧、克孜尔石窟、苏巴什佛寺等世界文化遗产。观众可以通过这些数字化展示模块，深入了解遗址的历史背景和文化内涵。

3. 线上直播与虚拟导览

新疆维吾尔自治区博物馆利用数字技术开展线上直播活动，邀请专业讲解员为观众带来仿佛身临其境的"云游"博物馆体验。此外，该馆还提供虚拟导览服务，观众可以通过手机或电脑等设备，随时随地参观展览，获取详细的展品信息和背景介绍。

4. 数字化教育项目

针对青少年和儿童群体，博物馆推出了数字化教育项目，如依托镇馆之宝

“五星出东方利中国”锦护臂，开发AR互动项目。观众通过手机扫描特定展板或文创产品上的二维码，即可“召唤”出立体的锦护臂模型，可360°旋转观察其复杂的云气纹、鸟兽纹和“五星出东方利中国”铭文细节。同时，AR技术还会呈现汉代西域战场的虚拟场景，观众能跟随动画角色穿越时空，了解锦护臂背后的军事、文化意义，以及古代丝绸之路的商贸往来历史。

新疆维吾尔自治区博物馆还通过引入游戏化的互动体验项目，吸引观众参与。例如，观众可以参与“丝绸之路大冒险”游戏，通过拼图的形式修复出土于阿斯塔那古墓里的唐代文物“彩绘泥塑人首镇墓兽”。这种数字化互动体验增强了观众的参与感，增进了他们对文物和历史文化的认知。

（二）智能化服务

新疆维吾尔自治区博物馆的智能化服务水平显著提升，应用范围不断扩大。该馆智能化服务包含以下关键方面。

1. 智能导览系统

该馆引入了智能导览系统，通过智能设备如智能手机或专用导览器，观众可以随时随地获取展览的详细信息和背景介绍。这些系统通常包括语音导览、文字描述和图像展示等功能，帮助观众更加深入地了解展品及其历史文化背景。

2. 智能互动展览

该馆利用先进的科技手段，如VR、AR等，打造了一系列智能互动展览。观众可以通过佩戴VR眼镜或使用手机等设备，体验历史场景、模拟文物修复等，增强了参观的趣味性和互动性。

3. 智能安保系统

为了保障观众和文物的安全，该馆配备了智能安保系统。这些系统包括视频监控、报警装置、人脸识别等，能够实时监测和记录博物馆内的安全情况，及时发现并处理安全隐患。

4. 智能数据分析

该馆通过收集和分析观众的参观数据，如参观时长、停留时间、兴趣点等，了解观众的喜好和需求，为未来的展览策划和改进提供参考。智能数据分析有助于该馆提供更加精准和个性化的服务。

5. 智能设施管理

该馆的设施管理也实现了智能化。例如，通过智能照明系统，该馆可以根据不同区域和时间段的需求，自动调节灯光亮度和色温，营造舒适的参观环境。同时，智能空调系统也可以根据室内温度和湿度，自动调节空调运行状态，确保观众在舒适的环境中参观。

综上所述，新疆维吾尔自治区博物馆在智能化服务方面取得了显著进展。通过智能导览系统、智能互动展览、智能安保系统、智能数据分析和智能设施管理等，该馆为观众提供了更加便捷、高效和个性化的服务体验。这些智能化服务不仅增强了该馆的吸引力和竞争力，也提升了观众的满意度和参与度。

### （三）互联化融合

新疆维吾尔自治区博物馆在互联化融合方面采取了多种措施，以更好地适应数字化时代的需求，增强与公众的互动和连接。

首先，该馆利用5G和3D建模技术，搭建数字场景，从而多方位立体化地展示文物，并与观众进行互动。这种数字技术的应用不仅保护了文物，还增强了参观的趣味性，使观众能够更深入地了解历史文化。

其次，该馆通过官方网站、社交媒体等线上渠道，发布展览信息、活动预告等，以及提供虚拟导览等服务，让观众可以在线上浏览和了解展览内容。这种线上线下融合的方式，扩大了该馆的受众范围，提高了公众关注度。

此外，该馆还积极与文旅行业相关单位合作，利用5G精品网络打造线上博物馆元宇宙空间，推进“文化润疆”工程。这种跨行业的合作，不仅有助于提升该馆的知名度和影响力，还能让广大群众更深入、更便捷地了解新疆历史，感受中华文化的魅力。

最后，该馆还通过开发文创产品、策划虚拟展览、模拟修复文物等，让观众更深入地参与博物馆的文化传播。这种参与式的学习方式不仅提高了观众的参与度和满意度，也增强了他们对新疆历史文化的认同感和归属感。

### （四）社会责任承担和红色文化资源挖掘

随着时代的发展，博物馆不再是仅仅收藏和展示历史文物的场所，它们承担起更为广泛而深刻的社会责任。作为文化传承的重要阵地，博物馆不仅要向观众展示历史的辉煌与荣光，更要积极参与社会教育、价值观传递以及社会凝聚力建设。在中国这样一个历史悠久、文化丰富的国家，博物馆承担社会责任与挖掘红色文化资源显得尤为重要。

新疆维吾尔自治区博物馆通过“共有的家园”和“永远跟党走”两个主题展览，充分展示了博物馆在社会责任承担和红色文化资源挖掘方面的努力和成果。“共有的家园”主题展览通过四个篇章，展示了新疆各族人民与全国人民共同开拓辽阔疆域、共同书写悠久历史、共同创造灿烂文化、共同培育伟大精神的壮阔史诗。通过400幅图片、近百幅艺术作品以及视频影像等多种形式，向观众展现了新疆各族人民共同奋斗、共同发展的历史画卷。这有助于传承新疆历史文化，铸牢中华民族共同体意识。“永远跟党走”主题展览通过四个篇章，展示了中国共产党在新疆开展革命工作、和平解放新疆、建设新疆的历史进程。100余组的革命文物，向观众展示了中国共产党在新疆的光辉发展历程和不朽功绩。这不仅是对中国共产党的光荣历史的追忆，也是对新疆各族人民共同奋斗、共同进步的见证。

新疆维吾尔自治区博物馆的这两个主题展览，不仅是对新疆历史文化和中国共产党历史的传承，更是对中华民族共同体意识和社会主义核心价值观的弘扬。通过这样的努力，博物馆承担起了更加重要的社会责任，为促进社会和谐稳定、传承红色基因、铸牢中华民族共同体意识做出了积极的贡献。

中国是一个拥有悠久历史和灿烂文化的国家，博物馆是传承与弘扬中华优秀传统文化的重要载体。通过举办各种主题展览、文化活动等，博物馆可以向观众展示中华民族的优秀传统文化，弘扬社会主义核心价值观，传承红色基因。例如，新疆维吾尔自治区博物馆的“共有的家园”主题展览，向观众展示了新疆各族人民共同奋斗、共同发展的历史画卷，加深了人们对新疆历史文化的认识和理解，弘扬了社会主义核心价值观，促进了民族团结和社会和谐。

作为一个集体记忆的载体，博物馆不仅是一个文化场所，更是一个社会共同体的象征。通过举办各种文化活动、教育培训等，博物馆可以促进社会公众的参与和互动，加强社会各个群体之间的联系和交流。例如，新疆维吾尔自治区博物馆的线上展览，使更多的人能够通过互联网平台参与展览活动。同时，博物馆还可以通过举办各种主题展览、教育活动等，加强社会主义核心价值观的宣传和教育，引导社会公众树立正确的历史观、民族观和文化观，增强社会的凝聚力和向心力。

综上所述，博物馆事业不仅是一项文化事业，更是一项社会事业。通过传承历史、弘扬文化、凝聚社会，博物馆为促进社会的和谐稳定、传承红色基因、铸牢中华民族共同体意识做出了积极的贡献。相信随着社会的不断发展和进步，博物馆在承担社会责任与挖掘红色文化资源方面将会取得更加丰硕的成果。

## （五）绩效评估与分析

2024年新疆维吾尔自治区博物馆收支总体情况见表5-4。

**表5-4　2024年新疆维吾尔自治区博物馆收支总体情况一览表（单位：万元）**

| 收入 | | 支出 | |
|---|---|---|---|
| 项目 | 预算数 | 支出功能分类 | 预算数 |
| 一、本年收入 | 6438.51 | 201 一般公共服务支出 | |
| 1.一般公共预算拨款 | 4013.71 | 202 外交支出 | |
| 其中：一般财力 | 2833.71 | 203 国防支出 | |
| 上级一般公共预算安排转移支付 | 1180.00 | 204 公共安全支出 | |
| 2.基金预算拨款 | 1000.00 | 205 教育支出 | |
| 其中：政府性基金收入 | | 206 科学技术支出 | |
| 上级政府性基金安排转移支付 | 1000.00 | 207 文化旅游体育与传媒支出 | 5647.52 |
| 3.国有资本经营预算拨款 | | 208 社会保障和就业支出 | |
| 其中：国有资本经营收入 | | 209 社会保险基金支出 | |
| 上级国有资本经营预算安排转移支付 | | 210 卫生健康支出 | |
| 4.财政专户核拨 | | 211 节能环保支出 | |
| 5.单位资金 | 1424.80 | 212 城乡社区支出 | |
| 其中：事业收入 | 1422.00 | 213 农林水支出 | |
| 上级补助收入 | | 214 交通运输支出 | |
| 附属单位上缴收入 | | 215 资源勘探工业信息等支出 | |
| 事业单位经营收入 | | 216 商业服务业等支出 | |
| 其他收入 | 2.80 | 217 金融支出 | |
| 二、上年结转结余 | 265.72 | 219 援助其他地区支出 | |
| 1.财政拨款结转 | 121.39 | 220 自然资源海洋气象等支出 | |
| 其中：一般公共预算拨款 | 64.68 | 221 住房保障支出 | |
| 基金预算拨款 | 56.71 | 222 粮油物资储备支出 | |
| 国有资本经营预算拨款 | | 223 国有资本经营预算支出 | |

续表

| 收入 | | 支出 | |
|---|---|---|---|
| 2.非财政拨款结转结余 | 144.33 | 224 灾害防治及应急管理支出 | |
| 其中:财政专户核拨 | | 227 预备费 | |
| 单位资金 | 144.33 | 229 其他支出 | 1056.71 |
| | | 230 转移性支出 | |
| | | 231 债务还本支出 | |
| | | 232 债务付息支出 | |
| | | 233 债务发行费用支出 | |
| | | 234 抗疫特别国债安排的支出 | |
| 收入总计 | 6704.24 | 支出总计 | 6704.24 |

1. 财务状况分析

收入总计:根据提供的数据,本年度的总收入为6704.24万元,这包括一般公共预算拨款、基金预算拨款、国有资本经营预算拨款等。

支出总计:支出与收入相等,总计6704.24万元。这表明本年度的预算是平衡的,没有预算赤字也没有预算盈余。

主要支出项目:一般公共服务支出最高,为6438.51万元,其中包括一般公共预算拨款,以及外交、国防、公共安全等领域的支出。教育支出、科学技术支出、文化旅游体育与传媒支出、社会保障和就业支出等也是重点支出领域。

特别项目:收到的上级一般公共预算安排的转移支付和上级政府性基金安排的转移支付等,显示了上级政府对本级政府在特定领域支出的资金支持。

2. 效率分析

预算平衡:收入与支出完全匹配,显示了财务管理上的严格控制和预算执行的精确性。

资金分配:重点支出领域为教育、科技、文化旅游等领域,体现了政府在推动社会发展和提高公共服务质量方面的财政倾向。

资金来源多样化:通过一般公共预算拨款、基金预算拨款、国有资本经营预算拨款等多种方式筹集资金,显示了财政收入的多样化和稳定性。

总的来说,2024年新疆维吾尔自治区博物馆收支总体情况展示了平衡的预算,以及政府在资金分配上对教育、科技、文化旅游等领域的重视。没有预算赤字或盈余表明财务状况稳健,但也意味着应对突发事件或额外需求的灵活性不足。

3. 盈利能力分析

对于新疆维吾尔自治区博物馆这样的非营利性文化机构,盈利能力并不是其主要追求的目标。然而,具备一定的盈利能力可以为博物馆的长期发展提供一定的资金支持,同时也可以提高其社会影响力和竞争力。

新疆维吾尔自治区博物馆的盈利能力主要受到公益性质、资金来源、运营成本等方面的限制,具体内容见图 5-2。

博物馆的首要任务是保护、传承和展示文化遗产,门票价格、文创产品售价等通常受到一定的限制

博物馆的资金主要来源于政府拨款、社会捐赠等,资金筹集方面相对受限

文物保护、展览策划、学术研究、人员管理等,这些都需要投入大量的资金,运营成本方面通常面临着较大的压力

**图 5-2 新疆维吾尔自治区博物馆盈利能力限制因素**

新疆维吾尔自治区博物馆可以通过以下方式增强其盈利能力。

其一,优化文创产品销售。新疆维吾尔自治区博物馆可以加强文创产品的研发和设计,提高产品的质量和附加值,同时加强营销和推广,以提高销售额和利润。

其二,拓展合作项目。新疆维吾尔自治区博物馆可以积极寻求与其他机构、企业或个人进行项目合作,从而获得资金和资源支持。这些合作项目可以是展览合作、教育项目合作、学术研究合作等,既可以为该馆带来经济收益,也可以提高其社会影响力和知名度。

其三,提高运营效率。新疆维吾尔自治区博物馆可以通过提高运营效率、优化展览策划、拓展文创产品销售等方式，降低运营成本，增强盈利能力。同时，该馆也需要加强财务管理和成本控制，确保资金的合理使用和效益最大化。

## 三、未来前景

### （一）综合评估与发展趋势

2024年的财务数据显示，新疆维吾尔自治区博物馆维持了平衡的预算，无赤字亦无盈余，体现了其稳健的财务管理。未来，该馆应进一步拓宽资金来源，通过提高文创产品的质量和多样性、加强与企业的合作等方式，夯实自身的经济基础。

数字化运营和智能化服务是博物馆发展的重要趋势。该馆可以利用全景数字化展厅、VR技术、智能导览系统等，提高观众的体验质量，充分发挥其社会影响力和教育功能。

该馆的市场布局应更加精细化，针对不同年龄、兴趣和背景的观众群体，设计差异化的展览和活动。同时，应加强线上平台的建设和社交媒体营销，以吸引更多年轻观众。

利用5G、3D建模等技术，开发数字化展览和虚拟体验活动，是该馆拓展观众群体和提高观众参与度的有效途径。此外，该馆应积极探索与旅游、教育、文化创意等其他领域的跨界合作，共同打造文化传播的新模式。

### （二）发展策略

#### 1. 加强文化教育与社会服务

作为文化传播的重要载体，该馆应继续发挥其在文化教育和社会服务中的作用，通过举办专题讲座、学术交流活动、社区活动等，增强公众的文化认知和参与意识。

#### 2. 深化科技应用与创新探索

该馆应继续深化科技应用，探索VR、AR等技术在博物馆展览和教育中的应用，通过创新展示方式提升展览的吸引力和教育效果。

#### 3. 构建全方位的营销策略

该馆可以通过线上线下相结合的方式，构建全方位的营销策略，利用社交媒体、官方网站、线上直播等多种渠道，提升知名度和影响力。

4. 推进国际化发展

新疆为"丝绸之路经济带核心区",具有独特的地理和文化优势。未来,该馆应加强与国际博物馆的交流合作,推进国际化发展,展示新疆乃至中国的丰富文化遗产。

综上,新疆维吾尔自治区博物馆的发展前景广阔。通过加强财务管理、深化数字化和智能化服务、优化市场布局、加强互联化融合和推进国际化发展,该馆将能够更好地发挥其在文化传播、教育和社会服务方面的作用,为公众提供更丰富、更高质量的文化体验。

## 第二节　丝绸之路北庭故城遗址

### 一、基本情况

(一) 遗址简介

北庭故城遗址是唐代北庭大都护府治所遗址,属全国重点文物保护单位、世界文化遗产,是目前天山北麓最大、保存最为完整的一处古代城市遗址。古时此地为西域城池,是北疆的重要交通枢纽和贸易中转站,也是古丝绸之路北道必经之地。遗址出土了钱币、莲花纹地砖、兽骨、瓦当残片、筒瓦残片、陶器残片等遗物,它们见证了汉、唐、元等时期中央王朝对西域实施有效治理的历史。

同时,北庭故城也是我国唐至宋元时期天山北麓政治、军事和文化中心,是新疆经济社会发展、宗教演变、民族发展以及丝绸之路东西方文化交流和经贸往来的历史见证,对古代西域的繁荣稳定及古丝绸之路的畅通发挥了重要作用。

(二) 地理位置及环境布局

北庭故城遗址位于新疆维吾尔自治区吉木萨尔县城正北处、北庭乡的冲积平原上,南枕天山,北望草原,南依天山博格达峰,北接准噶尔盆地。核心区域占地1.5平方千米。遗址分为一内一外、一大一小两重城。

北庭故城遗址的地理坐标为东经89°12'43",北纬44°05'52",海拔485米,由东南向西北略倾斜。区内气候温暖、干旱,年平均气温4—7℃,年均降水量200—300毫米,年蒸发量约1885.2毫米。

（三）出土文物

清乾隆四十年（1775年）在此曾经出土唐碑；清嘉庆二十五年（1820年），中国学者徐松此发现唐金满县残碑；中华人民共和国成立后，经过对北庭故城遗址多次调查和测图，城内出土有陶器、土铜、铁器、钱币等。

西大寺第一次发掘所获陶器达53件，器型有瓮、盆、钵、碟、灯、纺轮等。出土的7块瓷片中青瓷片1块，属北宋耀州窑瓷片；月白瓷片2块，天蓝釉瓷片4块，均属金代钧窑瓷片。出土玉器24件，内有圭、珠、环等。出土日月光金1枚，正面镌汉文"日月光金"四字，背面镌少数民族文字。

西大寺的洞窟和配殿内塑有佛像。配殿和东面洞窟绘有壁画。用淡墨起稿，以铁线描为主，色调以红、赭、黄等色为主。位置配列、构图形式基本一致，主要为经变、故事画和供养比丘、供养人等。其中一幅分舍利图保存较好，北侧是王者出行图，南侧为攻城图。壁画和塑像旁有回鹘文和汉文题名、题记。

寺院遗址现已盖房保护，并设有文物保管所。其中，佛像和壁画是博物馆数字化的核心部分，包括但不限于使用实体模型多角度三维数字虚拟投影、三维虚拟复原等方式向观众展示其原貌及修复过程。

（四）遗址价值

西大寺的塑像和壁画是研究回鹘雕塑重要的实物资料。其壁画题材丰富，包括千佛、菩萨、供养比丘像、护法和经变故事等，画中有回鹘文和汉文题记，是研究新疆古代宗教、艺术、语言文字的珍贵资料。其中，"八王分舍利图"等壁画代表了回鹘佛教艺术的最高水平。

西大寺在佛寺形制、塑像和壁画方面具有独一无二的回鹘特点，尤其是佛寺的平面配置形制，尚未发现有与之完全相同的例证，为研究古代西域，尤其是北庭地区的宗教、文化提供了宝贵的实物资料。

此外，故城中出土了一件陶棺，该棺顶部有一个带人头形状的盖子，这一发现对研究当时居住在这里的民族及其风俗具有重要价值。

（五）遗址保护

1979—1980年，中国社会科学院考古研究所曾对北庭西大寺进行抢救性发掘，清理出部分配殿和佛窟。

2006年，中国社会科学院考古研究所修建西寺保护大棚时，对本体西侧和北侧进行了局部清理，并采用原始的夯筑方法进行修补，以增加墙体承重力；对东侧佛龛及墙体进行加固保护。

2009年，北庭故城遗址保护围栏工程完工，整体测绘和土质分析以及天象观测等相关资料的采集分析已全部完成。

自2010年起，北庭西大寺遗址开启了为期3年的保护开发工程，总投资1900万元。2010年，北庭故城遗址公园建设也正式启动，由国家和地方共同出资2.2亿元人民币。

2014年，北庭故城的附属建筑北庭西寺本体加固项目于7月上旬开工，总投资约500万元。

截至2023年11月，北庭故城遗址监测中心平台已经利用遥感卫星、监控摄像头等设备和设施，以及大数据、云计算等一系列新技术，对遗址空气湿度、温度、游客密度等多方面的信息进行全方位监控，并将相关监测数据实时回传至监测平台，以便做出预判并采取相应的保护措施。

（六）历史沿革

汉宣帝神爵二年（公元前60年），此地为车师后部王庭所在地金满城。两汉时，金满城（吉木萨尔）一带成为车师后国。

魏文帝黄初三年（222年），仍设西城长史和戊己校尉（治所高昌）管理西域，并封车师后部王壹多杂为守魏侍中，号大部尉。

唐太宗贞观十四年（640年），讨平高昌后，经其地设庭州，发展成为天山北麓的政治、军事和文化中心，有重兵驻守。

武后长安二年（702年）在此设北庭都护府，景龙二年（708年）升为北庭大都护府，后改北庭节度使，所辖瀚海军驻此，贞元六年（790年）被吐蕃攻陷。

866年，高昌回鹘政权建立后，北庭仍为其政治中心之一，称“夏都”。

南宋开禧二年（1206年），成吉思汗西进灭辽，改称北庭故城为“别失八里”，并建立达鲁花赤（地方长官），驻重兵于此。

15世纪前期，北庭故城毁于战火。

（七）考古进程

19世纪以后，英、日等国先后派探险队对北庭故城进行调查挖掘。

1928年，西北科学考察团对北庭故城进行了专业的考古调查。

1979—1987年，中国社会科学院考古研究所在此进行调查发掘。

1988年，北庭故城遗址入选第三批全国重点文物保护单位。

2011年4月，中国社会科学院考古研究所新疆队与吉木萨尔县文物局对北庭故城进行考古发掘和钻探。

2013年12月，北庭故城国家考古遗址公园入选第二批国家考古遗址公园。

2014年6月，在第38届世界遗产大会上，北庭故城作为“丝绸之路：长安—天山廊道的路网”中的一处遗址点被列入《世界遗产名录》。

2018年10月，北庭故城遗址被评为全国中小学生研学实践教育基地。

2021年，北庭故城遗址名列国家文物局印发的《大遗址保护利用“十四五”专项规划》。同年，遗址发现“悲田寺”刻字陶器残片。

2023年4月15日，中国社会科学院考古研究所开始启动内城北门外台地上的1号遗址的发掘工作。

### （八）故城格局

“北风卷地白草折，胡天八月即飞雪。”唐代诗人岑参的《白雪歌送武判官归京》所描述的就是北庭的风景。虽然遗址的内外城核心建筑都已消失，但四周城墙的轮廓、护城河和壕沟尚在，残垣断壁诉说着古城的兴衰。

北庭故城平面呈不规整的南北向长方形，东西宽约850米，南北长约1700米，占地面积1.5平方千米，城池布局受唐长安城影响，分为内、外两城，像一个巨大的“回”字。外城周长约4600米，内城周长约3000米，位于外城之内略偏东北部，内外二城均有护城河环绕。繁盛时的北庭城，官署衙区主要在内城，普通老百姓生活在外城，分为生活区和商业区。

北门遗址外城始建于唐显庆三年（658年），后经两次修补，周长4596米。南、北、西三面城垣尚存，墙基残宽5—8米，高3—5米，城垛（马面）处高10米，厚7米，均系夯土筑成。夯层平整坚实，厚约7厘米。四角原有角楼，西北角台基东西长25米，南北宽23米，残高约11.5米。护城壕宽30—40米，深2—3米。

北城城门保存尚好，门宽8米，瓮城的格局仍在。瓮城外侧又有一近似长方形的小城，为军事防御设施，俗称“羊马城”。外城城墙都系夯土版筑而成，夯层直接建于原生土上。夯层平整、坚硬结实，厚5—7厘米，局部厚达10厘米以上。

内城位于外城中部偏东北，约建于高昌回鹘时期，内城分两重，第一重南北长800米，东西宽600米；第二重边长各400米，内城周长约3千米，基宽3—4米，残高约2米。城墙均系夯筑，夯层建于原生土上，平夯，无夯窝，夯层厚10—15厘米，个别厚达20厘米左右。内城北、西墙城门遗迹尚存。北门宽5.5—6米，左右台基有对称排叉桩槽，原为过梁式木构门洞。城墙外现存马面

14个，间距50—70米。东、西墙中部各有敌台一座，东南、西北、西南角楼残基尚存，城壕宽10—30米，深1—3米。内城的里外两重城墙，其结构与外面相同，高度较外城池坚固险要。

内城北门外台地上的1号遗址，是一座面积800平方米的大型土坯构建的多间房建筑基址，坐北朝南，外有院墙。基址北墙长44.79米，残宽5.8米，西墙宽6米，现存大小房间7间。从地面和墙体看，遗址经过修补，始建可能是高昌回鹘王国时期，沿用至元代，遗址发现的瓷片和察合台汗国都城阿力麻里出土器物接近。初步推断这里是一处重要的官署遗址。

在城西2千米处有高昌回鹘时期的王室寺院一座，是新疆天山北麓仅存的一座早期佛教遗址。地面以下是夯土台基，地面以上全部用土坯砌筑。平面呈长方形，南北长70.5米，东西宽43.8米，分为南、北两部。南部为庭院，东西有配殿僧房、库房。北部为正殿，有大型佛像，殿外北、东、西三面有洞窟环绕。

### （九）博物馆格局

丝绸之路北庭故城遗址博物馆以北庭故城为核心，设有4个展厅，分别为丝路传奇、建政西域、人文北庭以及北庭重生，馆内陈列文物共计530余件。

自2021年11月底，丝绸之路北庭故城遗址博物馆就已经开始利用国内最先进的技术手段和展示设备，将遗址全貌以及出土的重要文物一一呈现。该馆通过数字化技术——多通道沉浸式数字影片、实体沙盘数字投影与三维数据模型的联屏交互操作，对遗址内的建筑结构做拆解、组合和微观展示，再配合数字讲解，让观众全方位、多角度了解遗址全貌。

馆内数字化展示的重点内容包括佛寺遗址的本体及内部的佛像、壁画。该馆通过遗址数字信息查询和VR望远镜等手段，让观众可以“真实地”观看到遗址本体的全貌。通过使用实体模型多角度三维数字虚拟投影、三维虚拟复原等方式，让观众了解佛寺遗址内佛像的造型外观、制作工艺、修复保护过程等。用虚拟复原与文物数字活化、沉浸式弧幕数字影片与场景投影、透明屏展柜交互式虚拟修复等形式，展示壁画的原貌及修复过程。

博物馆工作人员在介绍丝绸之路北庭故城遗址博物馆时说道：“参观的最后，观众将在五维沉浸式展示空间里漫步遗址，走遍每个角落，近距离欣赏建筑残垣、佛像和壁画。这是观众体验感最好的部分。”

北庭学研究院副院长曾说道：“今年（2021年）博物馆已完成10余项内容

的数字化展示改造，明年将继续推进升级，让文化遗址的保护和利用成果积极融入社会生活，助力铸牢中华民族共同体意识。”

如今，北庭故城遗址作为新疆首个国家考古遗址公园，已被列入《大遗址保护利用“十四五”专项规划》，这不仅为当地后续遗址和文物的开发及保护提供了政策支持，还为疆内其他地区类似景点的开发提供了明确的指导和参考。此外，还有助于北庭文化的传承和活化，为北庭遗址的保护和修缮工作注入了新的活力和动力。

（十）宏观环境分析

1. 政治因素

国家制定的政策、规划、体系引导和支持着博物馆的发展，保障和促进着我国博物馆的健康长久发展。“十三五”时期，我国初步形成了符合国情的中国特色大遗址保护管理模式。《中华人民共和国国民经济和社会发展第十四个五年规划和2035年远景目标纲要》的第三十五章“提升公共文化服务水平”中明确提出，“推进公共图书馆、文化馆、美术馆、博物馆等公共文化场馆免费开放和数字化发展”，足见数字化进程开发对博物馆的重要性。

《大遗址保护利用“十四五”专项规划》中指出，“我国大遗址保护利用仍然存在深层次问题。考古研究投入不平衡，整体基础依然薄弱；保护利用理论研究和科技引领不够，科技成果转化滞后；大遗址空间用途管制措施尚不完善，体制机制创新动力不足，人才队伍建设亟待加强；保护与展示利用模式相对单一，国家考古遗址公园‘一园一策’尚未全面落实，大遗址‘活起来’的办法不多、活力不够，大遗址保护利用与城乡发展建设之间的矛盾仍然突出”。

2021年5月27日，新疆维吾尔自治区第十三届人民代表大会常务委员会第二十五次会议通过了《新疆维吾尔自治区旅游促进条例》。第一章“总则”中的第三条重点说明了对丝绸之路经济带旅游建设的要求，表明丝绸之路经济带的建设是推动新疆旅游业发展、推动国家旅游业成为战略性支柱产业的重要一步。第二章“规划引导”中的第十二条提出，编制文化和旅游发展规划应当突出地方特色，文化和旅游发展规划应当与历史文化名城、文物等自然资源和人文资源的保护利用规划相衔接，这表明北庭故城遗址的保护与开发应该因地制宜。第四章“业态培育”中的第三十四条提出要鼓励和支持发展具有地方特色的旅游产业，推动历史文化、民俗文化等特色旅游新业态健康发展，位于丝绸之路上的北庭故城恰是历史和民族文化的结合，推动其发展是新疆丝绸之路旅游带发展的必由之路;第三十六条提出要支持博物馆等文化旅游设施建设,推进文物保护、非物质文化遗产活化利用、优秀传统文化传承与旅游融合发展。

除此之外,北庭故城遗址完成了2007—2025年的《北庭故城遗址保护总体规划》,并与当地政府联合制定了《新疆吉木萨尔北庭故城遗址保护条例》。

2. 经济因素

与乌鲁木齐市距离合适,为吸引客流创造条件。北庭故城遗址位于新疆维吾尔自治区昌吉回族自治州吉木萨尔县附近,距新疆首府乌鲁木齐市约172千米,无论是从文化底蕴上还是从时间效率上来看,对于疆内疆外的旅客而言,这里可以成为旅游的优选。因此,与乌市距离较近在很大程度上能够给北庭故城的旅游业带来正向的影响,有利于北庭故城的经济发展和旅游发展,进而利于北庭故城遗址博物馆的数字化发展。

网络评价不佳,影响游客意愿。新疆的景点价格多为20—100元,再加上"疆内没有很好的景区服务"的印象"出圈",很容易让游客产生服务和景色不值门票钱的感受,因此,新疆旅游业的外界风评多是昂贵、不划算等。尤其是近年来,部分热门景点的门票和景区内收费标准拉低了游客的好感度。有网民通过对比发现,在新疆旅游的花费甚至超过部分国际旅游线路。这些都直接导致了国内游客对新疆旅游的好感度下降,进一步导致新疆旅游业的发展受到影响,这在一定程度上阻碍了新疆经济的发展。

收入来源单一,不足以构成景点数字化的经济基础。这一点在游客对北庭故城的评价上得到印证。本研究综合截至2023年底的大众点评和美团的相关用户评价后发现,博物馆数字化之后,仍然有部分游客认为北庭故城遗址博物馆的门票价格相对较贵,这在一定程度上可能会影响到后续参考此类平台评价的潜在游客的意愿。另外,当前该馆门票收入显然不足以作为支持博物馆数字化的经济基础,目前除了门票收入,其余部分收入完全来自国家扶持。

3. 社会因素

数字化博物馆是大势所趋。在我国,数字化博物馆并不是一个新的词汇,早在20世纪90年代互联网兴起,我国就逐渐有博物馆建立起了自己的数字化网络平台,向数字化博物馆转变。近年来,随着数字化技术的日益成熟和进步,我国博物馆的数字化建设不再是简单的网站浏览、公众号订票、多媒体平台介绍等,而是逐渐加入了如VR、AR等更高科技的元素,这不仅提高了博物

馆的服务效率,还促进了北庭文化的传承。在博物馆中引入数字技术,能够打破时间和空间的限制,让更多的人接触到丰富的文化遗产。

游客需求推动数字化探索。随着数字技术的普及和发展,游客对数字化展览的期望和需求也在增加。不同社会群体可能具有不同的文化背景,博物馆在数字化转型的过程中应当考虑到这些差异,确保内容的包容性和多样性。此外,公众的教育水平也会影响其对博物馆数字化内容的理解程度和接受度。受过良好教育的公众往往更容易接受和理解数字化内容,博物馆在设计和实施数字化项目时也需要考虑到不同受众的教育背景。北庭故城遗址博物馆的数字化建设并不对游客有过高要求,游客只需要参与便能感受到北庭文化。

4. 技术因素

学术基础薄弱,数字化起步较晚。在数字技术使用方面,相比于中国其他省级行政区的景区,新疆的景区非常明显的缺陷就是起步晚,数字化程度低。经过查阅文献能够发现,学者们对除新疆外的省级行政区的大部分景区的研究相对成熟,这种学术积累与景区发展相互促进,景区修缮和维护都开始得较早,因此数字化建设也能够较早开始进行,部分景区甚至达到成熟水平。而对于北庭故城遗址博物馆而言,知网上收录的有关此地的研究文献较少,且多为年代较早的成果,有关数字化建设的研究几乎空白,因而该馆进行数字化建设的学术基础较为薄弱。

博物馆的性质更适宜进行数字化建设。数字化建设对遗址博物馆的积极作用尤为显著。相较于其他类型的博物馆,遗址博物馆往往不够健全,修缮和维护需要投入更多的时间和成本,而数字化技术为遗址博物馆争取了更多的修缮时间和吸引游客的机会,既有利于文物和原址保护,也有利于让游客在其中感受更多的时代性,文化得以传承和保护。

经过近几年的维修和数字化建设,北庭故城遗址这座曾经被叫作“破城子”“唐朝城”的遗址,现已成为集考古、科研、保护和观光于一体的国家级旅游景区。这也证明了景区的发展需要新技术的融入和支持。

北庭故城遗址博物馆作为疆内首个遗址公园的核心区域,在疆内少有类似的遗址博物馆作为竞争对手。较为相似的新疆龟兹魏晋古墓遗址博物馆,是为东晋十六国时期砖室墓群而建的原址博物馆,性质上更偏向于地下古墓。但在疆外,北庭故城遗址博物馆仍有很多强有力的对手,如金沙遗址博物馆、三星堆博物馆、秦始皇帝陵博物院、良渚博物院、二里头夏都遗址博物馆、陶寺遗址博物馆、石峁博物馆等。虽然这些博物馆所展示的文化种类大不相同,文化类型也并不具有可替代性，但相较于北庭故城遗址博物馆，这些博物馆不仅有天然地理优势——交通便利，而且其中很多早已进入数字化建设。因此，要想吸引更多的游客，北庭故城遗址博物馆还需要不断地挖掘更深层次的历史文化资源，发展独具北庭特色的数字化建设。

### （十一）内部环境分析

#### 1. 博物馆资源分析

博物馆资源分析如表5-5所示。

**表5-5 博物馆资源分析一览表**

| 外部 | 内部 | |
|---|---|---|
| | 优势（Strengths） | 劣势（Weaknesses） |
| | 疆内首个遗址博物馆；草原和绿洲丝绸之路交汇之地、绿洲地带；考古团队专业，藏品水平较高，文化底蕴深厚 | 路途较远，观光时间有限；景区开发区建设程度不够成熟；当地居民宣传意识薄弱，多媒体利用率不高 |
| 机会（Opportunities） | 发展型策略（SO） | 扭转型策略（WO） |
| 国家政策扶持博物馆的数字化建设；故城修复有望创造更多旅游热点；可以利用当地优势开发特色项目 | 发展季节性活动，结合大型民族节日节庆等，打造四季标志；数字化建设配合积极宣传，以吸引游客；在数字化建设过程中突出博物馆的特色和当地文化 | 把握政策机遇，完善区域公共基础设施；利用数字化技术异地展出出土文物；提高居民与游客积极交流的意识，促进文化交流，改善刻板印象 |
| 威胁（Threats） | 多元化策略（ST） | 防御型策略（WT） |
| 故城遗址受损，需要持续维护和修缮；旅游大省高速发展，市场竞争激烈；位置偏远，景区的可达性较差 | 写好博物馆故事，提高游客熟悉度；加强馆间交流，学习其他博物馆的先进经验；结合博物馆文化，开发创意线路 | 结合游客建议，组织吸引客流的活动；学习其他类似博物馆，完善自身体系；紧跟国家项目，保护自主知识产权 |

#### 2. 景区战略

景区战略可分为长期战略和中短期战略。

（1）长期战略。

习总书记曾说过，“一个博物院就是一所大学校”，“要把凝结着中华民族传统文化的文物保护好、管理好，同时加强研究和利用，让历史说话，让文物说话，在传承祖先的成就和光荣、增强民族自尊和自信的同时，谨记历史的挫折和教训，可以少走弯路、更好前进”。

为了更好地发挥北庭故城遗址博物馆的宣传和教育作用，应当加强基础设施建设，特别是加强从乌鲁木齐市到吉木萨尔县的道路建设，提高北庭故城遗址的可进入性。这段路途虽然不长，但道路的设计和观感仍然需要突出地方特色，体现服务意识。

应不断深入挖掘当地旅游资源，定期总结游客对当前博物馆的意见，尤其是对数字化建设的评价，从中发现游客深层次的需求并打造具有北庭特色的数字化产品，让游客更加深入地了解当地的历史文化和风土人情。当前，北庭故城遗址博物馆的数字化主要用于造景和展示，未来还有更多的可能性有待于发现。

(2) 中短期战略。

北庭故城遗址博物馆可以结合遗址文化不断更新景区故事。与新疆旅游部门联合，对外宣传景区每个时期、每个季节、每个部分的故事，提高对媒体资源的使用效率和频率。充分利用传统媒体和新媒体平台，如电视、广播、报纸、互联网等，发布旅游信息和宣传广告，提高博物馆的知名度和曝光率。

与各类媒体建立合作关系。开展旅游专题和宣传活动，先让更多的本地居民参与进来，深入了解北庭文化的内涵，提高宣传意识，为北庭文化宣传奠定一定的基础。当前北庭文化宣传主要集中为微信公众号推文宣传，除非专门检索，否则较难看到，因此，博物馆可以在微博、小红书等社交媒体平台创建官方账号，与游客互动，推送博物馆信息，依据收集到的游客反馈和建议，及时改进旅游服务和产品。

同时，博物馆可以创造自身的文化符号。可以根据当地的文化特色和资源优势，制定具有创意的标志、宣传方案和口号。例如，可以结合北庭的历史、民俗等元素，制作具有故事性和能够引起情感共鸣的宣传片和广告，根据挖掘出的文物样式制作挂件、徽章或书签等，吸引更多游客的关注。

### (十二) 博物馆游客细分

北庭故城遗址博物馆的游客主要可以分为以下类别。

#### 1. 考古爱好者

这类游客的需求主要体现在考古史料、文物保护、历史研究等方面。1978

年以来，中国社会科学院考古研究所在对北庭故城遗址博物馆的考古进程中产生了许多卓著的成果，如中国社会科学院考古研究所研究员、著名考古学家孟凡人教授的著作《新疆考古论集》《北庭史地研究》等。除了专业的考古人员，还有普通的考古爱好者，对于这类游客，博物馆可以设置考古爱好者专区，同时，也可以与之建立联系的平台模块，这类游客可能为博物馆的考古提供更多角度和多层面的建议。

2. 历史文化爱好者

这类游客对中华文化、古代历史、艺术、文物等方面较有兴趣。对于这类游客，博物馆可以组织相关论坛、专家座谈会等交流活动，借助文化的吸引力不断巩固这类游客对北庭文化的忠诚度，建立北庭故城的“粉丝群”，借助他们的力量为北庭文化做宣传。

3. 博物馆工作者、文化艺术从业者、教育工作者等群体

这类游客可能更加看重历史文化的保护、展示和传承。他们主要通过参观博物馆，深入了解文物的历史背景和文化内涵，从而提高自己的艺术修养和历史文化知识水平。北庭故城遗址博物馆可以联合当地政府开展相关培训和传承活动，邀约这类游客，更有效地传达文物保护的理念，这有利于北庭文化的有效传承。

4. 旅游爱好者

这类游客可能对一切新奇的东西感兴趣。这类游客的需求可能更加广泛，他们通过参观博物馆，了解当地的历史和文化，体验当地的民俗风情，从而丰富自己的旅游经历。博物馆可以为这类游客提供更全面或者是更加新奇的游览服务，全方位地展示博物馆的文化。

## 二、数字化路径

### （一）数字化发展

1. 专业的学术研究团队

北庭故城遗址由中国社会科学院考古研究所负责考古作业。专业和精尖的考古人才，扎实的文物修复技术，是北庭故城遗址博物馆持续发展的切实保障，同时考古团队还为北庭学的深入发展研究提供了有力的学术支持，这也为博物馆后续的数字化建设巩固了基础。

2. 多元化的文化展示和体验

北庭故城遗址博物馆不仅展示了丰富的文物和史料，还通过沉浸式体验等形式，让游客深入了解当地的历史文化。过去几年的数字化展示奠定了一定的游客基础，这有助于博物馆明确更适合的发展方向，为后续数字化建设提供科学依据。

3. 创新性的保护和传承方式

北庭故城遗址博物馆在文物保护和修复方面运用了一定的数字化技术，例如，采用数字化技术对文物进行扫描和建模，建立文物的数字档案和虚拟展示平台等，为疆内其他景点的文物保护和传承提供了参照，有利于带动行业数字化发展，同时也增强了北庭故城遗址博物馆自身数字化建设的信心。

（二）数字化运营

2021年11月北庭高昌回鹘佛寺遗址博物馆正式建成数字化展示平台，同时搭建了数字投影、三维模型、滑轨大屏、弧幕影院、沉浸式体验与场景再现等多种数字化展示方式，世界文化遗产北庭故城在高科技手段的辅助下熠熠生辉。

目前，北庭故城遗址博物馆内的4个展厅均运用数字化技术进行展示，重点内容包括佛寺遗址的本体及内部的佛像、壁画。观众可以通过遗址数字信息查询和VR望远镜等手段，观看遗址本体的全貌。

博物馆还使用实体模型多角度三维数字虚拟投影、三维虚拟复原等技术，让观众了解佛寺遗址内佛像的造型外观、制作工艺、修复保护过程等，佛像庄严肃穆的面容在光影的交织中显得更加清晰。

同时，博物馆通过虚拟复原与文物数字活化、沉浸式弧幕数字影片与场景投影、透明屏展柜交互式虚拟修复等形式，展示壁画的原貌及修复过程。游客可以在环绕声光打造的沉浸式环境中深入感受北庭故城和回鹘佛寺的历史文化。影片通过精良的特效、音效与画面，细腻呈现每个场景的细节，使观众仿佛身临其境，与历史故事共处同一时空。

在参观的最后，观众还能在五维沉浸式展示空间里漫步遗址，走遍每个角落，近距离欣赏建筑残垣、佛像和壁画。

（三）智能化服务

北庭故城遗址博物馆内设有多处数字化智能设备。参观者可以在观光木栈道上通过身边的显示屏选择想要了解的位置，只需轻轻一点，洞龛的三维立体图、平面图以及侧壁的精美壁画和丝路文化珍宝马上涌现眼前。

在一楼的沉浸式互动漫游区，游客可以站在由五块显示屏组合在一起的开放空间中近距离、沉浸式地"走进"佛寺遗址，畅游遗址，近距离观赏佛像和洞龛。

同时，博物馆还搭配了一些数字展台供游客体验佛像和壁画的修复过程。这极大地提升了游客的体验感。这种方式既避免了因距离过远无法看清洞龛内文物的困扰，又能让游客近距离观赏壁画和佛像的细节，在提升游客参观体验的同时，更好地保护了文物。

### （四）收入结构和参观人次

目前，北庭故城遗址的数字化建设资金主要来源于中央政府、地方各级财政专项拨款，国家不定期开展的系列保护项目也是数字化建设资金的重要来源。2010年，北庭故城国家考古遗址公园建设正式启动，由国家和地方投资，总投资额3亿元，计划用3—5年时间建成。2023年北庭故城遗址博物馆接待了近10万人次的游客，但博物馆的收入来源比较单一，主要是园区内的门票和区间车收入。这样简单的收入来源可能不足以支撑博物馆的数字化发展和运营，因此需要发展更多的收入来源。

### （五）创收途径

首先，除了政府拨款和国家项目扶持，博物馆还可以尝试寻求企业和社会组织的赞助。这些赞助不仅可以直接提供资金支持，还有可能帮助博物馆引入更多的社会资源。

其次，博物馆可以通过举办各种文化活动、展览、讲座等方式增加收入。例如，可以举办与遗址相关的特展、艺术品展览、文化沙龙等吸引更多的观众参与。

再次，博物馆还可以考虑开发与遗址相关的文创产品，通过销售文创产品来增加收入。这不仅可以带来经济效益，还可以传播遗址的文化价值，提高公众对遗址的认识和保护意识。目前，博物馆的文创产品集中在丝巾、水杯、挂件等，未来还有待于创造更能体现当地特色的文创产品。

最后，博物馆可以尝试通过与旅游部门、旅行社等合作，开设VR游戏等项目，或者通过扫描技术将北庭文物、遗址在不移动文物的前提下，进行异地展览。当前博物馆的VR技术用于游客观赏遗址全貌和景观，但体验时间相对较短，体验区并未设置座椅等设备，未来还可以配合更多的感官设置，让游客更有沉浸感。

（六）社会责任履行现状

2010年，新疆维吾尔自治区党委常委、宣传部部长在启动北庭故城国家考古遗址公园建设时曾说过，要把北庭故城国家考古遗址公园的建设与文化遗产保护结合起来，不断丰富北庭故城的历史底蕴和文化内涵；要把北庭故城国家考古遗址公园的建设与爱国主义教育结合起来，吸引各族干部群众特别是广大青少年参观游览，激发他们的爱国情怀；要把北庭故城国家考古遗址公园建设与发展区域经济建设、大力改善民生结合起来，把文化资源优势转化为发展优势，推动文化与旅游的结合，惠及当地群众。

中国社会科学院考古研究所研究员孟凡人这样定义北庭学："北庭学"应是以今北庭故城为基地和学术平台，在过去的基础上，重新审视，全方位管理，系统研究北庭故城和古代北庭地区的历史文化，全面复原该地区的历史、物质文化史、自然地理、人文生态环境的面貌，并古为今用，服务于现代"一带一路"倡议以及吉木萨尔县与昌吉州发展战略的学科。

多年以来，北庭学学者们通过对北庭故城和古代北庭地区的历史文化进行全方位的梳理和研究，帮助人们深入了解这座古城的历史和文化底蕴，为保护和传承这一文化提供了重要的学术支持。北庭学的研究成果正在不断应用到北庭故城的保护和修复工作中，为这里的文物保护提供了科学依据和学术指导，也促进了古城的可持续发展。显然，这些研究成果为北庭地区的旅游开发提供了有效助力，促使越来越多的游客开始关注北庭文化。

北庭学不仅关注历史研究，还注重将古代智慧应用于现代社会的发展。通过深入研究北庭故城的物质文化史、自然地理、人文生态环境等方面，可以为现代城市规划和发展提供借鉴和启示，促进地区经济的可持续发展。

"文化润疆"是以习近平同志为核心的党中央从战略上审视和谋划新疆工作作出的重大战略部署，是新时代党的治疆方略的重要组成部分，为新时代考古人做好新疆考古工作指明了方向。北庭故城遗址作为世界文化遗产和国家考古遗址公园，是研究和展示新疆历史文化的场所，更是展现新疆历史发展、宗教演变与民族发展的实物见证。

北庭作为丝绸之路上的核心城市体系，是连接东方与西方、草原与绿洲的重要节点和枢纽，是展示中华文明灿烂成就和中华文明对世界文明重大贡献的珍贵文化遗产。北庭学肩负着阐释北庭文化的重要责任，需要不断深入研究和发展。

## （七）北庭文化资源挖掘的主要做法

### 1. 文献资料收集和文物整理

文献资料是挖掘北庭文化资源的基础。北庭故城遗址博物馆广泛地收集了相关文献资料，包括历史档案、地方志、学术论文等，为后续的研究和展示工作提供了理论基础。

文物是北庭文化的重要载体。北庭故城遗址博物馆通过考古团队挖掘整理出了相关的文物，包括钱币、莲花纹地砖、兽骨、瓦当残片、筒瓦残片、陶器残片等，通过对这些文物的整理和研究，可以深入了解当时的历史背景和社会状况，为后续的展示和研究工作提供有力支持。

### 2. 实地考察与调研

实地考察与调研是挖掘北庭文化资源的重要环节。1979年中国社会科学院考古研究所组建了新疆队，由中国社会科学院考古研究所研究员孙秉根担任队长，带领团队先后两次对北庭故城以西的高昌回鹘王家寺院遗址进行了发掘。自1979年中国社会科学院考古研究所第一次对北庭进行考古发掘开始，至2020年，北庭考古已然跨过了40余年。

在北庭故城遗址公园内对遗址进行实地考察，有助于了解遗址的历史背景、文化内涵和保存状况。通过现场调研所获取的一手资料，不仅能够为后续遗址文化的研究和展示工作提供有力支持，还能持续强化公众对遗址保护重要性的认知。

### 3. 学术研究与交流

学术研究与交流是提升北庭文化资源挖掘水平的重要途径。北庭故城遗址博物馆多次组织学术交流活动，邀请专家学者共同探讨红色文化的挖掘和传承问题。2020年10月第五届北庭学研讨会暨北庭故城考古四十周年纪念活动在北京的中国历史研究院举办。会议以“北庭与丝绸之路”为主题，从古代城市与丝绸之路、北庭故城考古四十年、北庭历史与边疆治理、丝绸之路的考古发现及研究、北庭故城及大遗址的保护开发与利用等方面进行学术交流和研讨。通过学术研究与交流，不仅可以促进北庭文化的深入研究，提高挖掘工作的科学性和准确性，还可以加强与其他博物馆的合作与交流。

## （八）数字化技术应用

数字化技术为北庭文化资源的挖掘和传承提供了新的手段。北庭故城遗址博物馆积极应用了数字化技术，包括VR、AR、三维扫描等，对北庭文化资源进行数字化保存和展示。这不仅提高了展览的互动性和参与性，还有助于扩大北庭文化的影响力和传播范围，让更多人了解北庭文化。

（九）教育与传承

北庭文化是中华优秀传统文化的重要组成部分。北庭故城遗址博物馆积极与当地政府联合开展北庭文化教育活动，如举办展览、组织研学旅行等，让学生了解相关历史及其中蕴含的革命精神。

## 三、未来前景

根据国家政策和规划等要求，明确北庭故城遗址博物馆的发展目标。这包括保护、展示和传承遗址，以及提升游客的参观体验；关注北庭故城遗址周边的社区发展，提升文化、经济和社会等方面的综合效益。

进一步深入挖掘遗址的文化背景，包括其历史沿革、文化特色、地理环境等，为后续的规划提供依据。继续通过学术研究、考古发掘等方式，深入了解遗址的历史、文化和艺术价值，为后续的保护、展示和传承工作提供支持。采取科学的方法和技术手段，持续保护和修复遗址，确保其历史信息的真实性和完整性。

展示和教育功能是每个博物馆的核心功能，习总书记曾说过，“一个博物馆就是一所大学校”，因此，北庭故城遗址博物馆应当根据北庭故城遗址的特点和观众的需求，制定合理的展示和教育规划，通过各种形式向游客传递遗址的历史、文化和艺术信息。为了提升游客的参观体验，还应关注观众的需求和反馈，不断优化参观线路、提升展品展示效果、完善服务设施等，使游客在参观过程中获得更好的体验。

在研学方面，北庭故城遗址博物馆能够为学生提供直观、生动的历史教育，成为学校教育的延伸。同时，对于当地居民而言，北庭故城遗址博物馆也是持续学习和自我提升的场所，深入了解北庭文化内涵，有助于不断增强文化自信。

博物馆之间的合作与交流是推动博物馆发展的重要途径。北庭故城遗址博物馆还应积极与其他博物馆、学术机构等开展合作与交流，共同推动文化遗产的保护和研究工作。除此之外，随着科技的不断发展，创新科技在博物馆的保护、展示和管理等方面具有广阔的应用前景。北庭故城遗址博物馆应积极探索和应用新技术手段，以提高数字化、智能化水平，为游客提供更加便捷、高效的服务。

# 第三节　塔克拉玛干·三五九旅文化旅游区

## 一、基本情况

### （一）景区简介

塔克拉玛干·三五九旅文化旅游区位于新疆生产建设兵团第一师阿拉尔市，由三五九旅文化旅游区和塔克拉玛干景区两部分组成，总面积11.98平方千米，二者距离43千米，是以点状串联屯垦红色文化和沙漠神秘文化为主的景区。景区融合了红色旅游、大型农业观光、沙漠体育休闲等方面的资源，是兵团重要的红色旅游基地。

1. 三五九旅文化旅游区

三五九旅文化旅游区位于阿拉尔市中心，面积7.68平方千米，沿塔里木河南北两岸均衡分布，旅游区北部以三五九旅屯垦纪念馆、屯垦文化区、三五九旅屯垦纪念碑、上海知青纪念林等静态参观为主；南部以“三五九旅是模范”实景实战演绎景区动态体验为主体。旅游区开发有党性教育区、军垦研学区等游玩项目，是体验大漠大河壮美自然与红色文化的绝佳之地。三五九旅屯垦纪念馆集中展示了三五九旅“生在井冈山，长在南泥湾，转战数万里，屯垦在天山”的辉煌史迹。

2. 塔克拉玛干景区

塔克拉玛干景区位于塔克拉玛干沙漠北缘、塔里木河南岸，距离阿拉尔市中心约43千米，面积4.3平方千米，景区以塔克拉玛干沙漠原始壮美景色为基础，已建有标准停车场、汉唐风格大门及游客中心、越野赛场地、房车营地、低空飞行基地等旅游设施。“沙漠之门”景区现已成为集观光、探险、摄影、沙地运动、沙漠文化深度体验于一体的旅游胜地。

### （二）发展历程

2004年，经国务院批准，阿拉尔市成立。

2009年9月，三五九旅屯垦纪念馆开馆。

2013年至2023年6月，“沙漠之门”景区举办沙漠文化旅游节等旅游节庆活动20场次。

2016年，阿拉尔塔克拉玛干“沙漠之门”挑战赛被评为国家体育旅游精品赛事。

2018年,三五九旅屯垦纪念馆被命名为兵团爱国教育基地和兵团反腐倡廉教育基地。

2018年,塔克拉玛干景区被评为国家沙漠主题公园。

2019年,三五九旅屯垦纪念馆被命名为全国民族团结进步教育基地。

2019年,入选央视魅力中国城栏目最具投资价值旅游项目。

2019年,景区接待游客突破30万人次。

2021年春节假日,接待游客11万人次。

2021年,获评国家体育旅游示范基地。

2021年5月,被评为国家5A级旅游景区。

经过多年的发展,塔克拉玛干·三五九旅文化旅游区已经建立起一套完善的旅游服务体系,并致力于通过数字化赋能和多元化的红色文旅体验打造独具特色的旅游产品。作为屯垦精神旅游资源的配套服务经营实体,不仅注重提供优质的基础服务,还不断创新,为游客带来更丰富的体验和更便捷的服务。

首先,通过数字化赋能,利用先进的科技手段提升旅游服务水平。例如,开发了智能导览App,为游客提供个性化的导览服务,让他们更方便地了解景区信息和历史背景。同时,还建立了在线预订平台和电子导览设备,让游客可以提前规划行程、自主游览,提升了游览体验的便利性和效率。

其次,在红色文旅体验方面进行了多元化的打造。除了传统的观光游览,还推出了红色文化体验活动,如模拟兵团屯垦、参与红色革命实景演绎等项目,让游客体悟屯垦精神的力量和历史的厚重。

再次,组织红色文化讲座、文艺表演等活动,丰富了游客的文化体验,让他们在旅行中获得知识和感悟。

最后,注重提升服务质量和客户满意度,不断优化旅游产品和服务。员工经过专业培训,具备丰富的导游和讲解经验,能够为游客提供专业、贴心的服务。建立了健全的游客反馈机制,定期开展满意度调查,根据游客意见不断改进和完善服务,确保每一位游客都能在旅行中获得最佳的服务和感受。

### (三)新疆塔里木文旅集团有限公司组织架构

作为屯垦精神旅游资源的配套服务经营实体,新疆塔里木文旅集团有限公司设有市场部、运营部、数字化技术部等多个部门,各部门之间密切合作,共同推动公司的发展和创新。这些部门在公司的运营中扮演着不同而又相互关联的角色，协同合作，为游客提供优质的旅游体验。

市场部作为公司的市场开拓和推广核心，负责制定市场营销策略、组织推广活动和进行品牌建设。市场部通过市场调研和分析，了解客户需求和市场趋势，为公司提供市场定位和推广方向。与此同时，市场部与其他部门紧密合作，确保公司的产品和服务能够有效地传达给目标客户群体，致力于提高品牌知名度和市场份额。

运营部则承担着公司日常运营管理和服务提供的责任，包括景区接待、导游服务、活动组织等方面。运营部通过精心的安排和协调，保障游客获得顺畅和舒适的游览体验，致力于提升客户的满意度和忠诚度。同时，运营部与市场部协同工作，根据市场需求和反馈不断调整和优化服务内容，确保公司的运营与市场趋势和客户需求同步。

数字化技术部是公司数字化赋能和技术支持的重要力量，负责开发和维护公司的数字化平台和技术系统。数字化技术部通过引入先进的科技手段，提升公司的服务效率和体验，为客户提供更便捷、智能的服务。数字化技术部与市场部和运营部密切合作，根据业务需求和市场趋势的变化，不断创新和优化技术应用，为公司的发展和创新提供有力支持。

总体而言，公司各部门之间的密切合作和协同努力，为公司提供了强大的发展动力和创新能力。市场部、运营部和数字化技术部共同努力，推动公司的业务发展和服务升级，为游客打造更加丰富、便捷和优质的屯垦精神旅游体验，让每一位游客都能在旅行中感受到历史的厚重和精神的力量。

（四）宏观环境分析

当前宏观环境中的政治、经济、社会和技术因素均呈现出有利的态势，塔克拉玛干·三五九旅文化旅游区应充分抓住机遇，不断提升管理水平和服务质量，加强文化资源挖掘和创新，以推动旅游区的可持续发展和竞争优势的持续增强。具体分析如下。

1. 政治因素

我国政府提倡全域旅游发展，注重推动全国各地旅游资源的整合和开发，塔克拉玛干·三五九旅文化旅游区受益于这一政策导向。政府对旅游业的支持力度不断加大，提供了更多的政策支持和资金投入，为旅游区的发展营造了良好的政治环境，同时也促进了旅游业的跨地区合作与交流。

2. 经济因素

我国经济的持续增长为旅游业提供了强劲的支撑。随着国民经济水平的提高和消费结构的升级,人们对旅游的需求和消费意愿不断增加。塔克拉玛干·三五九旅文化旅游区作为红色文化旅游区,具有独特的吸引力和市场潜力,有望吸引更多游客,推动当地旅游业繁荣发展。

3. 社会因素

随着生活水平的提高和文化消费需求的增加,人们对红色文化旅游的兴趣逐渐升温。塔克拉玛干·三五九旅文化旅游区蕴含丰富的红色文化资源,符合当前社会的文化消费趋势,有望吸引更多游客前来参观体验。同时,社会环境对于旅游区的发展也起着重要的推动作用,如营造良好的旅游氛围和文化氛围,有助于提升游客体验和口碑。

4. 技术因素

随着数字化技术的快速发展,旅游业也面临着技术更新换代的挑战与机遇。数字化技术的应用为旅游体验提供了更多可能性,如智能导览、VR 等技术的运用,可以提升游客的参与感和体验感。塔克拉玛干·三五九旅文化旅游区可以借助技术创新,提升景区的数字化服务水平,提高管理效率和游客满意度,以应对市场竞争和满足游客需求。

(五) 产业竞争分析

塔克拉玛干·三五九旅文化旅游区在面对产业竞争时需要全面提升自身核心竞争力,不断创新发展,巩固市场地位,建立良好的供应链关系,深入了解竞争对手,以保持竞争优势并实现可持续发展。

1. 潜在竞争者的威胁

首先,红色旅游在中国市场中具有重要地位,各地纷纷开发红色旅游资源。具有独特历史背景或完善设施条件的红色旅游景区往往能够形成竞争优势,这类景区通常依托丰富的红色文化资源,结合优质服务与创新营销策略吸引客源,从而构成竞争关系。

其次,塔克拉玛干·三五九旅文化旅游区(以下简称“旅游区”)周边可能存在其他类型的旅游目的地,如自然风光景区、文化名胜等,它们也是旅游区潜在的竞争者。游客在选择旅游目的地时可能会考虑周边景区的吸引力和竞争性,因此,旅游区需要考虑如何与周边景区进行差异化竞争。

再次,随着科技的发展和消费升级,新兴旅游形式如主题乐园、互动体验等正在崛起。这些新兴旅游形式可能吸引部分游客,对传统红色旅游景区构成竞争。塔克拉玛干·三五九旅文化旅游区需要关注这些新趋势,不断创新发展,以保持市场竞争力。

最后,互联网的普及使得在线旅游平台成为游客选择旅游目的地的重要途径。一些在线旅游平台可能会整合各种旅游资源,提供更便捷的旅游服务,成为塔克拉玛干·三五九旅文化旅游区的竞争对手。旅游区需要通过合作或者建设线上渠道来抵御在线旅游平台的竞争。

2. 现有竞争者之间的竞争程度

在塔克拉玛干·三五九旅文化旅游区的产业竞争中,竞争激烈程度较高,主要体现在景点吸引力、服务质量、市场定位和价格竞争上。一些景区以其独特的自然景观和文化底蕴吸引游客,而另一些景区则通过提供高品质的服务和设施来竞争。市场上的竞争导致景区之间展开激烈的营销竞争,努力吸引更多游客。

3. 替代产品的威胁

塔克拉玛干·三五九旅文化旅游区面临着多方面的替代产品威胁。除了其他旅游目的地,虚拟旅游和在线体验的发展也对实体旅游景点构成威胁。随着科技的进步,VR等技术为人们提供了逼真的虚拟旅游体验,这种形式的旅游可能会减少游客的实地旅行需求。

4. 供应商的议价能力

景区周边的酒店、餐饮等服务供应商在供应链中具有一定的议价能力。景区的需求对周边服务供应商的生意有着直接影响,这可能会影响到服务供应商的议价能力。此外,旅行社、导游等旅游产品供应商的议价能力也在一定程度上影响到塔克拉玛干·三五九旅文化旅游区的运营成本和服务质量。

(六) 资源分析

塔克拉玛干·三五九旅文化旅游区作为融合了屯垦文化和沙漠地区特性的旅游目的地,具有独特的优势和机会,但也面临着一些劣势和威胁,具体如表5-6所示。针对这些因素,旅游区可在发展中加强文化保护、生态保护,同时积极应对气候变化等挑战。

1. 优势

塔克拉玛干·三五九旅文化旅游区拥有丰富的屯垦文化遗产,可以吸引对相关历史文化感兴趣的游客;沙漠地区的独特景观为旅游区带来独特的自然

表5-6 塔克拉玛干·三五九旅文化旅游区的资源分析

| | 优势(Strengths) | 劣势(Weaknesses) |
|---|---|---|
| 影响因素 | 丰富的屯垦文化遗产,能够吸引对历史文化感兴趣的游客;<br>沙漠地区独特景观,如沙漠风光、雅丹地貌等,能够吸引众多游客前来探访 | 沙漠地区水资源短缺的问题,可能影响旅游区的发展和游客的舒适度;<br>沙漠地区气候干燥,温差大,可能导致游客体验舒适度下降,同时也增加了旅游经营的难度 |
| 机会(Opportunities) | 发展型策略(SO) | 扭转型策略(WO) |
| 结合屯垦文化和沙漠特色可以开发独特的文化旅游产品;<br>沙漠地区的生态环境独特,可以通过开发生态旅游,吸引关注环保的游客 | 注重设计审美,营造视觉张力;<br>挖掘地域文化,开发文化IP;<br>创新服务模式,拓展服务内容 | 把握政策机遇,完善主体建设;<br>撬动社会资本,增强"造血"能力;<br>依托信息技术,提升服务效能 |
| 威胁(Threats) | 多元化策略(ST) | 防御型策略(WT) |
| 过度开发和人为活动可能导致沙漠地区生态环境受损,对旅游区的可持续发展构成威胁;<br>气候变化可能导致沙漠地区天气极端化,如干旱和沙尘暴频发,可能影响游客的出行安全和旅游体验 | 完善制度框架,规范运营管理;<br>适当功能区隔,保障主题功能;<br>深化合作联动,建构文旅联盟 | 培育私域流量,增进社会认知;<br>纳入财政预算,维持基本运营;<br>强化交流培训,弥合能力堕距 |

优势,如沙漠风光、雅丹地貌等,吸引着众多游客前来探访。

2. 劣势

沙漠地区常常面临水资源短缺的问题,这可能对旅游区的发展和游客的舒适度构成挑战;气候极端,沙漠地区气候干燥,温差大,可能导致游客体验的舒适度下降,同时也增加了旅游经营的难度。

3. 机会

结合屯垦文化和沙漠特色,塔克拉玛干·三五九旅文化旅游区可以开发独特的文化旅游产品,吸引更多游客来此体验当地文化;沙漠地区的生态环境独特,可以通过生态旅游的开发,向游客展示沙漠地区的生态美景,吸引关注环保的游客。

4. 威胁

过度开发和人为活动可能导致沙漠地区生态环境受损，对旅游区的可持续发展构成威胁；气候变化可能导致沙漠地区天气极端化，如干旱和沙尘暴频发，可能影响游客的出行安全和旅游体验。

（七）战略目标及选择

公司战略分为长期战略和中短期战略。

1. 长期战略方面

一是持续提升旅游区的品质和服务水平。塔克拉玛干·三五九旅文化旅游区通过引入先进的管理技术和质量标准，不断提升景区的硬件设施和软件服务水平。这包括更新老化设施，引入可持续发展的绿色技术，以及定期对员工进行专业培训，从而为游客提供更优质的体验。

二是文化传承与创新。旅游区可将文化传承与创新作为长期发展战略的重要组成部分。通过与当地文化机构合作开展文化资源挖掘和保护工作，建立文化遗产展示和传承项目，同时结合现代科技手段，创新文化体验项目，以实现传统文化价值与现代旅游市场的有效对接。

三是可持续发展与生态保护。在长期规划中，旅游区应注重可持续发展和生态保护。制定可持续发展战略，包括建立生态旅游示范区、推广绿色旅游理念，同时加强生态环境监测和管理，保护当地自然生态环境，实现旅游业与生态环境的良性互动。

2. 中短期战略方面

一是提升服务质量和管理效率。旅游区可以通过优化服务流程、引入客户关系管理系统等措施，提升服务质量和管理效率。建立客户满意度调查机制，定期评估服务质量，及时调整和改进服务策略。

二是创新营销策略。旅游区可以针对不同市场需求，制定个性化营销策略，包括开展主题活动、推出特色产品套餐、加强线上推广等，以吸引更多游客。通过与旅行社、OTA平台合作，拓展市场份额，提升知名度和竞争力。

三是建立合作伙伴关系。旅游区应积极与当地政府、企业以及相关旅游机构建立合作伙伴关系，开展联合营销活动，通过资源共享等合作方式，实现互利共赢，推动自身的可持续发展。

四是加强危机管理与安全保障。旅游区可以通过建立完善的危机管理机制和安全保障体系，加强安全风险评估和预防措施，保障游客安全。定期进行应急演练和培训，提升员工应急处理能力，保障运营的稳定性和可持续性。

（八）商业模式

1. 经营模式

屯垦精神在红色旅游中具有重要意义，不仅是吸引游客的核心竞争力，还具有深厚的历史文化价值和重要的教育意义。通过持续创新和可持续发展策略的实施，红色旅游能够更好地传承和弘扬屯垦精神，为游客提供丰富多彩的旅游体验，推动中国红色旅游事业的健康发展。

2. 客户细分

在红色旅游领域，客户细分是关键的市场策略之一，可以将客户分为以下几类。

一是革命历史爱好者。这类客户对中国革命历史有浓厚兴趣，热衷于追寻革命先烈足迹，喜欢参观革命遗址、纪念馆等。

二是教育机构团体。各级学校及教育机构组织学生参与红色旅游，旨在通过实地研学深化学生对中国革命历史的认知，强化爱国主义教育成效。

三是文化教育爱好者。这类客户对当地文化、传统和三五九旅所折射的屯垦精神有着浓厚兴趣，希望通过旅游体验感受红色文化的魅力。

（九）核心竞争力

1. 历史文化价值

三五九旅所折射的屯垦精神是中国革命历史的重要组成部分，具有较高的历史文化价值，能够激发游客的爱国情感和历史使命感。

2. 教育意义

三五九旅所折射的屯垦精神蕴含着自力更生、艰苦奋斗的精神内涵，能够为游客提供深刻的教育意义和启示，激励人们珍惜和平、珍爱生活。

3. 体验互动性

通过体验式的红色旅游项目，如农耕体验、革命文物展示等，使游客亲身感受三五九旅所折射的屯垦精神的魅力，增强参与感和体验性。

（十）收入来源

1. 纪念品销售

提供屯垦精神相关的纪念品和文化产品，如书籍，以及纪念章等文创产品，以增加景区的收入。

2. 特色餐饮服务

提供符合红色主题的特色餐饮服务,如革命菜品、当地特色小吃等,以丰富游客的用餐体验。

3. 红色教育项目

开展红色教育主题活动,如主题讲座、体验式教学等,为学生团体提供红色教育服务,同时增加景区的收入。

(十一)关键业务

1. 红色旅游景区规划与建设

设计符合屯垦精神的景区规划,打造具有红色文化特色的游览线路和景点。

2. 红色文化传播与展示

通过展览、表演等方式,展示屯垦精神的历史价值和文化内涵,让游客能够深入了解和感受。

3. 红色教育项目开发

开发符合不同客户需求的红色教育项目,包括革命历史讲解、实地体验教学等,增进游客对屯垦精神的认知和理解。

(十二)市场布局

塔克拉玛干·三五九旅文化旅游区立足于红色旅游主题,以传承和发展屯垦精神为核心,旨在吸引对红色历史和革命文化感兴趣的游客,打造融合历史文化、探险旅游和数字化科技的旅游目的地。结合市场定位、数字化赋能、多元化体验项目、数字化营销与推广、可持续发展与社会责任等方面的全面考量,塔克拉玛干·三五九旅文化旅游区致力于提供丰富多彩的红色旅游体验,助力红色旅游产业繁荣发展。

在目标客群定位与需求分析中,革命历史爱好者、教育机构团体和文化教育爱好者被确定为重点客群,他们对红色文化和屯垦精神有着浓厚兴趣。为了满足这些客群的需求,塔克拉玛干·三五九旅文化旅游区制定了数字化赋能红色文旅体验策略,通过VR展示、数字化解说导览、红色文旅App开发以及数字化互动体验馆建设等,提升游客的参与感和体验质量。

在多元化体验项目方面,塔克拉玛干·三五九旅文化旅游区通过举办革命历史主题展览、设计屯垦探险徒步线路以及举办红色文旅主题讲座,为游客提供丰富的红色文化体验。

在数字化营销与推广方面，塔克拉玛干·三五九旅文化旅游区通过实施内容营销策略、开展社交媒体推广和建设线上预订平台，提升品牌知名度和吸引力。

塔克拉玛干·三五九旅文化旅游区注重可持续发展与社会责任。在生态保护与可持续发展方面，致力于实现旅游业的可持续发展；在文化传承与社会责任方面，支持当地文化传承项目，促进屯垦精神的传承和发展，积极承担社会责任。

基于对红色旅游体验的评估与持续改进以及对红色旅游发展前景的展望，塔克拉玛干·三五九旅文化旅游区将不断创新体验项目和营销策略，为游客提供丰富多彩的红色旅游体验，助力红色旅游产业繁荣发展。

### （十三）投融资情况

#### 1. 融资结构

塔克拉玛干·三五九旅文化旅游区的融资结构包括自有资金、银行贷款和股权融资，这些不同形式的融资方式相互结合，为旅游区提供了更为全面和多样化的资金来源，有助于满足不同项目阶段的资金需求。同时，这种多元化的融资结构也有助于分散风险，提高资金运作的灵活性和稳健性。

自有资金作为旅游区最基本的资金来源，通常用于日常经营支出、人员工资、营销推广等方面，同时也用于基础设施建设和维护，旨在为游客提供良好的服务和体验。

银行贷款在项目扩建和更新改造阶段发挥着关键作用，通过借款方式获取资金，加速项目发展进程，从而提升旅游区设施和服务水平，增强竞争力。

股权融资则为大型投资项目和战略合作提供资金支持，通常涉及吸引外部投资者或合作伙伴参与，共同推动项目的实施和发展，同时也可带来更多的资源和专业知识，为旅游区的长远发展提供支持和保障。

#### 2. 融资特点

塔克拉玛干·三五九旅文化旅游区的融资特点包括多元化、稳健性和灵活性等，具体体现在以下方面。

其一，该旅游区注重风险管理与控制，通过多元化的融资方式，降低项目运营中可能面临的金融风险，确保资金链的稳健性，提高项目的可持续性。

其二，多元化的融资结构使得资金的使用更加灵活高效。不同类型的资金来源可以被针对性地运用于不同的项目阶段或特定需求，从而最大限度地提高资金的利用效率,推动项目的发展和扩张。

其三,多元化融资结构使得旅游区能够更好地适应市场变化和不确定性。在面对市场波动或新的商机时,可以灵活选择合适的融资方式,迅速调整资金结构,抓住机遇,应对挑战。

其四,不同融资方式可能涉及不同的合作伙伴,如金融机构、投资者、政府部门等。通过建立良好的合作伙伴关系,旅游区可以获得更广泛的资源支持和专业知识,促进项目合作与共赢,推动项目的全面发展。

总而言之,多元化、稳健性和灵活性是塔克拉玛干·三五九旅文化旅游区融资特点的核心,体现了旅游区对风险管理、资金利用效率、市场适应能力和合作伙伴关系的重视,为旅游区的可持续发展提供了坚实基础和持续动力。通过不断优化融资结构和策略,旅游区将更好地应对市场挑战,实现长期发展目标。

(十四)融资现状

1. 长期融资方面

塔克拉玛干·三五九旅文化旅游区注重与金融机构建立稳固的合作关系。通过长期合作,旅游区能够获得较为稳定和可靠的资金来源,以支持项目的长期发展和运营。这种合作关系可能涉及长期贷款、信用额度设立等形式,以确保资金的可持续性和灵活运用。

2. 短期融资方面

对于短期资金需求,塔克拉玛干·三五九旅文化旅游区会根据具体项目需求选择适当的融资方式。这可能包括短期贷款、商业票据、债券发行等形式,以满足项目运营中的短期资金需求。通过灵活选择合适的短期融资方式,旅游区可以更好地管理项目资金流动,确保项目的正常开展。

3. 融资过程中可能面临的问题和挑战

在融资过程中,塔克拉玛干·三五九旅文化旅游区可能面临以下问题和挑战。

(1) 利率波动风险。市场利率波动可能对借款成本产生影响,进而对项目的盈利能力造成挑战。因此,旅游区需要密切关注市场利率变化,制订灵活的融资计划。

(2) 市场变化风险。旅游市场具有一定的不确定性,市场需求和竞争格局可能随时发生变化,从而影响项目的运营和融资情况。因此,旅游区需要灵

活应对市场变化，不断调整经营策略。

（3）融资成本的控制。融资成本直接影响项目的盈利水平和资金利用效率。因此，旅游区需要审慎评估各种融资方式的成本和风险，并采取有效措施控制融资成本，提高资金利用效率。

4.融资可行性分析

为确保塔克拉玛干·三五九旅文化旅游区融资方案的合理性和可行性，需进行综合的融资可行性分析。

首先，市场需求是至关重要的考量因素。应通过市场调研和分析，了解游客偏好、旅游趋势以及竞争格局，以确保融资支持的项目与市场需求相匹配，从而降低市场风险。

其次，对项目前景的全面评估也至关重要。应综合考虑旅游区的规划和发展方向，对项目的可行性、盈利模式以及未来发展潜力进行深入分析，以确保融资方案的可持续性和长期效益。

最后，资金运作能力也是融资可行性分析的重要一环。应评估旅游区的资金管理能力、债务偿还能力以及盈利状况，确保资金运作合理高效，最大程度降低融资风险。

综合考虑市场需求、项目前景、资金运作能力等因素，有助于降低投资风险、提高资金使用效率，从而实现塔克拉玛干·三五九旅文化旅游区的可持续发展。通过科学的融资可行性分析，旅游区能够更好地制定融资策略，选择合适的融资方式，确保资金运作稳健，为项目的成功实施和长期发展奠定坚实基础。

（十五）已投资项目

塔克拉玛干·三五九旅文化旅游区已投资的项目涵盖景区基础设施建设、文化活动推广和科技智能化改造等多个方面。这些投资项目旨在提升旅游区的服务水平和吸引力，为游客提供更加优质和丰富的旅游体验。除了这些方面，还有其他值得关注的投资项目，具体如下。

其一，生态环境改善项目是至关重要的，包括生态保护、环境修复和可持续发展工程，以确保旅游区的生态美感和资源的可持续利用。

其二，通过旅游产品创新，结合地方文化和特色开发独特的旅游产品和线路，可以吸引更多游客前来体验。

其三，对员工进行培训和制订服务质量提升计划也至关重要，应建立专业的服务团队，为游客提供更加周到和专业的服务，从而增强旅游区的竞争力。

其四，有效的营销推广策略是不可或缺的，可以通过多渠道的广告和推广活动，提高旅游区的知名度和吸引力，吸引更多游客到访。

其五，投资与支持当地社区发展和经济发展项目是必要的，应积极促进当地就业和经济发展，实现旅游区与当地社区的共同繁荣。

这些综合投资项目的实施有助于塔克拉玛干·三五九旅文化旅游区全面提升品质，为游客提供更加多元化和丰富的体验内容，实现可持续发展和维持长期竞争优势。

（十六）投资风险

在塔克拉玛干·三五九旅文化旅游区的投资风险方面，需要综合考虑市场风险、政策风险、自然灾害风险等多方面的因素。

1. 市场风险

市场风险是投资过程中不可避免的挑战之一，市场需求变化、竞争加剧、经济波动等因素可能对旅游区的盈利能力和运营状况产生影响。因此，旅游区需要密切关注市场动态，灵活调整经营策略，以适应市场变化，降低市场风险带来的负面影响。

2. 政策风险

政策风险是投资过程中需要重点关注的因素之一。政策法规的变化可能对旅游区的运营方式、开发规划等方面带来影响，因此旅游区应及时了解政策动向，规避可能的政策风险，确保项目的可持续发展。

3. 自然灾害风险

自然灾害风险是旅游业常见的风险之一。塔克拉玛干·三五九旅文化旅游区地处特殊自然环境（沙漠地带），可能存在沙尘暴、干旱等自然灾害风险。因此，旅游区需要建立健全的应急预案和灾害管理机制，提前做好应对措施，降低自然灾害风险对项目的影响。

在面对多样化的投资风险时，塔克拉玛干·三五九旅文化旅游区需要建立健全的风险管理体系，采取多层次、多方面的风险管理措施，以降低风险带来的影响，确保投资项目的顺利进行和长期发展。通过科学有效的风险管理，旅游区可以更好地抵御外部风险挑战，保障项目的稳定运行。

（十七）投资策略

为保障投资回报和可持续发展，塔克拉玛干·三五九旅文化旅游区在制定

投资策略时应该综合考虑多个方面。

1.风险分散

风险分散是关键。旅游区可以通过在不同资产类别、不同地区的分散投资来降低单一风险带来的影响,确保整体投资组合的稳健性和抗风险能力。

2.长期规划

长期规划是投资策略中不可或缺的一环。旅游区需要制定长远发展规划,综合考虑市场发展趋势、目标客群需求变化以及地区经济环境的演变,以确保投资方向的持续性和合理性,实现长期稳定的投资回报。

3.灵活调整

灵活调整是投资策略的重要组成部分。在面对市场变化和外部环境的不确定性时,旅游区需要保持灵活性,及时调整投资战略和经营模式,以适应新的挑战和机遇,保持竞争力和盈利能力。

4.投资组合的多样性和盈利模式的稳定性

注重投资组合的多样性和盈利模式的稳定性至关重要。通过结合不同类型的投资项目和盈利模式,旅游区可以有效降低单一风险带来的影响,提高整体盈利能力,应对市场波动和竞争压力,实现效益持续增长,维持长期竞争优势。

(十八)社会责任及红色文化资源挖掘

1.社会责任履行现状

在社会责任履行方面,塔克拉玛干·三五九旅文化旅游区不仅注重与当地社区合作发展,更加强调可持续性和长期性。

塔克拉玛干·三五九旅文化旅游区通过开展多项社会公益活动,如捐助当地学校建设图书馆、提供教育资源支持、援助贫困家庭改善生活条件以及开展环保宣传和生态保护项目,积极回馈社会,促进当地社会的稳定和可持续发展。这些举措不仅提升了当地居民的生活水平,也为社会发展奠定了坚实基础。

塔克拉玛干·三五九旅文化旅游区还着力于提供优质的就业机会,并关注员工的福利和发展。通过建立健全的员工福利制度、提供员工培训机会和职业晋升通道,旅游区努力营造良好的工作环境和人性化管理氛围,为员工的个人成长和职业发展提供支持。这种关注员工的做法不仅有助于激发员工的工作热情和创造力,也有利于建设和谐稳定的劳动关系,实现企业与员工共同发展的目标。

塔克拉玛干·三五九旅文化旅游区将企业社会责任视为企业永续经营的重要支撑,通过与社区、员工和其他利益相关方的合作与互动,不断完善和拓展社会责任的实践领域,致力于实现经济效益、社会效益和环境效益的可持续平衡,为当地社区和员工带来长期稳定的利益,同时为企业的可持续发展注入持久的动力和活力。

2. 红色文化资源挖掘的主要做法

在红色文化资源挖掘方面,塔克拉玛干·三五九旅文化旅游区通过多项创新性举措有效促进了红色文化的传承和发展。

旅游区不断丰富和深化红色文化主题展览和演讲活动,通过展示红色历史图片、文件资料、实物文物等,为游客讲解塔克拉玛干地区的丰富红色历史,从而增进游客对红色文化的了解和认同。这些展览和演讲活动不仅为游客提供了学习和思考的机会,也扩大了红色文化的影响力和传播渠道。

为了让游客更直观地感受红色文化的魅力,旅游区精心打造了丰富多样的红色文化体验项目。例如,推出红色革命线路游,引领游客走进红色历史的重要场所,了解革命先辈的英勇事迹;举办红色文化主题演出,通过歌舞、戏剧等形式展现红色历史人物的英雄气概,让游客体悟红色文化的感人力量,从而加深他们对红色文化的情感认同。

为了更好地传承和发展红色文化,旅游区还积极开展红色文化研究和保护工作。通过收集、整理和展示红色文化资源,修复与常态化养护革命历史文物,旅游区为红色文化的传承提供了有力支持和保障。

这些工作不仅有助于激发当地居民和游客对红色文化的兴趣和热爱,也为后代传承红色精神奠定了基础。通过多方面的努力,塔克拉玛干·三五九旅文化旅游区为红色文化的传承和发展注入了新的活力和动力。

3. 红色文化传承的工作成效

塔克拉玛干·三五九旅文化旅游区在挖掘红色文化资源方面取得了显著成效,带来了多重积极影响。通过旅游区的不懈努力,游客对红色文化有了更深入的了解和认识,红色文化已经成为旅游区的重要特色和亮点之一,吸引了更多游客前来参观和探索。这种游客流量的增加不仅为旅游区带来了经济效益,也为当地旅游业的发展注入了新的活力和动力。

同时,旅游区在红色文化传承工作中取得的成就也受到了当地政府和社会各界的肯定和支持。通过旅游区的努力,当地社会对红色文化的重要性和价值有了更深刻的认识,纷纷参与红色文化的保护和传承工作。这种社会各界的共同参与和支持不仅为当地红色文化的保护和传承奠定了更加坚实的基础,也为红色文化的传承提供了更为广泛的社会基础。红色文化的挖掘不仅为旅游区的发展增添了独特的魅力和吸引力,也为当地经济的繁荣和社会的稳定做出了积极贡献。

通过打造具有地方特色和文化内涵的红色文化旅游产品,旅游区不仅提升了当地旅游业的知名度和影响力,还为当地居民提供了更多的就业机会和经济收益。这些成果不仅在当地产生了良好的经济效益,也为红色文化的传承和发展开辟了更加广阔的空间。

## 二、数字化路径

### (一)数字化运营

1. 探索智能化票务管理系统的建设

通过整合人脸识别技术和智能门禁系统,实现游客无感知进出旅游区,提高入园效率的同时,确保了安全性。此举不仅简化了游客的入园流程,也为旅游区管理者提供了实时数据反馈,有助于旅游区管理者更精准地调整运营策略。

2. 基于大数据分析的个性化营销服务

通过收集游客的历史消费数据和行为偏好,旅游区可以精准推送定制化的优惠活动和旅游线路,提升游客的参与感和满意度。这种个性化营销不仅能提升旅游区的营收能力,还能提升游客对旅游区的印象和忠诚度,促进回头客数量的增长。

3. 引入智能化财务管理系统

通过整合财务数据、票务系统和旅游区消费数据,实现财务数据的自动化采集和分析,提高财务管理的效率和准确性。这样的系统不仅可以降低人力成本,还能帮助旅游区管理者及时了解财务状况,做出更加明智的经营决策。

通过这些措施,塔克拉玛干·三五九旅文化旅游区可以全面提升数字化运营水平,实现管理效率和服务水平的双重提升。

### (二)智能化服务

在智能化服务方面,塔克拉玛干·三五九旅文化旅游区可以进一步发展智能化的互动体验项目,具体如下。

1. 引入AR和VR等技术

旅游区可以打造沉浸式的文化体验，这种创新的互动方式不仅能吸引更多游客，还能提升游客在旅游区内的停留时间和参与度，为他们带来更加丰富的旅游体验。

2. 引入智能化的客户服务机器人

通过机器人的服务，游客可以更便捷地获取信息、提出问题，并获得及时的解答和帮助，提升了服务效率和互动体验。这种人工智能技术的运用不仅符合当今智能化服务的趋势，也为旅游区提供了全天候、高效率的服务保障，进一步提升了旅游区的服务水平和竞争力。

通过这些创新举措，塔克拉玛干·三五九旅文化旅游区可以全面提升智能化服务水平，为游客带来更加个性化、智能化的旅游体验，增强自身的吸引力和竞争优势。

（三）互联化融合

探索与OTA平台合作，引入更多线上流量和资源，实现全球范围内的推广。通过OTA平台的曝光，旅游区的产品将得到更广泛的关注，吸引更多国内外游客前来参观。这种合作不仅可以扩大景区的市场份额，也有助于拓展新的客源渠道，提升旅游区的知名度和影响力，促进旅游区可持续发展。

积极开发文化IP并推出相关衍生品，与电商平台展开合作。通过打造具有代表性的文化IP产品，如主题纪念品、文创商品等，旅游区可以提升品牌价值和文化影响力，吸引更多游客购买和收藏。与电商平台的合作将为旅游区开拓线上销售渠道，拓展消费市场，带来更多商业机会和收益来源。

借助数字化营销与社交化互动相结合的方式，通过社交媒体传播红色文化知识，建立品牌“粉丝”社群。通过发布有趣、富有教育性的内容，吸引更多“粉丝”关注和参与，提升旅游区在社交媒体上的曝光度和影响力。建立品牌“粉丝”社群不仅可以增强旅游区与游客之间的互动和联系，还可以形成良好的口碑传播效应，吸引更多游客前来体验，促进旅游区的长期发展和可持续经营。

这些举措有助于克拉玛干·三五九旅文化旅游区充分利用互联网融合的优势，拓展市场空间，提升品牌形象，实现更具活力和吸引力的发展。

## 三、未来前景

（一）战略规划

未来，塔克拉玛干·三五九旅文化旅游区可以进一步加大对红色文化的挖掘和传承力度，以实现文化旅游的更高水平发展。通过持续丰富和创新展览、体验项目，旅游区将不断吸引更多游客，提升游客的参与体验和感知质量。这包括引入互动体验、数字化展示等先进手段，使游客能够更深入地了解和感受红色文化的精髓。为了更好地推动红色文化资源的深入挖掘和传播，旅游区可以着力建立更加系统化和专业化的红色文化研究团队，结合当代研究方法和工具，深入挖掘红色文化的历史渊源和当代价值。

同时，加强与相关机构的合作，包括博物馆、研究机构、文化机构等，共同开展研究和展示工作，形成合力，推动红色文化的传承和传播。开展多样化的文化交流活动是推动红色文化国际化的重要途径。通过吸引国内外学者、艺术家等文化领域人士参与，可以促进红色文化的国际交流与合作，拓宽文化视野，提升旅游区的国际知名度和影响力。这种跨文化的交流对于激发红色文化的新活力、探索文化多样性具有重要意义。

此外，开发特色文化创意产品是提高旅游区文化附加值的重要途径。旅游区在设计开发文创产品时，可以融入红色文化元素，创造出具有红色文化特色的周边产品，丰富游客购物体验，提高游客的满意度。同时，可以通过拓展文化创意产业链条，促进当地文化产业的多元发展，实现文化旅游的可持续发展，为地方经济注入新的活力和动力。

（二）市场需求

针对不同游客群体，定制个性化的红色文化体验项目和服务是提升游客体验和自身吸引力的重要方式。旅游区可以根据不同游客的特点和需求，设计和推出多样化的体验项目，以满足游客多样化的需求。例如，针对家庭游客，可以开发家庭亲子游项目，结合亲子互动元素和寓教于乐的内容，打造适合家庭共同体验的红色文化活动，提升家庭游客的满意度和忠诚度。

此外，旅游区还可以推出主题定制游等个性化产品，深度挖掘红色文化的多样性和丰富性，为游客提供更具特色和个性化的体验。通过这种方式，可以扩大目标客群范围，吸引更多不同类型的游客到访，实现游客结构的多元化和游客数量的增长。

为了吸引更多游客到访，旅游区还可以加强与旅行社、OTA平台等的合作，加大市场推广和营销力度。通过与旅行社合作，拓展销售渠道，增加产品曝光度，吸引更多团体游客和自由行游客。同时，可以与OTA平台合作，利用其强大的网络影响力和用户资源，开展营销推广活动，提升旅游区的知名度和美誉度。在市场推广过程中，旅游区应注重线上线下相结合，充分利用数字化技术拓展市场渠道。通过建设官方网站、社交媒体平台等线上渠道，与游客建立更紧密的联系和互动，提升品牌知名度和用户黏性。同时，结合线下实体推广活动，如展会、文化节日活动等，增加品牌曝光度，吸引更多游客关注和到访。

（三）技术支持

引入先进的科学技术是推动塔克拉玛干·三五九旅文化旅游区发展的重要策略之一。通过引入VR和AR等技术，打造数字化展览和体验项目，从而提升游客参与感和体验感。这些先进技术可以带来全新的游览方式，使游客仿佛身临其境地体验红色文化的魅力，吸引更多年轻游客。例如，通过VR技术，游客可以在虚拟空间中探索红色历史场景，与历史人物"互动"，深入了解红色文化的内涵和历史价值；AR技术可以在现实场景中叠加虚拟元素，为游客提供更加生动的红色文化体验。

建设智慧旅游系统是提升旅游区管理效率和服务水平的重要举措。可以通过引入智能导览系统、电子票务系统等先进技术，提升游客的导览体验，同时优化旅游区管理流程，提高服务效率。可以通过数据分析和智能化运营，优化资源配置，提升游客满意度和游览体验质量。

在数字化建设过程中，加强网络安全保障是至关重要的。旅游区需要注重保护游客信息安全和旅游区数据安全，建立健全的网络安全体系，确保信息化建设和运营平稳有序。通过加大网络安全技术投入、定期进行安全演练和监测，有效应对网络安全风险，确保旅游区的信息系统运行安全可靠。

## 第四节　阿勒泰旅游监管和决策支撑大数据平台

### 一、基本情况

不到新疆，不知中国之大，不到伊犁，不知新疆之美。阿勒泰地区位于新疆北部，由伊犁哈萨克自治州管辖，地貌类型复杂，北面有阿尔泰山，南面有准噶尔盆地，中间有额尔齐斯河、乌伦古河、三道海子、喀纳斯湖等，与俄罗斯、哈萨克斯坦、蒙古国三国接壤。阿勒泰地理区位独特、资源禀赋富集，素有"千里画廊""中国雪都""金山银水"的美誉。阿勒泰地区总面积11.8万平方千米，下

辖1市6县，分别是阿勒泰市，布尔津县、哈巴河县、吉木乃县、福海县、富蕴县、青河县。

阿勒泰地区民俗风情浓郁、自然风光旖旎。《我的阿勒泰》热播，让阿勒泰地区逐渐成为游客心中的旅游胜地，越来越多的人开始走进阿勒泰，感受阿勒泰地区的独特奇美。阿勒泰地区高品质旅游景区众多，如地质奇观可可托海、"草原秘境"三道海子、"大漠福海"乌伦古湖、"天造地设"草原石城、"秋林如"炬红叶沟、养生康体阿拉善、"童话边城"布尔津、生态画卷哈巴河、"人类童年"禾木村、"人间净土"喀纳斯、"梦幻城堡"五彩城、绝色雅丹五彩滩、风姿绰约白桦林、"沙漠之眼"白沙湖、草原胜地也克乌特克勒、避暑休闲克兰大峡谷、时尚健体将军山滑雪场、侏罗纪公园吉拉大峡谷等。阿勒泰是大自然的馈赠，巍峨的高山冰川、清澈的河流湖泊、辽阔的森林草原、平静的温泉湿地、浩瀚的沙漠戈壁让人流连忘返。

"金山银水阿勒泰，人间仙境喀纳斯。"2022年，在国内外复杂的环境和多点散发疫情的冲击下，阿勒泰地区全年共实现旅游收入151.95亿元，其中喀纳斯景区实现旅游收入25.5亿元，旅游收入约占阿勒泰地区旅游收入的16.8%。2023年，阿勒泰地区全年共实现旅游收入274.53亿元，其中喀纳斯景区实现旅游收入75.26亿元，旅游收入约占阿勒泰地区旅游收入的27.4%。面对不断扩张的旅游产业规模、逐渐变化的市场客源结构以及多样化增长的大众旅游消费需求，阿勒泰市政府大力推进交通和旅游基础设施建设，不断补齐数字化和信息化在旅游服务过程中的短板，充分发挥大数据技术对旅游业的支持和引领作用。通过数字化和信息化的发展，阿勒泰地区旅游业的监管模式、运营方式和产业格局均发生了质的变革，旅游管理也从过去的被动管理向主动服务方式转变。为识别重点客源，开展精准营销，阿勒泰地区文化体育广播电视和旅游局于2020年开始筹建阿勒泰地区旅游市场大数据智能监测及数字决策辅助平台，该平台于2021年9月启动建设，并于2022年入选文化和旅游数字化创新实践十佳案例。

## 二、数字化路径

近年来，中共阿勒泰地区委员会、新疆阿勒泰地区行政公署积极贯彻国家数字经济发展战略，以智慧旅游带动产业数字化融合发展，推动经济转型升级，着力推进政务系统数字化应用，提高各级政府数字化管理和服务水平，促进治理体系和治理能力现代化。在此背景下，阿勒泰旅游监管和决策支撑大数据平台应运而生。该平台由“1+7+1+1”体系构成，即1个大数据中心、7个关键数据应用平台、1套专业化运营机制和1套移动展示系统，并邀请文旅部数据中心给予全程指导和技术支持。2022年3月开始运行，由专业团队负责运营，生产权威旅游统计数据并撰写各类数据分析报告，为阿勒泰旅游业高质量发展、政府制定决策提供重要依据。

### （一）平台的实施过程

#### 1. 海量异构数据采集与集成技术

该平台充分采集了阿勒泰市政府有关部门数据、运营商数据、摄像头数据、传感器数据、互联网交互数据及移动互联网数据等，并将从这些渠道获得的结构化、半结构化及非结构化的海量数据进行集成。

#### 2. 大数据的分析处理及挖掘技术

该平台通过统计抽样、神经网络和语义引擎等方法对游客的属性信息、游客的位置信息、游客的行为信息、游客的消费信息、景区的运营信息、互联网的评价反馈等信息进行分析处理，为相关部门制定决策提供依据。

#### 3. 专业的数据运营机制

一是依托国家权威旅游统计和大数据研究部门，梳理指标体系和大数据算法，做到科学精准。二是利用本地泰旅集团以及引入专业化开发和运营团队，建立一套产学研相互配合的长效运营体系。三是努力加入文旅部数据中心地方和企业数据合作网络，通过与相关行业部门进行充分的数据对接，确保了数据的准确性、可靠性和完整性，保证了数据的质量。

### （二）平台的创新做法

#### 1. 定制化分析和预测数据

为确保数据的准确性和完整性，该平台建立了良好的数据采集和清洗机制，与此同时，根据不同用户的需求，该平台提供了定制化的报告和分析结果，这为更好地分析和预测数据提供了有针对性的决策支持。除此之外，阿勒泰地区紧跟市场需求和技术发展，密切关注旅游行业的变化和市场需求，不断更新和优化平台的功能和特性，在一定程度上提高了该平台的分析能力和预测准确度。

#### 2. 数据安全和隐私保护

为确保用户数据的安全和隐私保护，该平台采取一系列技术手段和措施，包括加密敏感信息、建立数据权限管理机制等，严格遵守相关法律法规和隐私保护政策，提升了用户对平台的信任度。此外，为提升游客的使用体验，方便用户操作，阿勒泰推出了实名制预约，游客通过关注“喀纳斯景区”“原行网”等微信公众号就可以轻松预约，该用户界面设计简洁直观，易于操作和使用，在一定程度上提高了系统的稳定性和响应速度。

3. 数字化创新和智慧旅游

为提高阿勒泰旅游治理水平，促进传统旅游向科技化、智能化、现代化转变，阿勒泰地区深入推进智慧旅游建设，通过对本地旅游的价格水平、客流规模、游客评价等方面的信息进行量化，根据视频实时监测情况对客流峰值进行疏解和应急处置，推动阿勒泰智慧旅游上到了新的台阶。为实现智慧旅游带动产业数字化融合发展，推进政务系统数字化应用，促进治理体系和治理能力现代化，阿勒泰旅游监管和决策支撑大数据平台一方面与国内官方旅游统计科研部门合作，根除国内普遍存在的不准确识别游客、只通过景区附近基站等处理客流大数据的错误做法，保证数据应用的科学性，另一方面推动平台信息量最大化，并从全国视角审视阿勒泰旅游发展的基本面。

此外，阿勒泰旅游监管和决策支撑大数据平台通过对接航空、铁路、公路、交通卡点等的政务数据，以及三大运营商、互联网搜索引擎、地图服务商、银联、本地文旅集团、宾馆酒店等的社会面数据，掌握游客人次、客源地、出游时间、出游半径等更精细化的数据，大幅提高了对阿勒泰旅游市场“全行业、全要素、全方位”的监测和统计水平，也为政府各部门制定政策和宏观经济管理提供了依据。

## 三、未来前景

### （一）讲好新疆故事

破除数据“孤岛”，助力讲好新疆旅游的故事。该平台进行跨模块融合，化繁就简，创新构建了阿勒泰旅游服务质量指数体系等评价体系，进行疆内乃至全国范围内的对比，准确衡量阿勒泰旅游发展所处水平，同时让社会各界掌握阿勒泰旅游高发展的实际情况，理性助力新疆旅游推广宣传。提供了及时有效的技术支持和售后服务，建立专门的技术支持团队，及时响应用户的问题和需求，提供专业的解答和支持，并定期进行用户满意度调研，持续改进和优化服务质量。

### （二）案例做法

经过两年的精细筹建，阿勒泰旅游监管和决策支撑大数据平台于2022年

3月开始正式运行。该平台由“1+7+1+1”体系构成,并由专业团队负责运营,生产权威旅游统计数据并撰写各类数据分析报告,为阿勒泰旅游产业发展、政府制定决策提供重要依据。

该平台通过海量异构数据采集与集成技术,集成多种渠道获得的各种类型的结构化、半结构化及非结构化海量数据;应用电子记录数据处理技术处理阿勒泰游客属性、位置、行为、消费、互联网评价反馈等方面的信息;采用大数据分析及挖掘技术,主要应用统计抽样、神经网络和语义引擎方法处理游客识别、语义情感分析等。

应用层次分析法(AHP)将定性化的文字表达与定量化的数字比较相结合,以定量分析为指导,以数理模型为工具,通过对有限的数据样本进行系统化、模型化分析,有效避免了复杂需求转化的主观片面性。该平台利用层次分析法来计算确定阿勒泰旅游发展综合评价指标体系各个单项指标因子在相应层次和总体上的指标权重值,构建更合理的旅游发展相关数据统计及综合评价指标体系。

与此同时,该平台的搭建运营也在多个维度上实现创新突破。

“摸清了”阿勒泰旅游资源和产业“家底”。从以往A级旅游景区、星级酒店和旅行社的狭义资源和产业信息,扩展到地图可查全部住宿业、旅游吸引物、旅行服务商、文旅场馆和企业,以及机场、火车站、便利店等关联设施的分布信息。

“理清了”阿勒泰旅游在全国市场上的同期发展水平。该平台利用大数据技术对全国文旅市场进行横向和纵向的对比,不仅掌握了阿勒泰游客数量情况,以及游客从哪里来、线路怎么走、待多久,不同季节客流特征,红色游、冰雪游等专项市场的客流特征,为旅游监管和制定决策提供了不可或缺的数据支持,还通过各类指数变化情况的分析精准测算出了阿勒泰地区旅游发展水平的全国排名。

“认清了”阿勒泰旅游服务水平和价格竞争力。该平台利用大数据挖掘技术,结合精准推送调查,及时掌握阿勒泰旅游产品的数量、类型、价格水平及变化、检索量及其转化率等有效信息。接入OTA平台等的脱敏订单数据,及时了解阿勒泰旅游酒店和景区等业态服务的网络评价、突发事件的事中及事后市场有效复苏水平等重要市场信息等。

“搞清了”阿勒泰游客需求偏好及消费习惯。利用移动支付、刷卡支付等方面的大数据,及时了解阿勒泰游客消费总额、去向、人均消费、不同客源地消

费水平及特征、不同年代或不同人生阶段游客消费特性分布等数据信息。该平台接入典型OTA及票务渠道中住宿、景区旅游产品订单的金额、构成及其变化。

阿勒泰旅游监管和决策支撑大数据平台于2022年3月开始正式运行，通过建立长期合作机制，在加强与中国旅游研究院（文化和旅游部数据中心）合作的基础上，进一步提高了监测数据的科学性和严肃性。自平台运行至2024年末，借助其力量输出权威旅游统计数据并撰写阿勒泰旅游经济运行监测报告、阿勒泰旅游服务质量报告、冬季旅游发展专项报告等共39份，为地区旅游业制定决策提供参考。

（三）经验启示

该平台是一种通过大数据技术来收集、分析和利用旅游相关数据的平台，其先进性体现在以下几个方面：一是数据整合能力，该平台能够整合各种旅游相关数据，包括游客数据、酒店数据、景区数据及交通数据等，实现全面、全方位的数据分析和决策支撑；二是数据分析能力，该平台具备强大的数据分析能力，可以对大规模的旅游数据进行深入挖掘和分析，提供对旅游市场、消费趋势、旅游需求等的洞察和预测，为政府和企业制定决策提供科学依据；三是决策支持能力，该平台可根据数据分析结果，为政府相关部门、景区、酒店等提供决策支持。

该平台具有一定的综合性，并不局限于单一的旅游数据分析，还可以整合其他相关数据，如天气数据、人口数据等，提供更全面的决策支持；同时也具有一定的实时性，能够实时更新和分析数据，及时提供准确的决策支持。目前来说，大数据技术已经相对成熟，相应的工具和平台也比较丰富，使得该平台的复制和推广相对容易，并且可以基于该平台的建设和运营总结出一套标准化的流程和方法，帮助其他地区或企业进行复制和推广。

在平台应用过程中发现，一是需要注重数据的安全和隐私保护，采取相应的安全措施，确保数据不被泄露或滥用；二是不同的数据源可能存在数据标准和格式不一致的问题，需要对数据进行清洗和整合，确保数据的一致性和可用性；三是平台应该具备良好的用户界面和操作便捷性，以便用户快速上手和使用；四是在政企合作和数据共享方面，政府和企业应该积极合作，共享数据和资源，从而提高平台的整体效能。

该平台为强化阿勒泰旅游科技化、智能化、现代化水平提供了重要抓手，作为阿勒泰智慧旅游建设的重要内容,可以让旅游行政主管部门、涉旅企业随时随地掌握本地旅游发展景气、价格水平、客流规模、游客评价等方面的量化信息,根据视频实时监测情况对客流峰值进行疏解和应急处置,推动阿勒泰智慧旅游上到新的台阶;为提高阿勒泰旅游治理水平提供了重要支撑,通过与文旅部数据中心合作,大幅提升游客识别精准度,保障了数据应用的科学性,充分运用大数据算法高效处理的优势,实现从全国视角对阿勒泰旅游发展水平的多维分析,为生动讲述阿勒泰旅游故事开辟了全新思路;进行跨模块融合,化繁就简,创新构建了阿勒泰旅游服务质量指数体系等评价体系,进行疆内乃至全国范围内的对比,从而准确衡量阿勒泰旅游发展所处水平,同时让社会各界掌握阿勒泰旅游发展的实际情况,理性助力阿勒泰旅游推广宣传;盘活了内外部资源,建立专业运营机制,一方面依托国家权威旅游统计和大数据研究部门,梳理指标体系和大数据算法,做到科学精准,另一方面利用本地泰旅集团以及引入专业化开发和运营团队,建立了一套政产研相互配合的长效运营体系。这些实践均为各地进一步探索数字化创新发展积累了良好经验。

阿勒泰旅游监管和决策支撑大数据平台整体架构较为完善,运用科学、客观、可溯源的旅游统计方法保障数据统计,使政府相关部门及时掌握阿勒泰地区旅游动态数据,以及本地旅游发展情况、价格水平、客流规模、游客结构、游客评价等方面的量化信息,提升了阿勒泰旅游现代化水平。有效结合数据挖掘技术对多元化旅游数据进行深度分析应用,为制定政策和宏观经济管理提供依据,同时充分利用政府和社会资源构建旅游数据中心,对于提高监管水平和决策能力、带动阿勒泰旅游业高质量发展具有重要的意义。

## 第五节　柯尔克孜族英雄史诗《玛纳斯》说唱全息展演

### 一、基本情况

#### (一)史诗《玛纳斯》

“这是祖先留下的故事,我们怎能不把它传唱?这是先辈留下的遗产,代代相传直到今天。假若不唱这英雄的赞歌,何以解除我心中的忧烦?只要唱起先辈的英雄故事,优美的词句就会喷涌不断。英雄的业绩世代传扬,英雄史诗怎能不时时传唱?”

“荒滩变成了湖泊，湖海变成了桑田，丘陵变成了沟壑，雪峰也改变了容颜，英雄玛纳斯的故事，却在一代一代相传……”

这是柯尔克孜族史诗《玛纳斯》中的唱词，歌手通过铺陈排比的渲染、荡气回肠的赞词，歌颂玛纳斯为保卫家园、争取自由和幸福而斗争的英勇故事，它体现了柯尔克孜族人民顽强不屈、奋发进取的精神。《玛纳斯》是一部规模宏伟、流传甚广的英雄史诗，它同藏族的《格萨尔王》、蒙古族的《江格尔》并称为中国少数民族三大英雄史诗。《玛纳斯》的雏形产生于10世纪左右，到16世纪至17世纪逐渐定型为如今这般规模宏大的史诗篇章，作为中国少数民族三大英雄史诗之一，它详细描绘了柯尔克孜族人民日常生活的方方面面，可以说是“柯尔克孜族古代生活的百科全书”，因此它也成为研究我国北方乃至中亚各民族历史、文化的重要口头文献。2006年5月20日，《玛纳斯》入选第一批国家级非物质文化遗产名录；2009年9月28日，《玛纳斯》入选联合国教科文组织“人类非物质文化遗产代表作名录”。

作为柯尔克孜族英雄史诗的巅峰之作，《玛纳斯》集中代表了柯尔克孜族口头艺术的最高水平，其思想性、艺术性都堪称民间文学的典范。这部史诗中涉及的历史事件、人物和民族众多，集中反映了玛纳斯及其后裔的日常生活，较为真实地反映了古代柯尔克孜族的成长和发展脉络。

史诗《玛纳斯》主要流传于我国新疆维吾尔自治区克孜勒苏柯尔克孜自治州的阿图什市、阿合奇县、乌恰县、阿克陶县，伊犁哈萨克自治州的特克斯县、昭苏县，阿克苏地区乌什县，喀什地区塔什库尔干塔吉克自治县，和田地区皮山县等。此外，中亚的吉尔吉斯斯坦、哈萨克斯坦也是《玛纳斯》重要的流传地域，阿富汗的北部地区也有流传。

《玛纳斯》史诗共分为八个部分，属于典型谱系式衔接的英雄史诗，每部均以玛纳斯家族英雄的名字命名。“玛纳斯”既是整部史诗的统称，也是第一部的名称和第一部史诗主人公的名字，其他七部也都以对应部分主人公的名字命名。整部作品包括《玛纳斯》（一代）、《赛麦台依》（二代）、《赛依铁克》（三代）、《凯耐尼木》（四代）、《赛依特》（五代）、《阿斯勒巴恰一别克巴恰》（六代）、《索木碧莱克》（七代）、《奇格泰》（八代）。史诗的每一部相对独立，讲述一代英雄的故事，各部又相互衔接，成为一个完整的有机体。史诗《玛纳斯》通过扣人心弦的情节和生动优美的语言，刻画了玛纳斯及其七代子孙勠力同心、艰苦奋斗的丰功伟绩，彰显了柯尔克孜族人民对自由的热爱、对和平的向往、对幸福的追求，讴歌了他们不懈斗争、自强不息的英雄主义情怀和爱国主义情怀。

### （二）英雄玛纳斯

柯尔克孜族的历史可以追溯到两千年前。《史记·匈奴列传》和《汉书》中均有对柯尔克孜族先民的记载，当时"柯尔克孜"的译音为"鬲昆"，如今中国的柯尔克孜族主要分布在新疆维吾尔自治区克孜勒苏柯尔克孜自治州和黑龙江省富裕县五家子村，国外的柯尔克孜族主要分布在吉尔吉斯斯坦。柯尔克孜族是能歌善舞的游牧民族，平日分散于深山草原之间放牧，只有在喜庆节日和举行庆典的重要场合才会聚集到一起。作为中华民族大家庭的一员，柯尔克孜族人在漫长历史进程中，创造了数十部英雄史诗作品，这些作品无不凝结着柯尔克孜族人民集体智慧的结晶，记述着柯尔克孜族的生存和发展历程。

玛纳斯是柯尔克孜族传说中著名的英雄和首领，作为"江湖儿女"和"草原英雄"，不少人将他视为"神明之子"，时至今日，他依旧是力量、勇敢和正义的化身，是柯尔克孜族人民心中所尊崇的大英雄。"他有饿狼般的胆量，他有雄狮般的性格，他有巨龙般的容颜，他有不凡的相貌。像月湖似的玛纳斯，前面看去像白虎，后面看去像巨龙，顶上看去像苍鹰；他若发怒哼一下，赛过四十只狮子吼鸣……"

少年时代的玛纳斯"常在畜群里照料牲畜，当乞丐来的时候，他总是施舍钱财，我们的人民，我们的土地，这正是他日夜思索的大事……"在玛纳斯去世后，"松树、桦树、柳树都哭了，永不消失的太阳哭了，开放的花儿哭了，月亮和黑夜哭了，大山克制不住哭了，土和石头哭了，大地哭了，丘陵哭了，流淌的清水哭了……"这不禁让笔者想起马克思在中学毕业论文《青年在选择职业时的考虑》中的那句话：如果我们选择了最能为人类福利而劳动的职业，那么，重担就不能把我们压倒，因为这是为大家而献身，那时我们所感到的就不是可怜的、有限的、自私的乐趣，我们的幸福将属于千百万人，我们的事业将默默地、但是永远发挥作用地存在下去，面对我们的骨灰，高尚的人们将洒下热泪。玛纳斯就是这样的一个人，他为了自己族群的安危，为了护卫自己的家园，英勇顽强地同黑暗做斗争，他的高尚品格激励着后人。为了将玛纳斯这一人物形象塑造成一个理想的史诗英雄，在他身上汇聚了许多"神奇的力量"，这也符合封建社会早期的历史人物原型特征。可以说，玛纳斯一生中的大部分时间都在为族群的生存而斗争，在他的引领和感召下，其后代子孙也都前赴后继，继承他未完成的遗志，为反抗外族压迫和侵略，带领族人抛头颅、洒热血，通过八代人的不断努力，最终取得了胜利。

### （三）"玛纳斯奇"

传唱《玛纳斯》的民间歌手被称为"玛纳斯奇"，千百年来，由于"玛纳斯奇"不断进行传唱、加工、润色，《玛纳斯》的结构日臻完善，内容和形式也愈加丰富，传播范围也更加广泛。在不断传唱的过程中，《玛纳斯》史诗产生了许多版本和变体异文。在众多传唱版本中，居素普·玛玛依的唱本结构更为完整，篇幅更为宏大，演唱更为耀眼。仅从他一个人口中记录的文本就有8部，长达23万行，篇幅堪比古希腊的"荷马史诗"。随着《玛纳斯》史诗被民间歌手在表演中不断锤炼和完善，目前，《玛纳斯》已成为一部篇幅宏大、内容隽永、结构完整、引人入胜的口头综合性史诗精品，是我国各族人民共有共享的精神财富，得到了各族人民的喜爱。

2022年7月13日上午，习近平总书记在观看史诗《玛纳斯》说唱展示后指出，中华文明博大精深、源远流长，由各民族优秀传统文化百川汇流而成。像《玛纳斯》这样的文化遗产，既是少数民族的宝贵财富，也是中华民族的宝贵财富，要做好保护、传承、整理工作，使之发扬光大。《玛纳斯》的故事梗概家喻户晓，每一部都按英雄的出生、成长、结婚、守土、牺牲来讲述，为什么大家还是百听不厌？它荣登非物质文化遗产网络关注度榜文学类非遗项目榜首，获得这么大的关注度，与其本身的文学、历史、语言、民俗等多学科价值密不可分。《玛纳斯》是在丝绸之路上传承千年的英雄赞歌，体现了柯尔克孜族人顽强不屈的民族性格和团结一致、奋发进取的民族精神。

随着《玛纳斯》受到的社会重视度越来越高，接力传承，培养大批"玛纳斯奇"就显得尤为重要。民间歌手"玛纳斯奇"通常采用惯用的、程序化的语言和叙事模式，以一定的故事情节为基础，将自己掌握的有关柯尔克孜族的谚语、传说、习俗等历史和文化知识融入《玛纳斯》的创作和传唱。《玛纳斯》一般采用演唱形式，从头唱到尾，没有讲的部分，演唱内容有着一定的旋律和节奏，依据史诗情节的变化、史诗中人物的喜怒哀乐，传承人的演唱声调、曲调不断发生变化，同时传承人会用丰富的面部表情和多变的手势来表现史诗的情节。

### （四）《玛纳斯》的采集与整理过程

早在20世纪40年代，新疆的报刊上就有关于《玛纳斯》的零星介绍。对《玛纳斯》史诗进行大规模、成体系的收集、抢救、保护、记录、翻译、研究等，始于20世纪60年代。1960年，新疆维吾尔自治区文学艺术界联合会（以下简称"新疆文联"）下属的刊物《天山》和《塔里木》的编辑部人员到南疆乌恰县组稿，偶然发现黑孜苇乡有位叫“铁木尔”的歌手。铁木尔演唱的《赛麦台依与阿依曲莱克的相会》让编辑们心醉神迷。这些诗句是史诗《玛纳斯》中的片段，被记录下来并转化为汉文与维吾尔文，次年分别发表在《天山》和《塔里木》上。对以艾什玛特·曼别特居素普、居素普·玛玛依为代表的大师级“玛纳斯奇”的唱本的收集、记录、翻译等工作，始终是重中之重。经过各方力量数十年如一日的接续推进，2006年《玛纳斯》被列入我国第一批国家级非物质文化遗产名录，2009年又通过我国的申报成功列入“人类非物质文化遗产代表作名录”。《玛纳斯》含8部18卷，共23.6万余行、2000多万字。《玛纳斯》可谓一部规模空前的传记性英雄史诗，堪称“柯尔克孜族古代生活的百科全书”。它通过民间说唱艺人的说唱，讲述了英雄玛纳斯成长、结盟、婚礼、归来、远征的相关内容，演绎了玛纳斯传奇的一生。

《玛纳斯》成规模的采集整理历程具体如下。

第一次是1961年，新疆文联、新疆社科院民族文学研究所组织调查组，奔赴柯尔克孜族所在地区进行普查，在普查过程中，发现了两位杰出的“玛纳斯奇”，一位是阿合奇的居素普·玛玛依，一位是乌恰的艾什玛特·曼别特居素普。当年11月，工作组根据居素普·玛玛依演唱的歌曲，整理出了一部分关于史诗《玛纳斯》的资料。

第二次是1964年，中国民间文艺家协会、新疆文联、克孜勒苏柯尔克孜自治州（简称“克州”）政府三方成立《玛纳斯》工作领导小组，他们骑马登山，寻访牧区，收集到了许多相关文本以及民族志资料。采集结束后，调查组立刻着手翻译工作。

第三次是1978年，为了尽可能多地收集有关《玛纳斯》的资料，调研工作队又两次前往特克斯、昭苏等地访问歌手十余人，采录记载史诗3万多行。这个工作一直延续至今，随之也涌现出阿地里·居玛吐尔地、托汗·依萨克、马克来克·玉买尔拜、托合提汗·司马义等新一代的中国《玛纳斯》研究者。

（五）《玛纳斯》的传承与发展

《玛纳斯》靠“玛纳斯奇”演唱传承。“玛纳斯奇”的演唱传承分为家庭传承与师徒传承两种，或者二者结合。有的是在家庭的熏陶下进行传承，有的是进行拜师学艺。从媒介与传播史来看，《玛纳斯》分为口头人际传唱、抄本流传、印刷出版、广播电视展演等诸种形式。

“玛纳斯奇”一般是见多识广、文化功底深厚的民间艺术家，他们对本民族的神话传说、民间叙事诗与故事、谚语和歌谣、历史与习俗等比较熟悉，因而传唱史诗的过程也让他们成为民族民间文化的传承者与传播者。在集体娱乐活动中，“玛纳斯奇”并不需要乐器伴奏，他们以不同的表情、多样的手势、轻盈的体态，就可以传达喜怒哀乐的情感、表现跌宕起伏的情节和营造激情踊跃的氛围。

新疆维吾尔自治区党委和人民政府高度重视史诗《玛纳斯》的保护、传承与发展。截至 2024 年，全疆有近 500 名各级《玛纳斯》非遗代表性传承人，传承人群接替有序。《玛纳斯》的保护、研究和传承的研究成果一直处于国际史诗学研究前列。相关保护单位还出版了《〈玛纳斯〉论》《英雄史诗〈玛纳斯〉调查采录集》《〈玛纳斯〉史诗歌手研究》《〈玛纳斯〉演唱大师：居素普·玛玛依评传》《玛纳斯（汉文全译本）》等学术研究成果，是中国《玛纳斯》史诗研究的标志性成果。中央歌剧院、克州歌舞团等艺术创作、表演专业院团，以《玛纳斯》为蓝本，先后创作了歌剧《玛纳斯》、歌舞剧《玛纳斯》，推动了《玛纳斯》的创造性转化和创新性发展。部分成果还在吉尔吉斯斯坦、日本、美国等国翻译出版，大为拓展和发展了我国的史诗学科体系。

自 2011 年国家颁布实施《中华人民共和国非物质文化遗产法》以来，我国各级《玛纳斯》保护中心、研究中心相继建立。新疆师范大学、西北民族大学相继成立《玛纳斯》研究中心，并不断完善相关研究数据库、图书文献库，利用数字化等高科技手段对国内《玛纳斯》传承人及传承作品进行抢救性保护。同时，克州每年利用寒暑假在文化馆、学校、青少年活动中心、乡镇综合文化站等场所举办《玛纳斯》培训班，巩固、拓展了史诗传承保护的群众基础。

随着人们对非遗的重视，《玛纳斯》也走向了更广阔的舞台，玛纳斯学也不断取得新成就，逐步在国际史诗学界占据显著位置，主动掌握国际学术话语权，甚至开始引领这一学科的总体研究方向。吉尔吉斯斯坦也是《玛纳斯》的主要流传地域之一，在史诗的收集、编辑、出版和研究方面做出了卓越贡献。当前，我国已与包括吉尔吉斯斯坦在内的各国的专家学者搭建起多方学术合作平台，并取得许多实质性成果。中、吉双方多次联合召开国际学术研讨会议，我国学者的大量研究成果顺利在吉翻译出版，尤其是居素普·玛玛依大师的唱本在吉出版后广受欢迎，还被翻译成德文、英文、日文，大幅提升了《玛纳斯》的国际知名度。

随着“一带一路”建设的推进，《玛纳斯》史诗文化研究不仅在我国不断引向深入，更是辐射到“一带一路”沿线及其周边国家，带动形成《玛纳斯》学习热潮，成为我国同“一带一路”各国尤其是中亚国家文化交流的重要载体，在民间交流中占据显著位置，发挥标杆示范作用，展现了中华文化的无穷魅力和强大生命力。



### （六）《玛纳斯》的人物形象与主要情节

#### 1.《玛纳斯》的人物形象

玛纳斯的形象具有史诗英雄的共性，他豪放粗犷、威猛剽悍，体型魁伟，有着气吞山河的气魄和令人生畏的威慑力。歌手以浪漫而崇高的词句歌颂道：“他有饿狼般的胆量，他有雄狮般的性格，他有巨龙般的容颜，他有不平凡的相貌，他会成为雄狮般的英雄啊！”“从正面看，他像一只猛虎；从后面看，他像一条巨龙；从上面看，他像一只苍鹰。大熊伴随在他两侧，蟒蛇缠绕于他的腰间。他既有盖世的勇力、辉煌的战绩，也有刚愎自用、缺少谋略的缺陷，更有狼狈的处境和惨痛的失败，充满了源于大地草原的生命力与激情，还包含着壮烈的悲情意味。”这样的英雄具有马克思所说的集体人格的“类”的特征，是族群的旗帜和集体人格的象征，在社会发展中起到了团结、凝聚、鼓舞民众的作用。

在玛纳斯身边的汗王与勇士则构成了各具特征的人物群像，如智慧长者巴卡依汗、骁勇善战的楚瓦克、智勇双全的阿勒曼别特、能言善辩的阿吉巴依等。他们实际上是对玛纳斯性格特征的补充与完善，丰富了柯尔克孜族及其他北方游牧民族性格的复杂性与多样性，而性格的某一个方面被强化也恰恰为了在口头传唱中能更清晰地塑造鲜明的印象。另外，妇女的形象也各呈异彩：卡妮凯精明能干，有未卜先知之能；赛麦台依之妻阿依曲莱克倾国倾城，会幻化为天鹅；赛依铁克之妻库雅勒则是一位战斗仙女。这些人物有利于我们理解现代以前北方游牧民族的生活风貌、伦理道德与价值观念。

玛纳斯身边的40个勇士，除了柯尔克孜人，还有塔吉克人、哈萨克人、乌孜别克人和土库曼人，以及五六个卡勒玛克人和克塔依人的叛逆者。共同的悲惨命运和苦难遭遇使他们成为联结在一起的紧密共同体，为自由与幸福而战斗。征战孔托依获胜后，玛纳斯严肃军纪，制止手下勇士们的掳掠行为：“掳掠人民的财产，那是暴君们干的事情；凌侮可怜的百姓，那是孔托依汗王的本领……勇敢的人捉拿敌酋寇首，愚蠢的人祸害百姓黎民。”正是这种胸怀与见识，使得他的队伍成为仁义之师，不仅得到柯尔克孜人的拥戴与热爱，还受到其他民族人民的尊敬，即便是卡勒玛克人也齐声称颂他的事迹。

#### 2.《玛纳斯》的主要情节

《玛纳斯》的主要情节具体如下：

(1) 英雄的特异出身:加克普汗年老无子,通过祈祷,年老的妻子神奇怀孕。

(2) 苦难的童年:由于卡勒玛克人的追杀,玛纳斯一诞生就被送到密林中喂养,被迫隐姓埋名。

(3) 少年立功:玛纳斯9岁(有的唱词中描述为11岁)策马扬鞭,率领40名小勇士及柯尔克孜各部落民众,与入侵的卡勒玛克人交锋,杀死对方大将。

(4) 娶妻成家:玛纳斯杀死两名敌将,俘获他们的女儿为妻。后又迎娶可汗之女卡妮凯。卡妮凯生子赛麦台依。

(5) 外出征战:玛纳斯率众远征,取得了胜利,自己却在大意中遭败将暗算身亡。

(6) 家乡被篡权:玛纳斯征战期间,其同父异母的兄弟篡夺王位,玛纳斯的母亲与妻儿受到迫害。篡权者欲霸占卡妮凯,想杀死赛麦台依。

(7) 篡位者遭受惩处:赛麦台依杀死篡权者,民众恢复安居乐业的生活。

这种由幼及长、从壮到老、自父递嬗到子孙的顺序,符合质朴简单的生命节奏,其情节中所描述的相关人物也符合一般民间故事类型学归纳出来的英雄原型形象。《玛纳斯》的演唱主要是韵文体,而且并非只是歌颂一个英雄的事迹,而是讲述玛纳斯率领的一家八代子孙领导柯尔克孜族人反抗卡勒玛克人统治的故事。《玛纳斯》是一个谱系式的史诗群聚合体,尽管以“玛纳斯”命名总体,但完整的体量应该包括了居素普·玛玛依演唱的八部。这八部中的每一部都是以玛纳斯家族的一位英雄的名字来命名的,其中第一部《玛纳斯》是最重要的,不仅因为它的篇幅多达五万多行,约占整部史诗的四分之一,更因为它内容古朴,蕴含的文化因素最多,被歌手反复吟唱,在结构、韵律、修辞艺术的打磨上最为纯熟。

不同于一般史诗中常见的那种带有天真淳朴的人类童年时代中的个人主义式英雄,玛纳斯显示出一种伴随着历史发展,在民众中累加积淀的集体智慧结晶——他具有个人的勇武,是一员猛将,同时也是一位能够统观全局的成熟帅才,不会简单按照个体的喜怒哀乐来行事。例如,对待敌方的战将,只要他们战败后改变立场,改恶从善,他同样会给予优待和信任,这是一个民族成熟的标志。

《玛纳斯》超越了单纯的文学范畴,是带有历史、民俗、信仰、生活方式与心理结构等多方面综合价值的超级文本。在某种意义上,《玛纳斯》可以说是一种少数民族传统文化在当代的“效果历史”。《玛纳斯》既有一般意义上的审美娱乐价值，又有认知与教育的功能，还能在民众日常生活中发挥着心理抚慰与精神治疗的作用。《玛纳斯》充分体现了人民的力量。英雄爱人民，人民爱英雄，英雄与人民结成了一个坚强的共同体。

## 二、数字化路径

### （一）培养史诗《玛纳斯》的传唱力量

《玛纳斯》传唱歌手被称为“玛纳斯奇”。千百年来，一代代“玛纳斯奇”在口口相传中，丰富着《玛纳斯》的内容、曲调、旋律，也为这部民族史诗源源不断地注入生机和活力。在众多“玛纳斯奇”中，居素普·玛玛依是世界上少有的能够完整演唱8部《玛纳斯》的大师，其演唱规模达23万多行，被称为“当代荷马”。

《玛纳斯》是一部学不完、唱不够的英雄史诗。在传承保护方面，居素普·玛玛依的曾孙子托合那力·吐逊那力曾说道：“也许再也不会有像曾祖父那样的‘大玛纳斯奇’，但新生代的‘玛纳斯奇’在成长，也推动着《玛纳斯》传唱焕发新的生机。”为吸引更多年轻人关注《玛纳斯》、传唱《玛纳斯》、热爱《玛纳斯》，托合那力·吐逊那力充分利用短视频网络平台传授《玛纳斯》的演唱技艺。

为培育壮大“玛纳斯奇”队伍，克州成立州县两级非物质文化遗产保护与传承中心和克州玛纳斯奇协会，建立《玛纳斯》传承人名录库，严格按照“国家级、自治区级、自治州级、县（市）级”四级传承人发放生活补助，并举办“玛纳斯奇”培训班，助力一批青少年“玛纳斯奇”快速成长。

### （二）推动《玛纳斯》研究新突破

《玛纳斯》的收集、整理、研究工作，离不开专家学者的鼎力支持和积极参与。20世纪60年代，新疆文联在牵头组织对柯尔克孜族语言的收集过程中，意外地在偏远山区阿合奇县发现了居素普·玛玛依，他能持续数月演唱《玛纳斯》，数量达到数十万行。他那无与伦比的超强记忆力和出神入化的演唱技能，令学者们折服。

学者们根据他的传唱内容，整理出《玛纳斯》史诗片段，在刊物发表后，在国内外学界引起了轰动。随后，新疆文联和中国民间文艺家协会，分别在1961年、1964年组织采录组，记录下居素普·玛玛依演唱的《玛纳斯》。居素普·玛玛依贡献了《玛纳斯》史诗的前六部，总行数达到19.65万余行。这个数字已经是“荷马史诗”《伊利亚特》和《奥德赛》总和的近5倍。

但遗憾的是,这些采录内容多数在后来被损毁。1979年,在中国民间文艺家协会多位专家学者的奔走呼吁下,居素普·玛玛依被接到北京,开始第三次采录。这一次,他首次演唱了《玛纳斯》的第七部和第八部,并将原有的六部重新整理,最终整理出的《玛纳斯》史诗达到8部、23万多行。

(三)丰富《玛纳斯》的展演形式

传统《玛纳斯》演唱表现模式为"一人演唱多人听"。《玛纳斯》采用韵文形式,演唱者从头唱到尾,中间没有叙述部分,演唱曲调旋律悠扬,节奏铿锵有力,韵律和谐自然,有的演唱者能从夜晚一直唱到天亮,演唱比赛时,甚至可以唱上几天几夜。随着当今网络化、数字化、媒介多样化的发展,"师父演唱、徒弟聆听"的艺术展现形式亟待进一步丰富,对《玛纳斯》史诗进行重构和再创作已经迫在眉睫。长期以来,《玛纳斯》的演唱受到区域性的影响很大,大多数歌手只演述自己熟悉的《玛纳斯》篇章。要想增强《玛纳斯》演唱的感染力,加快《玛纳斯》史诗创造性转化、创新性发展,这就需要对《玛纳斯》的音乐和曲目进行重新编排。重新编排的歌舞剧《玛纳斯》,打破了传统的艺人独唱模式,融入库姆孜、口弦、克雅克等多种民族乐器和民族舞蹈,使得《玛纳斯》的表现形式更加丰富。同样是演绎玛纳斯成长、结盟、婚礼、归来、远征的"五部曲",但是歌舞兼备、叙事抒情相结合的原创歌舞剧相比单一的"师父演唱、徒弟聆听"的艺术展现形式,更受疆内外观众的认可。

随着优秀传统文化的创造性转化、创新性发展进程的加快,根据《玛纳斯》唱本改编的舞剧、歌剧、雕塑、绘画等现代艺术形式的作品不断涌现。《玛纳斯》史诗从1984年第一次走出草原、走上舞台开始,就不断以创新的姿态,"拥抱"二重唱、合唱、弹唱、歌剧、舞剧、歌舞剧等艺术形式,不断从帕米尔高原走向更广袤的远方。为顺应时代潮流,增加其感染力和传播力,推动《玛纳斯》传统演唱与其他艺术形式相互融合,近年来,克州根据《玛纳斯》唱本改编的舞剧、歌剧、歌舞剧先后向外界公演,千年英雄史诗《玛纳斯》被更多人熟知。特别是各级政府组织的会演、比赛,以及舞剧、歌剧、歌舞剧的改编、创作,适应了时代的发展,促进了《玛纳斯》跨地域、跨文化的传承和发展,让古老史诗在新的文化空间中焕发异彩。

## 三、未来前景

(一)扛牢主体责任,把保护传承落实落细

克州是《玛纳斯》史诗和玛纳斯文化的诞生地和传承地,克州党委、人民政府将《玛纳斯》的传承和保护工作放在突出位置，专门制订了《玛纳斯》抢救保护计划，设立了《玛纳斯》史诗保护传承研究的专门机构。自 2015 年起，截至 2024 年 8 月，克州已连续举办十届玛纳斯国际文化旅游节，打响了“世界的帕米尔，永远的玛纳斯”这一响亮的文化口号，扩大了《玛纳斯》史诗的知名度和影响力，让古老的《玛纳斯》史诗焕发了生机和活力。

（二）突出活态传承，培养青少年“玛纳斯奇”

传唱千年，至今仍有深厚群众基础，《玛纳斯》史诗的一大特点和独特价值就在于其活形态。克州突出活形态保护和传承人培养，开办多期《玛纳斯》史诗培训班，举办青少年《玛纳斯》演唱比赛，开展非遗进校园、进课堂、进社区、进景区、进文博场馆活动，将《玛纳斯》史诗纳入小学辅助课程，培养新一代传承人。同时，结合群众自发举办的柯尔克孜族传统节日诺鲁孜文化节，举办民间《玛纳斯》演唱活动，夯实玛纳斯文化的群众基础。

（三）注重守正创新，推动数字化转型

20 世纪 90 年代，一些民族学者悲观预测：“柯尔克孜族古老的《玛纳斯》说唱，随着 21 世纪信息化时代的到来将逐渐消失，人们不再传唱《玛纳斯》，它将进入博物馆。”

进入 21 世纪，《玛纳斯》史诗应摆脱传统传承方式，运用现代文艺手段进行创新性改编，译成国家通用语言文字版本广泛传播，运用现代艺术形式及科技手段呈现，如歌剧、舞剧、电影、电视剧、动画、彩绘等，让古老的史诗更贴近当代民众的生活，使《玛纳斯》真正成为“接地气”的优秀文化遗产，让传统史诗在创造性转化、创新性发展过程中探索出适合自己的当代化、生活化、审美化、创意化的发展道路，真正体现出其人民性的本质。在充分尊重史诗《玛纳斯》知识形态、文化形态以及遗产形态等核心精髓的基础上，顺应时代潮流，推动《玛纳斯》传统说唱与其他艺术形式相互融合，丰富其传承方式，增加其感染力和传播力。

（四）加强国际交流，打造“一带一路”上的文化名片

千百年来，《玛纳斯》一直在中国柯尔克孜族和吉尔吉斯斯坦吉尔吉斯族民众间广泛流传，两国的“玛纳斯奇”用共同的语言、共同的音乐曲调演唱英雄玛纳斯及其后代英勇斗争的故事。克州曾在乌鲁木齐举办《玛纳斯》国际演唱会暨保护论坛，让中、吉两国的“玛纳斯奇”首次同台竞技演唱。吉尔吉斯斯坦 2011—2014 年连续四年举办中国《玛纳斯》演唱大师居素普·玛玛依演唱艺术研讨会，并将其演唱文本翻译成吉尔吉斯文在当地出版，产生了较大的影响。

# 第六章 新疆旅游高质量发展及数智创新路径与对策

## 第一节　新疆旅游高质量发展路径与对策

### 一、新疆旅游高质量发展的模式

新疆旅游高质量发展的模式在文旅融合与“三交”(交往、交流、交融)方面展现出独特的魅力和显著的成效。

文旅融合是新疆旅游高质量发展的核心之一。新疆拥有丰富的历史文化和自然景观资源,将这些资源进行有效整合和深度挖掘,是提升旅游吸引力的关键。近年来,新疆大力推动文旅融合,通过举办各类文化节庆活动、打造文化旅游品牌、建设文化旅游项目等方式,将文化与旅游紧密结合,形成了独具特色的旅游新业态。例如,新疆国际大巴扎景区就是典型的文旅融合模式。这里不仅汇聚了新疆各地的美食、手工艺品等特色产品,还通过举办各类文化演出、民俗活动等,让游客在品尝美食、购买纪念品的同时,也能深入了解新疆的历史文化和民族风情。这种文旅融合的方式,不仅提升了游客的旅游体验,也促进了新疆文化的传承与发展。此外,新疆还积极推动“葡萄酒＋文旅”融合发展,将葡萄酒产业与旅游资源进行捆绑式开发,形成了新的旅游吸引力。新疆通过举办葡萄酒节、开展品酒会等活动,让游客不仅可以品尝到新疆优质的葡萄酒,还能了解葡萄酒的酿造过程和文化背景,进一步丰富了旅游业态。

“三交”模式是新疆旅游高质量发展的重要方面。通过旅游活动,游客和当地居民可以相互接触、交流,增进彼此的了解和友谊。这种形式的交流,不仅丰富了游客的旅游体验,也促进了各民族文化的传播和融合。在新疆,这种“三交”模式得到了广泛实践。例如,在和田夜市,来自全国各地的游客和不同民族的经营户相遇、互动交流,共同品尝地道的新疆美食,欣赏精彩的歌舞表演。这种体验让游客们深刻感受到和田乃至新疆的多元文化氛围,同时也增进了各民族之间的了解和友谊。此外,新疆还通过举办各类旅游节庆活动、文化展览等,为各民族之间的交流与融合提供了更多机会。例如,在喀什古城景区,游客可以参观古老的民居、手工艺作坊,了解喀什的历史文化和民族风情,并与当地居民进行深入的交流。这种文化共享的体验,让游客更加深入地了解了新疆,也促进了各民族之间的交流与融合。

## 二、新疆旅游高质量发展的路径

新时代背景下,新疆旅游高质量发展的路径清晰而坚定,主要包括打造红色旅游精品线路、讲好大美新疆故事、推动文旅融合及夯实文旅产业基础等方面。

### (一)打造红色旅游精品线路

红色旅游是新疆旅游的重要组成部分,它不仅承载着厚重的历史记忆,还是传承红色基因、弘扬革命精神的重要途径。新疆拥有丰富的红色旅游资源,如中国工农红军西路军总支队旧址、毛泽民故居、克拉玛依一号井等。为了推动红色旅游的高质量发展,新疆应进一步挖掘这些红色旅游资源的内涵和价值,打造一批具有影响力的红色旅游精品线路。具体而言,可以通过整合红色景点、优化旅游线路、提高服务质量等方式,将红色旅游与自然风光、民俗文化等相结合,形成独具特色的旅游产品。同时,还可以利用现代科技手段,如VR、AR等,为游客提供更加沉浸式的红色旅游体验。

### (二)讲好大美新疆故事

讲好大美新疆故事是提升新疆旅游吸引力、增强游客体验感的关键。这要求新疆在旅游发展中注重文化内涵的挖掘和传承,通过举办文化节庆活动、建设文化展示场馆、开发文化旅游产品等方式,将新疆的历史文化、民俗风情等融入旅游产品中。同时,还要加强对外宣传,利用新媒体等渠道,将新疆的美丽风光、人文故事等传播出去,吸引更多国外游客前来探访。通过讲好大美新疆故事，让游客在旅途中不仅能够欣赏到美丽的风景，还能感受到新疆深厚的文化底蕴和独特的民族风情。

（三）推动文旅融合

文旅融合是新疆旅游高质量发展的必然趋势。新疆应充分利用其丰富的文化资源和旅游资源，推动文化与旅游的深度融合。一方面，可以通过打造文化旅游品牌、开发文化旅游产品等方式，将文化资源转化为旅游资源，另一方面，也可以通过举办文化节庆活动、建设文化旅游景区等方式，将旅游资源融入文化产品中。在推动文旅融合的过程中，要注重创新和差异化发展，避免同质化竞争。同时，还要加强与文化创意产业的合作，推动旅游与文化创意产业的融合发展，形成具有竞争力的文旅产业集群。

（四）夯实文旅产业基础

文旅产业基础是新疆旅游高质量发展的支撑和保障。为了夯实文旅产业基础，新疆应加强旅游基础设施建设，提高旅游服务质量。具体而言，可以加大投入力度，建设更加完善的旅游交通、住宿、餐饮等方面的配套设施。同时，要加强对旅游从业人员的培训和管理，提升他们的专业素养和服务水平。此外，还要加大旅游市场监管和执法力度，维护良好的旅游市场秩序。通过夯实文旅产业基础，为游客提供更加安全、便捷、舒适的旅游环境，提升新疆旅游的整体竞争力。

## 三、新疆旅游高质量发展的对策

新疆旅游要想实现高质量发展，可以从优化文旅产品供给结构、打造文旅高质量人才队伍、推动文旅产业数字化转型等方面入手，全面提升新疆旅游产业的竞争力和吸引力。

（一）优化文旅产品供给结构

优化文旅产品供给结构是新疆旅游高质量发展的关键所在。新疆拥有丰富的旅游资源，但长期以来，旅游产品供给结构相对单一，主要集中在观光游和休闲游上。为了提升旅游产品的多样性和吸引力，新疆应进一步挖掘和开发各类旅游资源，打造多元化的旅游产品体系。一方面，要深入挖掘和整合红色旅游资源，如八路军驻新疆办事处纪念馆、新疆生产建设兵团军垦博物馆等，开发红色旅游精品线路，弘扬革命精神和爱国主义精神，另一方面，要充分利用新疆的自然风光和民族文化资源，开发探险游、生态游、文化游等特色旅游产品，满足游客对深度文化体验的需求。同时，新疆应注重提升旅游产品的品质和服务水平。通过借鉴其他省级行政区优秀的旅游服务理念和管理模式，提升旅游景区的硬件设施和软件服务，为游客提供更加舒适、便捷、安全的旅游环境。此外，还可以开发一系列主题旅游活动和节庆活动，如冰雪旅游节、民族风情节等，以增强旅游产品的吸引力和竞争力。

（二）打造文旅高质量人才队伍

人才是旅游业发展的核心要素。新疆要想实现旅游高质量发展，就必须打造一支高素质、专业化的文旅人才队伍。这要求新疆在人才培养、引进和使用方面下功夫，形成人才辈出的良好局面。一方面，要加强文旅人才的培养和引进，通过与高校、科研机构等合作，开展旅游专业人才培训和教育，提升旅游行业从业人员的专业素养和服务水平，同时，积极引进国内外优秀的旅游管理和服务人才，为新疆旅游业的发展注入新的活力。另一方面，要注重人才的激励和保障，应建立健全文旅人才激励机制，通过设立奖励基金、提供职业发展机会等方式，激发文旅人才的积极性和创造性，同时，加强文旅人才的保障措施，如提供完善的福利待遇、建立人才库等，为文旅人才的长期发展提供有力保障。此外，新疆还应加强旅游业的人才交流与合作。通过组织各类文旅人才交流活动、搭建人才合作平台等方式，促进旅游业内部的人才流动和资源共享，提升旅游业的整体服务水平和竞争力。

（三）推动文旅产业数字化转型

数字化转型是当前旅游业发展的重要趋势。新疆要想实现旅游高质量发展，就必须顺应数字化时代的潮流，推动文旅产业的数字化转型。一方面，要加强旅游信息化建设，通过建设旅游大数据中心、完善旅游信息服务体系等，提升旅游信息的获取、分析和利用能力，同时，加强旅游景区的信息化建设，如建设智慧景区、推广电子门票等，增强便捷性，提升游客的旅游体验。另一方面，要推动旅游产品的数字化创新，利用VR、AR等先进技术，开发虚拟现实旅游产品、增强现实旅游产品等新型旅游产品，为游客提供更加沉浸式的旅游体验，同时，加强旅游产品的在线营销和推广，通过社交媒体、短视频平台等新媒体平台，扩大旅游产品的知名度和影响力。此外，新疆还应加强旅游业的数字化管理，通过建设旅游监管平台、完善旅游统计体系等方式，加强对旅游业的监管，提升旅游业的管理能力，同时，推动旅游业的智能化发展，如利用人工智能技术优化旅游服务流程、提高旅游服务质量等，为游客提供更加智能、便捷的旅游服务。

## 第二节　新疆旅游数智化创新发展路径与对策

### 一、新疆旅游数智化创新的模式

随着信息技术的飞速发展和旅游市场的不断变化，新疆旅游正积极探索数智化创新的模式，以科技赋能旅游产业，推动旅游高质量发展。

智慧旅游平台是新疆旅游数智化创新的重要部分。通过建设智慧旅游大数据中心、智慧旅游管理平台以及“游新疆”平台等，新疆旅游实现了数据的全面整合和高效利用。智慧旅游大数据中心通过横向和纵向整合自治区涉旅数据，接入了大量景区监控，实现了智慧化监管和调度。“游新疆”平台则定位于自治区官方旅游服务总入口，接入了大量景区、酒店、文旅特产和线路等资源，为游客提供“吃、住、行、游、购、娱”全方位的旅游服务。“游新疆”平台不仅提供了门票预约、旅游咨询、语音讲解、投诉建议等多项服务，还针对老年人等特定群体推出了特色功能，如一键拨号投诉、预约购票、语音导览等，极大地提升了老年人的出游体验。这些创新举措不仅提升了旅游服务的便捷性和个性化水平，也推动了旅游业的数字化转型。

数字化营销与推广是新疆旅游数智化创新的重要手段。新疆充分利用新媒体、新技术、新平台，通过数字文旅平台、5G慢直播、AI制图、AI视频等新形式，从内容角度出发，重新定义数字文旅推荐方式。例如，通过慢直播活动，让游客能够“云”赏新疆美景，感受新疆的壮丽风光和独特魅力。同时，利用AI技术生成丰富多样的图文内容和短视频，如“冬天给各地(州、市)建筑穿毛衣”“新疆秋景变成油画”等，这些创意内容不仅吸引了大量游客的关注，也提升了新疆旅游的知名度和美誉度。此外，新疆还积极运用社交媒体、短视频平台等新媒体渠道进行旅游推广。通过邀请“网红”旅游博主对新疆进行网络宣传，讲述新时代的新疆故事，展示新疆的美丽风光和多元文化，进一步扩大了新疆旅游的影响力和吸引力。

文旅融合与数字化转型是新疆旅游数智化创新的重要方向。新疆拥有丰富的历史文化和民俗资源，将这些资源与数字技术相结合，可以打造出更具吸引力和竞争力的旅游产品。例如，新疆的一些博物馆和纪念馆引入了数字技术，通过打造互动平台，提供虚拟现实游戏互动体验，让游客仿佛身临其境，感悟景点背后的文化内涵。同时，通过开发数字化文创产品、有奖答题游戏小程序等，将多样文化资源同各种线上活动结合起来，提升了游客的体验感和参与度。

## 二、新疆旅游数智化创新的路径

新疆旅游数智化创新的首要路径是构建智慧旅游生态系统。这一系统以大数据、云计算、物联网等现代信息技术为支撑，通过整合旅游资源、优化旅游服务、提升旅游体验，形成一个高效、便捷、个性化的旅游服务体系。具体而言，新疆正在加强智慧旅游大数据中心的建设，通过收集、整合和分析旅游相关数据，为旅游产业的决策支持、市场营销、产品优化等提供科学依据。同时，新疆还在推进智慧景区、智慧酒店、智慧交通等建设，通过引入智能导览、智能购票、智能停车等智能化服务，提升游客的旅游体验。

文旅融合与数字化转型是新疆旅游数智化创新的重要路径。新疆拥有丰富的历史文化和民俗资源，通过将这些资源与数字技术相结合，可以打造出更具吸引力和竞争力的旅游产品。一方面，新疆正在积极推动文化与旅游的深度融合，通过挖掘和传承历史文化、民俗文化资源等，打造具有地方特色的文化旅游产品，另一方面，新疆还在加强数字技术在旅游产业中的应用，如利用VR、AR等先进技术，为游客提供沉浸式的旅游体验。

数字化营销与品牌推广是新疆旅游数智化创新的又一重要路径。新疆正在充分利用新媒体、新技术、新平台，通过数字化手段进行旅游营销和品牌推广。一方面，新疆正在加强与社交媒体、短视频平台等新媒体渠道的合作，通过发布旅游短视频、图文内容等，吸引游客的关注和兴趣，另一方面，新疆还在探索利用大数据、人工智能等技术进行精准营销，根据游客的兴趣、需求和行为等，推送个性化的旅游产品和服务。

智慧化监管与服务是新疆旅游数智化创新的重要保障。新疆正在加强旅游市场的智慧化监管，通过引入大数据、人工智能等技术，对旅游市场进行实时监测和分析，及时发现和解决旅游市场中的问题和风险。同时，新疆还在提升旅游服务的智慧化水平，通过建设智慧旅游服务平台，为游客提供便捷的投诉、建议、咨询等方面的服务。此外，新疆还在加强旅游从业人员的培训和教育，提升他们的专业素养和服务水平，从而为游客提供更加优质、便捷、个性化的旅游服务。

## 三、新疆旅游数智化创新的对策

新疆旅游数智化创新的首要对策是加强基础设施建设，提升数智化服务水平。这包括加强网络、通信等方面的基础设施的建设，确保在全疆范围内实现稳定的网络覆盖和高效的数据传输。同时，要推进智慧景区、智慧酒店、智慧交通等建设，通过引入智能导览、智能购票、智能停车等智能化服务，提升游客的旅游体验。此外，还要加强旅游公共服务设施的建设，如旅游集散中心、游客服务中心、景区厕所、停车场等，为游客提供更加便捷、舒适的服务环境。

文旅融合是新疆旅游数智化创新的重要对策之一。新疆拥有丰富的历史文化和民俗资源，通过将这些资源与数字技术相结合，可以打造出更具吸引力和竞争力的数智化旅游产品。例如，可以开发虚拟旅游体验项目，利用VR、AR等技术，让游客提前感受新疆的美景和文化。同时，可以开发数字化文创产品，如虚拟旅游纪念品等，满足游客对个性化、定制化旅游产品的需求。此外，还可以加强旅游演艺、民俗活动等的数字化传播和推广，通过线上平台吸引更多游客的关注。

数字化营销是新疆旅游数智化创新的又一重要对策。新疆可以充分利用社交媒体、短视频平台等新媒体渠道，进行全方位的数字营销。通过制作高质量的旅游宣传内容，包括图片、视频、文案等，吸引更多游客关注新疆旅游。同时，可以利用大数据分析游客的行为和需求，精准推送旅游产品和服务，实现旅游营销的智能化。此外，还可以加强与在线旅游平台等的合作，通过线上渠道扩大旅游产品的销售和推广范围。

# 主要参考文献


[1] 何建民．新时代我国旅游业高质量发展系统与战略研究[J]．旅游学刊，2018(10)．

[2] 刘英基，韩元军．要素结构变动、制度环境与旅游经济高质量发展[J]．旅游学刊，2020(3)．

[3] 刘雨婧，唐健雄．中国旅游业高质量发展水平测度及时空演化特征[J]．统计与决策，2022(5)．

[4] 廖军华，王欢．新发展阶段旅游业高质量发展的现实困境与破解之道[J]．改革，2022(5)．

[5] 王兆峰，谢佳亮，吴卫．环长株潭城市群旅游业高质量发展水平变化及其影响因素[J]．经济地理，2022(3)．

[6] 戴学锋，杨明月．全域旅游带动旅游业高质量发展[J]．旅游学刊，2022(2)．

[7] 舒波，靳晓双，程培娴．省域旅游产业高质量发展水平评价指标体系构建与实证[J]．统计与决策，2022(24)．

[8] 宋子千．科技引领“十四五”旅游业高质量发展[J]．旅游学刊，2020(6)．

[9] 张鹏杨，郑婷，黄艳梅．实现从经济功能向综合功能转变促进旅游业高质量发展[J]．宏观经济管理，2022(7)．

[10] 谢攀，马纯．文化资本与旅游业高质量发展：中国经验[J]．社科纵横，2022(2)．

[11] 高静，徐长乐，刘春济．熟悉度对旅游目的地游客满意度评价的影响研究——基于到访西安的中西方游客比较[J]．华东经济管理，2015(2)．

[12] 李研，金慧贞，李东进．社交网络情境下消费者口碑生成的影响因素模型：基于真实口碑文本的扎根研究[J]．南开管理评论，2018(6)．

[13] 孙晓，刘力钢，陈金．中国旅游经济高质量发展的测度[J]．统计与决策，2021(17)．

[14] 唐业喜，左鑫，伍招妃，等．旅游经济高质量发展评价指标体系构建与

实证——以湖南省为例[J]. 资源开发与市场,2021(6).

[15] 阎友兵,胡欢欢. 中国旅游业高质量发展水平的测度及时空演化分析[J]. 湖南财政经济学院学报,2021(1).

[16] 李志远,夏赞才. 长江经济带旅游业高质量发展水平测度及失配度时空格局探究[J]. 南京师大学报(自然科学版),2021(4).

[17] 钟漪萍,李颖. 旅游业高质量发展水平测度与地区差异及收敛特征分析[J]. 统计与决策,2022(21).

[18] 方世巧,赖俊武,滕容梅. 数字经济与旅游业高质量发展的耦合协调关系及互动效应研究——以西部民族地区为例[J]. 资源开发与市场,2023(11).

[19] 时朋飞,曹钰晗,龙荟冰,等. 我国旅游业高质量发展水平测度、空间分异及障碍因子诊断[J]. 经济地理,2023(2).

[20] 刘静,王宝林,刘朝峰. 科技创新与旅游高质量发展的时空耦合协调——以京津冀为例[J]. 技术经济与管理研究,2022(6).

[21] 王凯,胡鸣镝,关锐,等. 中国旅游业高质量发展与共同富裕的互动关系[J]. 资源科学,2023(5).

[22] 许艺芳,王松茂. 中国旅游经济高质量发展时空特征及影响因素研究[J]. 统计与决策,2023(2).

[23] 袁惠爱,赵丽红,岳宏志. 数字经济影响旅游业高质量发展:理论机制与经验证据[J]. 云南财经大学学报,2023(5).

[24] 王珏,王荣基. 新质生产力:指标构建与时空演进[J]. 西安财经大学学报,2024(1).

[25] 徐波,王兆萍,余乐山,等. 新质生产力对资源配置效率的影响效应研究[J]. 产业经济评论,2024(4).

[26] 朱富显,李瑞雪,徐晓莉,等. 中国新质生产力指标构建与时空演进[J]. 工业技术经济,2024(3).

[27] 王珂,郭晓曦. 中国新质生产力水平、区域差异与时空演进特征[J]. 统计与决策,2024(9).

[28] 张哲,李季刚,汤努尔·哈力克. 中国新质生产力发展水平测度与时空演进[J]. 统计与决策,2024(9).

[29] 徐克帅. 红色旅游和社会记忆[J]. 旅游学刊,2016(3).

[30] Nepal S K. Mountain Ecotourism and Sustainable Development[J]. Mountain Research and Development,2002(2).

[31] Goodrich J N. Health Tourism:A New Positioning Strategy for Tourist Destinations[J]. Journal of International Consumer Marketing,1994.

[32] Gupta A S. Medical Tourism and Public Health[J]. People's Democracy,2004(19).

[33] Marlowe J,Sullivan P. Medical Tourism:The Ultimate Outsourcing[J]. Human Resource Planning,2007(2).

[34] Carrera P,Lunt N. A European Perspective on Medical Tourism: The Need for a Knowledge Base[J]. International Journal of Health Services,2010(3).

[35] Crooks V A,Turner L,Snyder J,et al. Promoting Medical Tourism to India: Messages, Images, and the Marketing of International Patient Travel[J]. Social Science & Medicine,2011(5).

[36] Loh C P A. Health Tourism on the Rise? Evidence from the Balance of Payments Statistics[J]. The European Journal of Health Economics,2014.

[37] Smith P C,Forgione D A. Global Outsourcing of Healthcare:A Medical Tourism Decision Model[J]. Journal of Information Technology Case and Application Research,2007(3).

[38] Hopkins L,Labonté R,Runnels V,et al. Medical Tourism Today:What is the State of Existing Knowledge?[J]. Journal of Public Health Policy,2010.

[39] Yu J Y,Ko T G. A Cross-Cultural Study of Perceptions of Medical Tourism among Chinese, Japanese and Korean Tourists in Korea[J]. Tourism Management,2012(1).

[40] Kaushik D,Rustagi A. Medical Tourism:A Global Industry[J]. Journal of Statistics and Management Systems,2020(7).

[41] 王颖. 国外医疗旅游评述[J]. 科技视界,2015(3).

[42] 刘建国,张永敬. 医疗旅游:国内外文献的回顾与研究展望[J]. 旅游学刊,2016(6).

[43] 刘佳,王娟. 国外医疗旅游研究综述与启示[J]. 中国海洋大学学报(社会科学版),2016(6).

[44] 房良,陈秀芝,许明飞. 国际医疗旅游产品特色研究及对我国的启示[J]. 卫生软科学,2022(10).

[45] 刘庭芳,苏延芳,苏承馥. 亚洲医疗旅游产业探悉及其对中国的启示[J]. 中国医院,2009(1).

[46] 高静,刘春济. 国际医疗旅游产业发展及其对我国的启示[J]. 旅游学刊,2010(7).

[47] 王红芳. 医疗旅游发展与国际经验研究[J]. 调研世界,2012(1).

[48] Heung V C S, Kucukusta D, Song H. A Conceptual Model of Medical Tourism Implications for Future Research[J]. Journal of Travel & Tourism Marketing,2010(3).

[49] Cormany D, Baloglu S. Medical Travel Facilitator Websites: An Exploratory Study of Web Page Contents and Services Offered to the Prospective Medical Tourist[J]. Tourism Management,2011(4).

[50] Falk L K, Prinsen T J. Decisions, Decisions: Factors that Influence a Patient' s Medical Tourism Choices[J]. Quarterly Review of Business Disciplines,2016(3).

[51] 陈勇,刘征. 基于PEST分析的医疗旅游开发可行性与对策研究[J]. 当代经济,2019(5).

[52] 叶洋洋,唐代剑. 产业融合视角下医疗旅游融合发展研究[J]. 经济体制改革,2021(2).

[53] Chi C G Q, Qu H. Examining the Structural Relationships of Destination Image, Tourist Satisfaction and Destination Loyalty: An Integrated Approach[J]. Tourism Management,2008(4).

[54] Moghimehfar F, Nasr-Esfahani M H. Decisive Factors in Medical Tourism Destination Choice: A Case Study of Isfahan, Iran and Fertility Treatments[J]. Tourism Management,2011(6).

[55] Hassan N A, Hemdi M A. The Influence of Destination Image on Medical Tourist's Intention for Future Destination Choice[J]. Environment-Behaviour Proceedings Journal, 2016(1).

[56] Gill H, Singh N. Exploring the Factors that Affect the Choice of Destination for Medical Tourism[J]. Journal of Service Science and Management, 2011(3).

[57] Peters C R, Sauer K M. A Survey of Medical Tourism Service Providers[J]. Journal of Marketing Development and Competitiveness, 2011(3).

[58] Henson J N, Guy B S, Dotson M J. Should I Stay or should I Go?: Motivators, Decision Factors, and Information Sources Influencing Those Predisposed to Medical Tourism[J]. International Journal of Healthcare Management, 2015(1).

[59] Arora U. Medical Tourists' Travel Motivations: A Revisit to the Literature[J]. International Journal of Research in Social Sciences, 2019(4).

[60] Virani A, Wellstead A M, Howlett M. The North-South Policy Divide in Transnational Healthcare: A Comparative Review of Policy Research on Medical Tourism in Source and Destination Countries[J]. Globalization and health, 2020.

[61] Mishra V, Sharma M G. Framework for Promotion of Medical Tourism: A Case of India[J]. International Journal of Global Business and Competitiveness, 2021(1).

[62] 梁湘萍, 甘巧林. 国际医疗旅游的兴起及其对我国的启示[J]. 华南师范大学学报(自然科学版), 2008(1).

[63] 宋玉芹, 汪德根. 近10年国内外医疗旅游研究比较[J]. 地理与地理信息科学, 2011(6).

[64] Fetscherin M, Stephano R M. The Medical Tourism Index: Scale Development and Validation[J]. Tourism Management, 2016.

[65] Moghavvemi S, Ormond M, Musa G, et al. Connecting with Prospective Medical Tourists Online: A Cross-Sectional Analysis of Private Hospital Websites Promoting Medical Tourism in India, Malaysia and Thailand

[J]. Tourism Management,2017.

[66] Ghosh T, Mandal S. Medical Tourism Experience: Conceptualization, Scale Development, and Validation[J]. Journal of Travel Research, 2019(8).

[67] Taheri B, Chalmers D, Wilson J, et al. Would you Really Recommend it? Antecedents of Word-of-Mouth in Medical Tourism[J]. Tourism Management,2021.

[68] 汤炎非,罗仲伟. 中国健康产业发展指数研究[J]. 价格理论与实践,2019(6).

[69] 严荣,耿松涛,唐洁. 中国医疗旅游发展影响因素关联度分析[J]. 江西社会科学,2022(9).

[70] 王化笛,覃小华,郑菲菲,等. 中国健康产业与旅游产业耦合协调度的时空演化与趋势预测[J]. 统计与决策,2023(16).

[71] 耿松涛,张鸿霞,乔琳. 医疗与旅游产业融合发展的创新路径研究——基于系统动力学的建模与仿真[J]. 旅游学刊,2025(5).

[72] Nair V, Munikrishnan U T, et al. Redefining Rural Tourism in Malaysia: A Conceptual Perspective[J]. Asia Pacific Journal of Tourism Research,2015(3).

[73] 孙园园,王颖. 东北三省乡村旅游重点村的空间分布及其影响因素分析[J]. 农业与技术,2023(15).

[74] 陈珊珊,王成超. 福建省县域乡村地域多功能评价及发展类型划分[J]. 云南地理环境研究,2021(4).

[75] 唐健雄. 乡村旅游的民生效应探讨[J]. 旅游学刊,2010(9).

[76] 李美霖,孟凡钊. 广西北部区域休闲农业与乡村旅游协调发展研究[J]. 江苏农业科学,2023(8).

[77] 郭艳. 体验视角下科技助推乡村旅游发展路径研究[J]. 农业经济,2024(2).

[78] 蔡维英,王兴华,张伟,等. 冬季不利气象条件群发特征及对吉林省冰雪旅游的影响[J]. 地理科学,2022(6).

[79] Bausch T, Gartner W C. Winter Tourism in the European Alps: Is a

New Paradigm Needed?[J]. Journal of Outdoor Recreation and Tourism,2020.

[80] Steiger R, Scott D. Ski Tourism in a Warmer World: Increased Adaptation and Regional Economic Impacts in Austria[J]. Tourism Management,2020.

[81] Bielański M, Taczanowska K, Brandenburg C, et al. Using a Social Science Approach to Study Interactions between Ski Tourers and Wildlife in Mountain Protected Areas[J]. Mountain Research and Development, 2018(4).

[82] Biberos-Bendezú K, Vázquez-Rowe I. Environmental Impacts of Introducing Cable Cars in the Andean Landscape: A Case Study for Kuelap, Peru[J]. Science of the Total Environment,2020.

[83] Wilkins E J, Akbar H, Saley T C, et al. Climate Change and Utah Ski Resorts: Impacts, Perceptions, and Adaptation Strategies[J]. Mountain Research and Development,2021(3).

[84] Quinlan N J, Patton C M, Johnson R J, et al. Wrist Fractures in Skiers and Snowboarders: Incidence, Severity, and Risk Factors over 40 Seasons [J]. The Journal of Hand Surgery,2020(11).

[85] 张雪莹,张正勇,刘琳. 新疆冰雪旅游资源适宜性评价研究[J]. 地球信息科学学报,2018(11).

[86] 王国权,王欣,王金伟,等. 冬奥会背景下城市居民滑雪旅游行为意向的影响机制——基于北京市的实证研究[J]. 干旱区资源与环境,2022(5).

[87] 胡川,王林江,张桂玲. 分析师跟踪、内控有效性与科技型中小企业创新[J]. 科技进步与对策,2020(3).

[88] 赵萌. 环境目标下高等院校内部控制评价体系构建——基于AHP模糊分析方法[J]. 财会通讯,2017(34).

[89] Humphrey J, Schmitz H. How does Insertion in Global Value Chains Affect Upgrading in Industrial Clusters[J]. Regional Studies,2002(36).

[90] Lin B, Lee Y, Hung S. R & D Intensity and Commercialization Orienta-

tion Effects on Financial Performance[J]. Journal of Business Research, 2006(6).

[91] Cappelen Å, Raknerud A, Rybalka M. The Effects of R & D Tax Credits on Patenting and Innovations[J]. Research Policy, 2012(2).

[92] Caro L M, Garcia J A M. Developing a Multidimensional and Hierarchical Service Quality Model for the Travel Agency Industry[J]. Tourism Management, 2008(4).

[93] 黄速建,肖红军,王欣. 论国有企业高质量发展[J]. 中国工业经济, 2018(10).

[94] 戴国宝,王雅秋. 民营中小微企业高质量发展:内涵、困境与路径[J]. 经济问题,2019(8).

[95] 陈昭,刘映曼. 政府补贴、企业创新与制造业企业高质量发展[J]. 改革,2019(8).

[96] 李世刚,李晓萍,江飞涛. 收入分配与产品质量前沿[J]. 中国工业经济,2018(1).

[97] 谷军健,赵玉林. 中国海外研发投资与制造业绿色高质量发展研究[J]. 数量经济技术经济研究,2020(1).

[98] 李佳霖,张倩肖,董嘉昌. 金融发展、企业多元化战略与高质量发展[J]. 经济管理,2021(2).

[99] 孟茂源,张广胜. 劳动力成本上升对制造业企业高质量发展的影响分析[J]. 经济问题探索,2021(2).

[100] 范玉仙,张占军. 混合所有制股权结构、公司治理效应与企业高质量发展[J]. 当代经济研究,2021(3).

[101] 王瑶,黄贤环. 企业高质量发展的指标体系构建与实现路径[J]. 统计与决策,2021(12).

[102] 方世敏,黄琰. 长江经济带旅游效率与规模的时空演化及耦合协调[J]. 地理学报,2020(8).

[103] 王彩萍,普涵艺,代姗姗. 女性高管会提升旅游企业绩效吗?——来自旅游上市公司的经验研究[J]. 旅游学刊,2020(2).

[104] 梁茹,王媛,冯学钢,等. 文体旅上市企业社会关系网络结构特征分

析——同行业与跨行业比较视角[J]. 旅游学刊,2021(10).

[105] 窦欢,陆正飞. 大股东控制、关联存款与现金持有价值[J]. 管理世界,2016(5).

[106] 王明益,石金明,徐斯玮. 贸易政策不确定性如何影响企业全要素生产率?——基于中国"入世"的准自然实验[J]. 经济与管理评论,2022(6).

[107] 陈晓红,李杨扬,宋丽洁,等. 数字经济理论体系与研究展望[J]. 管理世界,2022(2).

[108] Freeman C. The Economics of Technical Change[J]. Cambridge Journal of Economics,1994(5).

[109] Perez C. Technological Revolutions and Techno-economic Paradigms [J]. Cambridge Journal of Economics,2010(1).

[110] Kryukov V, Shakhgeldyan K, Kiykova E, et al. Assessment of Transport Enterprise Readiness for Digital Transformation[J]. Transportation Research Procedia,2022.

[111] Brodny J, Tutak M. Digitalization of Small and Medium-Sized Enterprises and Economic Growth: Evidence for the EU-27 Countries[J]. Journal of Open Innovation: Technology, Market, and Complexity, 2022(2).

[112] Gouveia F D, Mamede H S. Digital Transformation for SMES in the Retail Industry[J]. Procedia Computer Science,2022.

[113] Modigliani F, Miller M H. Corporate Income Taxes and the Cost of Capital: A Correction[J]. The American Economic Review,1963(3).

[114] Rakshit B, Bardhan S. Bank Competition and SMEs Access to Finance in India: Evidence from World Bank Enterprise Survey[J]. Asian Review of Accounting,2023(2).

[115] Lebovics M, Hermes N, Hudon M. Are Financial and Social Efficiency Mutually Exclusive? A Case Study of Vietnamese Microfinance Institutions[J]. Annals of Public & Cooperative Economics,2016(1).

[116] Amowine N, Ma Z, Li M, et al. Energy Efficiency Improvement Assessment in Africa: An Integrated Dynamic DEA Approach[J]. Energies, 2019(20).

[117] Färe R, Grosskopf S, Roos P. Malmquist Productivity Indexes: A Survey of Theory and Practice[M]. Dordrecht: Springer, 1998.

[118] Singh S, Bala M M, Kumar N, et al. Application of DEA-Based Malmquist Productivity Index on Health Care System Efficiency of ASEAN Countries[J]. The International Journal of Health Planning and Management, 2021(4).

[119] Cardone C, Casasola M J, Samartín M. Do Banking Relationships Improve Credit Conditions for Spanish SMEs[J]. Business Economics Working Papers, Universidad Carlos Ⅲ, Departamento de Economía de la Empresa, 2005.

[120] Chod J, Trichakis N, Tsoukalas G, et al. On the Financing Benefits of Supply Chain Transparency and Blockchain Adoption[J]. Management Science, 2019(2).

[121] Kögel H, Spindler M, Wasserbacher H. Digital Finance—The Future of Financial Planning in Companies[J]. Work and AI 2030: Challenges and Strategies for Tomorrow' s Work, 2023(56).

[122] 刘政,姚雨秀,张国胜,等. 企业数字化、专用知识与组织授权[J]. 中国工业经济,2020(9).

[123] 王和勇,姜观尚. 我国区域制造业数字化转型测度及其影响机制[J]. 科技管理研究,2022(2).

[124] 李小花. 产业数字化比较优势的综合测度及收敛性分析——来自中国八大经济区的实证[J]. 现代管理科学,2023(1).

[125] 唐飞鹏. 税收征管数字化、企业创新与高质量发展[J]. 经济与管理评论,2023(3).

[126] 聂军. 数字化转型、社会责任履行与企业技术创新绩效[J]. 技术经济与管理研究,2023(1).

[127] 戚聿东,肖旭. 数字经济时代的企业管理变革[J]. 管理世界,2020(6).

[128] 陈剑,刘运辉. 数智化使能运营管理变革:从供应链到供应链生态系统[J]. 管理世界,2021(11).

[129] 易靖韬,王悦昊. 数字化转型对企业出口的影响研究[J]. 中国软科学,2021(3).

[130] 戴翔,马皓巍. 数字化转型、出口增长与低加成率陷阱[J]. 中国工业经济,2023(5).

[131] 张玉喜,赵丽丽. 政府支持和金融发展、社会资本与科技创新企业融资效率[J]. 科研管理,2015(11).

[132] 刘军航,张玲玲. 融资效率对企业绿色创新的影响——基于新能源上市公司的实证分析[J]. 工业技术经济,2022(9).

[133] 曾刚,耿成轩. 中国高端装备制造上市企业融资效率的实证测度——基于Super-SBM和Malquist模型[J]. 科技管理研究,2019(10).

[134] 郝博,张蔚文,陈峰. 上市公司参与PPP项目的融资效率研究——基于DEA模型的实证分析[J]. 工业技术经济,2023(5).

[135] 周兰,翁业莹. 企业数字化与融资约束[J]. 工业技术经济,2023(5).

[136] 吕佳煜,张阿兰,甄鑫悦. 地区数字化水平影响企业投资效率吗?——来自旅游上市公司的经验证据[J]. 财会通讯,2023(4).

[137] 杨烨军,石华安,余华银. 企业数字化转型对人工成本影响效应研究——来自中国沪深A股上市企业的经验证据[J]. 工业技术经济,2023(8).

[138] 许林,唐璐,徐玉发. 数字化转型、创新活力对企业融资约束的缓释效应[J]. 南方金融,2023(11).

[139] 谢闪闪,余国新. 我国农业上市公司融资效率研究——基于DEA模型和Malmquist指数法的实证分析[J]. 数学的实践与认识,2019(2).

[140] 唐帅,宋维明. 技术效率、技术进步与中国造纸产业全要素生产率的提高——基于DEA-Malmquist指数法的实证分析[J]. 科技管理研究,2014(16).

[141] 吴非,胡慧芷,林慧妍,等. 企业数字化转型与资本市场表现——来自股票流动性的经验证据[J]. 管理世界,2021(7).

[142] Hadlock C J, Pierce J R. New Evidence on Measuring Financial Constraints: Moving Beyond the KZ Index[J]. The Review of Financial Studies,2010(5).

[143] 温忠麟,侯杰泰,张雷. 调节效应与中介效应的比较和应用[J]. 心理学报,2005(2).